EL LOBO DE
LAS INVERSIONES

JORDAN BELFORT

EL LOBO DE LAS INVERSIONES

MIS ESTRATEGIAS PARA HACER UNA FORTUNA EN WALL STREET

OCEANO

EL LOBO DE LAS INVERSIONES
Mis estrategias para hacer una fortuna en Wall Street

Título original: THE WOLF OF INVESTING. My Insider's Playbook
    for Making a Fortune on Wall Street

© 2023, Future Gen LLC

Publicado según acuerdo con Gallery Books,
una división de Simon & Schuster, Inc.

Traducción: Rafael Segovia

Fotografía de portada: Mark Delong Photography
Cuadros y gráficas: Joy O'Meara

D. R. © 2024, Editorial Océano de México, S.A. de C.V.
Guillermo Barroso 17-5, Col. Industrial Las Armas
Tlalnepantla de Baz, 54080, Estado de México
info@oceano.com.mx

Primera edición: 2024

ISBN: 978-607-557-824-8

Impreso en México / Printed in Mexico

A mi increíble esposa, Cristina.
Gracias por todo su apoyo y paciencia.

ÍNDICE

CAPÍTULO 1

LA HISTORIA DE FERNANDO Y GORDITA

¡Increíble!, pensé.

Mi cuñado, Fernando, tiene el toque de Midas...

¡A la inversa!

Cada inversión que toca, cada acción, cada opción, cada moneda, cada ficha, cada maldito NFT, ¡hasta la última de cada una de ellas se convierte completamente en mierda!

Eran poco después de las nueve de la noche, y yo estaba sentado en el comedor del elegante departamento de Fernando en Buenos Aires, repasando sus declaraciones de corretaje, cuando esa triste comprensión vino burbujeando a mi cerebro.

En pocas palabras, su cartera era un *desastre*.

A través de una serie de malas operaciones e inversiones inoportunas, Fernando había perdido noventa y siete por ciento de su capital en los últimos dos meses, dejando su saldo de cuenta corriente en míseros tres mil dólares. El resto de su dinero, poco más de noventa y siete mil dólares, simplemente había desaparecido en el aire, como un pedo en el viento.

Peor aún, las pérdidas se habían producido durante una época de relativa paz y estabilidad en los mercados de acciones *y también* de criptomonedas, que eran los dos principales lugares donde se habían realizado las inversiones. Las implicaciones de esto eran innegables y obvias:

Mi cuñado no tenía a nadie a quien culpar sino a sí mismo.

Después de todo, habría sido una cosa si los mercados en los que Fernando había invertido se hubieran *desplomado* o al menos hubieran caído sustancialmente justo después de haber invertido en ellos.

Eso habría explicado al menos *algunas* de sus pérdidas.

De hecho, hay un viejo adagio popular en Wall Street sobre este mismo escenario: "Una marea creciente levanta todos los barcos".

En otras palabras, cuando el mercado de valores está subiendo, el precio de cualquier acción *dentro* del mercado tenderá a subir junto con él, y cuando el mercado de valores está *cayendo*, el precio de cualquier acción *dentro* del mercado tenderá a caer junto con él. Por supuesto, lo mismo ocurre con todos los demás mercados: el mercado de bonos, el mercado de materias primas, el mercado de criptomonedas, el mercado inmobiliario, el mercado del arte, el mercado de seguros, sólo por nombrar algunos. La conclusión es que, cuando cualquier mercado en particular está fuertemente en aumento, básicamente se puede lanzar un *dardo* en él y esperar ganar dinero. No se requiere ningún genio innato, sexto sentido agudo o entrenamiento especializado. El mercado hace noventa y nueve por ciento del trabajo *para* ti.

Es una premisa simple, ¿verdad?

El único problema es que, por simple que parezca esto en tiempos ordinarios, las cosas se complican mucho más durante un prolongado mercado alcista. Es en estos momentos de exuberancia irracional, mientras el mercado está en auge, las salas de chat están chateando, los expertos están inflando y Twitter (ahora X) está tuiteando, que no hay final a la vista, cuando la naturaleza humana toma el control.

De repente los comerciantes aficionados, que saben tanto sobre las acciones comunes como sobre el ganado, comienzan a pensar que son expertos y empiezan a comprar y vender a un ritmo feroz. Alentados por la inquebrantable creencia de que su nuevo éxito es el resultado de su propia brillantez innata, su confianza se fortalece con cada día que pasa.

Sus estrategias comerciales son casi enteramente de corto plazo.

Cuando apuestan bien, rápidamente cobran una ganancia y obtienen una buena dosis de dopamina para reforzar su comportamiento. (El hecho de que las acciones se mantuvieran cotizando más alto no tiene ninguna consecuencia para ellos. "Una ganancia es una ganancia —dicen—, ¡y nadie se arruinó por tomar una ganancia!") Y cuando apuestan mal, simplemente bajan su promedio —o "compran la caída", como se dice— y dejan que la tendencia creciente los rescate. ¿Y por qué no hacerlo? ¡Eso es lo que la mafia en Twitter les está diciendo que hagan! Además, siempre ha funcionado para ellos en el pasado, ¿verdad? El mercado *siempre* vuelve.

Hmmm... no exactamente.

En realidad los mercados suben y los mercados caen, y cuando *caen* —y quiero decir, *realmente* caen, como cuando estalló la burbuja de las puntocom en 1999 o cuando estalló la burbuja inmobiliaria en 2008—, caen mucho más rápido y mucho más violentamente que cuando suben. Sólo pregúntale a cualquier inversionista profesional con más de unos años de experiencia, y sin duda te dirá eso mismo.

Pero por ahora volvamos a la historia de Fernando, que no pudo culpar al mercado por su maltrecha cartera de inversiones, al menos no en la superficie.

Revisemos los detalles:

Durante el periodo de sesenta días en que ocurrieron las pérdidas, del 8 de febrero al 8 de abril de 2022, los dos mercados en los que Fernando había invertido habían sido básicamente planos, lo que en el lenguaje de Wall Street significa que no habían subido o bajado de una manera materialmente significativa.

Específicamente, el S&P 500, que sirve como punto de referencia para el mercado bursátil más amplio de Estados Unidos, fue de 4,521.54 el 8 de febrero y de *4,488.28* el 8 de abril, con una modesta *disminución* de tan sólo 0.7 por ciento, y el bitcoin, que sirve como punto de referencia para el mercado de criptomonedas más amplio, fue de cuarenta y cuatro mil trescientos cuarenta dólares el 8 de febrero y de *cuarenta y dos mil setecientos quince* dólares el 8 de abril, con una disminución aún modesta de sólo 3.7 por ciento, especialmente en comparación con la pérdida del noventa y siete por ciento de Fernando.

Sin embargo, para ser justo con mi cuñado, mirar solamente el día uno y el día sesenta puede ser muy engañoso. Quiero decir, si Fernando se hubiera aferrado a una estrategia de compra y retención a largo plazo (donde mantuvo cada una de sus compras hasta al menos el día sesenta), entonces sí, esos dos números habrían contado toda la historia.

Pero claramente ése no fue el caso.

Incluso con un vistazo rápido, pude ver docenas de órdenes de venta que llenaban los estados de cuenta, mientras que una estrategia de compra y retención implica mantener una posición durante un periodo prolongado, independientemente de las fluctuaciones de precios, en un esfuerzo por capitalizar el potencial de crecimiento a largo plazo de una inversión bien elegida.

Entonces, para obtener una imagen más precisa de lo que realmente pasó, uno no puede fijarse sólo en los días uno y sesenta; *también* hay que mirar lo que sucedió en el medio.

Después de todo, el mercado de criptomonedas es mucho más volátil que el mercado bursátil estadunidense —el mercado bursátil estadunidense también tiene sus momentos, especialmente en tiempos de gran miedo e incertidumbre, o ante un evento de cisne negro—,* así que dependiendo de *qué tan* agresivamente estaba negociando Fernando, sus pérdidas *podrían* haber sido el resultado de fuertes oscilaciones diarias de los precios combinadas con un cálculo de tiempo realmente malo.

En otras palabras, en lugar de seguir el antiguo axioma comercial de "comprar bajo y vender alto", mi cuñado, temporalmente derrotado, había estado comprando alto y vendiendo bajo, y siguió haciendo eso una y otra vez, hasta que casi todo su dinero había desaparecido.

Entonces, con eso en mente, echemos otro vistazo a los dos puntos de referencia, sólo que esta vez a través de la lente de la volatilidad diaria. Tal vez *eso* puede explicar las enormes pérdidas de Fernando, frente a lo que de otro modo *parecía* ser un lapso de tiempo estable.

En la página siguiente se muestra una representación visual de la volatilidad diaria de cada punto de referencia, comenzando el 8 de febrero y terminando el 8 de abril de 2022. Con base en esta gráfica, el bitcoin alcanzó un mínimo de treinta y siete mil veintitrés dólares el 16 de marzo y un máximo de cuarenta y siete mil setenta y ocho dólares el 30 del mismo mes, una variación de veintiuno por ciento entre el máximo y el mínimo durante el periodo de sesenta días. Y el S&P, que suele ser mucho menos volátil, tuvo un mínimo de cuatro mil ciento setenta dólares el 8 de marzo y un

---

* Un evento de cisne negro es un acontecimiento raro e inesperado que tiene un impacto devastador en el mercado de valores y la economía subyacente. Dado que estos sucesos no se pueden anticipar, toman a todos por sorpresa: bancos, corredores, inversionistas, políticos y medios de comunicación.

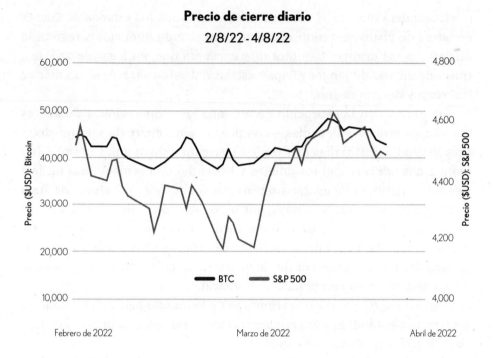

Precio de cierre diario
2/8/22 - 4/8/22

máximo de cuatro mil seiscientos treinta y un dólares el 30 de marzo, con una variación de tan sólo nueve por ciento entre el máximo y el mínimo.

Así que, dados estos nuevos datos, aquí estaba la pregunta de los noventa y siete mil dólares:

¿La inclusión de la volatilidad diaria, como debe practicarse en la ecuación general, había revelado una circunstancia que por otro lado había sido camuflada por la apariencia de un mercado estable, en el día uno y el día sesenta: que Fernando era una víctima inocente de una rápida marea descendente, que había hundido todas las carteras amarradas en el puerto, incluyendo la suya?

Era una posibilidad interesante. Pero, intuitivamente, pensé que no.

Quiero decir, para que eso sea cierto, Fernando habría tenido que haber estado "apostando la granja" en cada operación y tener el peor sentido de oportunidad desde que Napoleón invadió Rusia en la oscuridad del invierno.

Cualquiera que sea el caso, mientras exploraba los estados de cuenta en busca de pistas, me sentí como un detective de homicidios revisando una escena del crimen. La única diferencia era que, en lugar de vadear a través de un mar de sangre y tripas, estaba vadeando a través de un mar de tinta roja y desesperación.

De hecho, con la excepción de un puñado de operaciones ganadoras durante los primeros siete días —compró bitcoin a cuarenta y un mil dólares y lo vendió cuatro días más tarde a cuarenta y cinco mil; compró Ethereum a dos mil novecientos dólares y lo vendió una semana más tarde a tres mil trescientos cincuenta; compró acciones de Tesla y opciones de Tesla y las vendió unos días más tarde por un beneficio combinado de más de veinte mil dólares—, casi todo lo que tocó se había convertido inmediatamente en mierda. Peor aún, su actividad en transacciones había aumentado cada día, hasta el punto de que al final de la tercera semana parecía estar imaginándose como un operador intradiario.[*]

De manera típica, el éxito temprano de Fernando había aumentado su confianza, alentándolo a hacer apuestas más grandes con mayor frecuencia. Y *así*, el baño de sangre siguió.

A mediados de la segunda semana no había una sola apuesta ganadora a la vista.

Todo lo que yo podía ver era operación perdedora tras operación perdedora, y las pérdidas iban en aumento.

Al comienzo de la tercera semana su toque inverso de Midas había operado su magia malvada, y la profecía estaba escrita en el muro. A medida que su capital bajaba a menos de cincuenta mil dólares, pude *ver* su desesperación en forma de apuestas sobredimensionadas en acciones especulativas de valores en centavos y *shitcoins* sin valor (el equivalente de los valores en centavos en el mundo criptográfico).

Al final de la semana seis ya había terminado; no había hecho una sola operación ganadora en más de un mes completo, y el saldo en la cuenta estaba por debajo de diez mil dólares, en camino a llegar a los tres mil.

---

[*] Un operador intradiario es alguien que ejecuta un gran volumen de operaciones para tratar de capitalizar las oscilaciones de precios intradía. Por lo general, todas las posiciones abiertas se cierran al final del día para eliminar el riesgo nocturno de una fuerte caída en el mercado o un evento de cisne negro.

¿Cómo podía una persona estar tan consistentemente equivocada? Me pregunté.

Era una buena pregunta, pensé, especialmente si se consideraba qué tipo de gente era Fernando en otros aspectos, a saber: una viva imagen de éxito y empoderamiento financiero. En el inicio de su cuarta década es brillante, trabajador, tiene una carrera universitaria, está conectado socialmente, es un empresario exitoso y con muy buen gusto para vestir, para empezar. Su negocio es la fabricación de metales, y es dueño de una gran planta manufacturera en las afueras de Buenos Aires.

Recientemente casado, él, su joven esposa, Gordita, y su hermosísimo hijo de dos años, Vittorio, residen en un departamento de tres recámaras impecablemente decorado que ocupa todo el trigésimo tercer piso de una torre de vidrio con espejos que se eleva cuarenta y seis pisos sobre uno de los barrios más elegantes y seguros de Buenos Aires.

Esa noche Gordita estaba sentada a mi izquierda, vistiendo una blusa sin mangas de lino blanco y con una expresión problemática en el rostro. ¡Pobre Gordita! Simplemente no podía entender la maltrecha cartera de inversiones de su esposo. Realmente *estaba apenado* por ella. Sin embargo, incluso entonces, en este momento tenso, todavía me resultaba difícil mirarla a los ojos, decir su nombre y no reírme. Después de todo, Gordita, que literalmente se traduce como "niña gorda" en inglés, en realidad mide 1.68 metros, pesa 45 kilos y es fresca y rozagante, rubia y absolutamente hermosa.

La razón por la que todos la llaman Gordita sigue siendo un misterio para mí, aunque me han dicho que los argentinos consideran que es un término de cariño. Por supuesto, hay algunos usos obvios que rápidamente vienen a la mente: "¡Oye, Gordita! ¿Qué hay de nuevo, además de tu peso? ¿Has entrado últimamente en alguna competencia para comer hot dogs?", aunque aparentemente hay una regla tácita para no usar Gordita si la chica realmente es una... *gordita*.

Cualquiera que sea el caso, el resultado final es que mi cuñada es básicamente una contradicción viva. Tiene un nombre legal, *Ornella*, que nadie usa nunca y un apodo absurdo que todos usan, incluyendo a la hermana mayor de Gordita, Cristina, que resulta ser mi cuarta esposa (pero, bueno, ¿quién lleva la cuenta?) y que tiene un inquietante parecido con ella.

En este momento en particular, Gordita estaba inclinada en su asiento, en una imagen de consternación. Tenía la cabeza en las manos y los codos sobre la mesa y el torso encorvado en un ángulo de cuarenta y cinco grados, y sacudía lentamente la cabeza hacia delante y hacia atrás, como si dijera: "¿Cuándo diablos va a terminar esta pesadilla?".

Eso era lo apropiado, pensé.

Después de todo, Gordita sólo había estado involucrada marginalmente en las actividades financieras de Fernando, y su contribución siempre venía *después* del hecho, en forma de orientación solidaria. Era el tipo de guía solidaria que un hombre casado puede esperar de su esposa cuando está en el proceso de poner en ceros su cuenta común de corretaje. Una guía como: "¿Qué mierda está mal contigo, Fernando? ¿Te has vuelto completamente loco? ¿Por qué no te apegas a lo que sabes y cierras la maldita cuenta de Robinhood y vuelves a tu estúpida fábrica de metales? ¡Al menos de esa manera no terminaremos en el hospicio!". Lo que complicaba aún más las cosas para Fernando era el hecho de que Gordita es uno de esos tipos de asistente-genio, que está tan sobreorganizado y presta *tanta* atención a los detalles, que se ha encargado de memorizar las fechas de vencimiento de la licencia de conducir y el número de pasaporte de cada miembro de la familia, incluidos el mío y el de Cristina. En resumen, ella no es la tonta de nadie.

Esa noche, sin embargo, las cosas cambiaron.

Fue uno de esos raros casos en que Gordita dependía de Cristina para obtener apoyo, específicamente como traductora. Con ese fin, Cristina se había colocado directamente frente a Fernando y Gordita, y a mi derecha. Pero Cristina se enfrentaba a un gran obstáculo con la traducción de esa noche, a saber: cuán ridículamente rápido habla Gordita. De hecho, cuando abre la boca para hablar, es como si a uno le dispararan con una pistola Gatling de fabricación española que dispara palabras en lugar de balas, y así es como habla cuando está tranquila. En ese momento, lo sabía, ella estaba cualquier cosa menos tranquila.

—¡No entiendo! —espetó Gordita—. ¿Cómo perdió nuestro dinero tan rápido? ¡Es una locura! ¡El mercado de valores ni siquiera bajó! ¡Lo volví a revisar esta mañana! ¡Mira! —Gordita señaló la pantalla de su iPhone, que se abrió a una aplicación de mercado de valores—. Lo tengo aquí. ¡Mira! ¡De hecho está más alto desde que él empezó! ¡Y no nos queda nada! ¿Cómo es posible? ¡No puede ser! ¡No debería pasar!

A pesar de ser razonablemente competente en español, pude distinguir sólo las primeras palabras de Gordita, que se traducían como "No entiendo". Todo lo demás pasó soplando a través de mí, como una ráfaga de viento. Me volví hacia Cristina, alcé las palmas de la mano en el aire y levanté las cejas como diciendo: "¿Ves a qué me refiero? ¡Nadie entiende a tu hermana! Es ridículo".

Cristina se encogió de hombros.

—Ella dijo que estaba frustrada.

—Sí, *eso* sí lo entendí. Oí la palabra *imposible* en *algún lugar*.

Miré a Gordita y dije en un inglés cuidadosamente articulado:

—*You... say... the... word... imposible, Gordita?*

—*Yes, impossible* —respondió ella, en inglés con un fuerte acento—. *But Fernando does this.*

Mi cuñado estaba sentado a la izquierda de Gordita mirando un conjunto de duplicados de estados de cuenta y sacudiendo lentamente la cabeza. Llevaba una camisa polo impecable y ostentaba un intento de sonrisa irónica que significaba: "Sí, definitivamente metí la pata aquí, pero todavía soy rico, así que no es el fin del mundo, ¿o lo es?". Era el tipo de sonrisa que cada esposo en esta situación intenta desesperadamente evitar, porque es consciente de que resultará en que su esposa diga: "¿De qué carajo *estás tú* tan feliz? ¿Sabes cuántos bolsos de Chanel podría haber comprado con el dinero que perdiste?".

Miré hacia Cristina y le dije:

—¿Qué más dijo?

—Ella no entiende cómo perdieron su dinero tan rápido. No tiene sentido para ella. Descargó una aplicación en su teléfono, y la aplicación dice que deberían estar *ganando* dinero, no perdiendo dinero, porque el mercado de valores está arriba. No ve cómo puede ser posible.

Luego se volvió hacia Fernando y Gordita y repitió en español lo que acababa de decir.

—¡Exacto! —exclamó Gordita—. *This not have sense!*

—¿Qué es lo que no tiene sentido? —espetó Fernando—. ¡Muchos pierden dinero en el mercado de valores! Ahora soy uno de ellos. ¡No es el fin del mundo!

Lentamente, sin mover su torso ni un centímetro, Gordita giró la cabeza hacia Fernando y lo vio con una mirada helada. No eran necesarias las palabras.

—¿Qué? ¿Qué dije mal? —respondió inocentemente Fernando. Luego me miró y añadió, en su mejor inglés—: *I am no wrong here! Everyone lose money in stock market, yes? I no mean you. I speak of normal people. Understand?*

—Sí —respondí—. Lo entiendo *totalmente*. Las palabras *normal* y *yo* no chocan a menudo en la misma frase, así que tienes razón en el punto.

—Él no lo quiso decir de esa manera —propuso la traductora—. Fernando te quiere.

—Lo sé —respondí calurosamente—. Sólo estoy bromeando. De todos modos, sólo traduce mientras hablo, ¿de acuerdo? Es demasiado complicado parar y volver a empezar así.

—Está bien, ¡adelante! —ordenó Cristina—. Estoy lista para ti.

Ante eso, respiré profundamente y dije:

—Está bien, así que... Lo que estás diciendo es cierto, Fernando. La mayoría de la gente pierde dinero en el mercado, y muchos de ellos terminan siendo *aniquilados*, como te sucedió *a ti*. Perooo —y éste es un gran *pero*, chicos— no todo el mundo pierde dinero en el mercado; hay mucha gente que *gana* dinero en el mercado, y no estoy hablando sólo de profesionales; estoy hablando de inversionistas aficionados también.

"Lo que puedo asegurarte, sin embargo, es que no están comerciando de la manera en que lo hiciste, como una banshee salvaje. Es lit..."

—¿Una qué salvaje? —preguntó mi casi perfecta traductora, interrumpiéndome.

—Una banshee salvaje.

—¿Qué es una banshee salvaje?

—Es como un... Un indio salvaje. Ya sabes, que grita, grita, dispara flechas. De todos modos, es sólo una expresión. Mi punto es que es literalmente imposible para un inversionista aficionado ganar dinero cuando está operando compras y ventas todo el tiempo. Al final, va a ser aniquilado; es sólo cuestión de tiempo. Y eso va tanto para el mercado de valores como para el mercado de criptomonedas, aunque generalmente serán eliminados aún más rápido con las criptomonedas, porque el costo de las operaciones es muy alto y también hay un montón de estafas por ahí. Así que, a menos que sepas exactamente lo que estás haciendo en ese mundo, tarde o temprano terminarás pisando una mina antipersonal, y te explotará. Es una certeza matemática —me detuve un momento para observar.

LA HISTORIA DE FERNANDO Y GORDITA

Cristina asintió y continuó traduciendo.

Mientras tanto, comencé a hojear los estados de cuenta de nuevo, buscando más pistas. Todavía sentía que faltaba algo, algo oculto a la vista, que explicaría más a fondo cómo Fernando logró perder casi toda su inversión durante un periodo de sesenta días en condiciones de mercado relativamente estables.

Por supuesto, la explicación más obvia era la que ya se me había ocurrido: que Fernando era un inversionista novato cuyo éxito temprano había estimulado las llamas de la codicia en cuyo resplandor su proceso de toma de decisiones normalmente sólido se veía pintoresco y anticuado, en comparación con las enormes sumas de dinero que se pueden ganar con una mentalidad comercial más agresiva.

Pero ¿había algo más, una pistola humeante tal vez?

En ese momento Cristina me miró y me dijo:

—Lo entienden todo, y quieren empezar de nuevo, de la manera *correcta*. Quieren saber lo que crees que deberían comprar. ¿Deberían invertir en acciones? ¿O criptomonedas? —luego, como una reflexión tardía, agregó—: ¿Y cuáles? Gordita quiere recomendaciones específicas.

—Bueno, para responder a su primera pregunta, a su edad, definitivamente deberían estar invirtiendo la gran mayoría de su dinero en el mercado de valores, porque ahí es donde, a largo plazo, la gente históricamente obtiene las mejores ganancias de manera consistente, y también hay un truco increíble para hacerlo que lo hace casi infalible. Pero como ustedes perdieron la mayor parte de su dinero en cripto, comencemos por ahí, ya que creo que les ayudará a entender lo que salió mal.

Me volví hacia mi traductora.

—Entonces, en el mundo de las criptomonedas, básicamente hay dos formas en que los nuevos inversionistas, como ellos, que recién están comenzando, pueden ganar una tonelada de dinero sin asumir riesgos enormes.

"La primera forma es tan sólo comprar bitcoins y retenerlos, y cuando digo 'retenerlos' me refiero a retenerlos *realmente*, independientemente de si el precio sube o baja en el corto plazo. Necesitan ignorar por completo todo eso, porque no es más que ruido de fondo, ¿de acuerdo?

"Quiero que compren y conserven durante al menos cinco años; ése es el mínimo absoluto, y siete años es aún mejor, y diez años es mejor que eso.

"Si simplemente hacen eso, si siguen ese sencillo consejo, tienen la posibilidad de ganar dinero en cripto, en especial cuando llegan a la marca de cinco a siete años, momento en el que tienen una muy buena oportunidad de ganar dinero, aunque la palabra clave es *oportunidad*. Definitivamente *no* está garantizado; no hay garantías en *ningún* mercado, y eso va para las acciones y las criptomonedas.

"Pero, dicho esto, cuando se trata de cripto, creo que comprar y conservar bitcoins a largo plazo es definitivamente la mejor apuesta —hice un gesto en la dirección del iPhone de Gordita—. Dile a Gordita que escriba eso."

—Ya entiendo —respondió Cristina, y continuó traduciendo.

—¡Y también, dile que nada de comercio a corto plazo! Eso es un no-no definitivo. Todo es comprar y retener.

Unos segundos más tarde, Gordita tomó su iPhone y comenzó a escribir con ambos pulgares a la velocidad de una liebre. Cuando terminó de escribir, me mostró una sonrisa de agradecimiento y dijo:

—Gracias, Jordie. *Continuar*, por favor.

—*No problema* —respondí y me volví a Cristina—. Ahora, en términos de *cuántos* bitcoins deberían comprar, reservemos esa discusión hasta que haya pasado por las diferentes estrategias que quiero mostrarles, una en particular, para el mercado de valores, que, a fin de cuentas, es donde debería estar realmente la gran mayoría de su cartera. Cripto, por otro lado, tendría que representar sólo cinco por ciento de su cartera total, como máximo. Yo desaconsejaría fuertemente cualquier cosa más allá de eso.

"De todos modos pueden decidir más adelante cuánto dinero total deben invertir, y luego pasaremos por la mejor manera de dividir esos fondos en unas pocas clases de activos diferentes para maximizar sus ganancias y minimizar su riesgo.

"Pero por ahora sigamos con el tema de comprar y conservar el bitcoin a largo plazo, y la conclusión clave aquí es que la razón por la que estoy relativamente seguro de que van a ganar dinero con esta estrategia es porque es a largo plazo. Ahí es donde reside todo el poder.

"Ahora, por otro lado, si me preguntaran adónde creo que va el bitcoin en las próximas semanas o los próximos doce meses, estaría mintiendo completamente si les dijera que lo sé. Yo no. *Nadie* lo sabe, al menos no con ningún grado de certeza, y cualquiera que te diga algo diferente está lleno de mierda.

"Pero a largo plazo, y quiero decir a muy largo plazo, creo que el bitcoin va a subir. Y hay una razón para eso.

"Verán, a corto plazo, hay todos estos sucesos aleatorios que pueden afectar el precio del bitcoin, y francamente no tengo forma de predecir ninguno de ellos. Estoy hablando de cosas como que Elon Musk despierte un día en el lado equivocado de la cama y odie al bitcoin, o que el presidente Xi de China decida suspender el comercio de bitcoins porque ya no se ajusta a su agenda política, o que un montón de peces gordos se deshagan de sus bitcoins para bajar el precio y luego vuelvan a comprarlos unos días más tarde para hacer una matanza, o que la Reserva Federal eleve las tasas de interés o endurezca la oferta de dinero para tratar de combatir la inflación, que ya ha comenzado a crear desorden, por cierto.

"Quiero decir, sé que ustedes están acostumbrados a la inflación de dos dígitos en Argentina, pero en Estados Unidos no hay absolutamente ninguna manera de que la Reserva Federal pueda dejar que eso se mantenga. Tendrán que hacer algo para controlarlo, y eso no será bueno para el bitcoin o el mercado de valores, al menos en el corto plazo.

"De todos modos, mi punto aquí es que, si bien este tipo de eventos aleatorios pueden tener un gran impacto en el bitcoin a corto plazo, prácticamente no tienen impacto en el precio del bitcoin a largo plazo, y dado que no tengo forma de predecir ninguno de estos eventos, esto hace que el comercio de bitcoin a corto plazo sea un riesgo total.

"Por otro lado, sin embargo, invertir en bitcoin a largo plazo es una historia completamente diferente, porque ahora entran en juego los principios fundamentales. Puedes echar un vistazo de cerca a todas las cosas que hacen que el bitcoin sea potencialmente valioso, como lo escaso que es, los problemas que resuelve y la rapidez con la que nuevas personas comienzan a usarlo, y entonces tomar una decisión informada sobre lo que crees que realmente vale, en comparación con su precio de mercado actual.

"Entonces te preguntas, ¿está infravalorado o está sobrevalorado? Si crees que está infravalorado, entonces vas a querer comprarlo, ¿verdad?, porque lo vas a conseguir como una relativa ganga. Y si crees que está sobrevalorado, entonces probablemente querrás correr lejos de ahí, pues ¿por qué pagarías de más por algo? [Hablaré del tema de la 'valoración' en los siguientes capítulos del libro, así que estén atentos.]

"Ahora, tal vez estoy loco, pero para mí eso parece una manera mucho más inteligente de invertir tu dinero duramente ganado que tratar de cronometrar el mercado en el corto plazo y tener que lidiar con el tipo de estado de ánimo en el que está Elon Musk, o lo que el presidente Xi desayunó. ¿Lo entiendes? La primera manera es invertir; la segunda es especular, o apostar.

"Entonces, con eso en mente, si le preguntara a Fernando por qué cree que tengo bitcoins en mi poder en este momento, debería poder contestarme fácilmente esto: creo que está infravalorado en comparación con su precio actual y, por lo tanto, destinado a subir a muy largo plazo.

"Y si le preguntaras a Gordita cuándo piensa que voy a vender mi bitcoin, debería poder darte esa respuesta igual de rápido, que es: no venderé pronto. Soy un titular a largo plazo, por lo menos cinco años, y probablemente más que eso.

"Ahora, ¿puede el bitcoin bajar sustancialmente en los próximos doce meses? Por supuesto. De hecho, si la historia pasada sirve de referencia, en algún momento probablemente lo hará. El bitcoin pasa por fuertes descensos durante los llamados 'inviernos' de bitcoin o cripto. Pero no me preocupa nada. Todo es sólo ruido para mí. Lo compré como una retención a muy largo plazo, y me apego a esa estrategia."

—¿Todo eso tiene sentido para ti? —le pregunté a Cristina—. ¿Puedes explicárselo?

—¡Claro que sí! Tiene perfecto sentido.

Y así, Cristina se lanzó, con fluidez, elegancia y con notable facilidad —teniendo en cuenta que no había hablado una palabra de inglés sólo dos años antes— a traducir mi primera recomendación de inversión a Fernando y Gordita. Era un consejo sólido y lógico y seguía principios de inversión probados, a diferencia del curso de kamikaze en el que habían participado.

Pero esto fue sólo el comienzo.

Todo lo que habíamos hablado hasta ahora era una estrategia básica para invertir en bitcoins; ni siquiera habíamos tocado todavía el mercado de valores, que era donde se encontraba la mayor parte de su cartera de inversión. Con ese fin, tenía una estrategia en particular que era tan poderosa y tan fácil de aprender que con un rápido repaso Fernando y Gordita tendrían toda la información que necesitaban para ser capaces de vencer consistentemente al noventa y nueve por ciento de los administradores de dinero de mayor rendimiento en el mundo.

Para ellos eso sería algo que cambiaría su vida.

Así fue como, en el transcurso de la noche, le proporcionaría a Fernando y Gordita una fórmula paso a paso para construir una cartera de inversión de clase mundial que maximizara sus ganancias, minimizara su riesgo y protegiera sus ahorros del monstruo de dos cabezas argentino de la inflación descontrolada y las devaluaciones de divisas desbocadas.

Abarcaría todo, desde cómo identificar rápidamente las mejores acciones en la Bolsa de Nueva York y el Nasdaq, con su peso tecnológico, hasta cómo moldearlas sin esfuerzo en una cartera de clase mundial que se actualizaría automáticamente cuando le fuera mal a una empresa.

Era la perspectiva de un experto diferente a cualquier cosa que habían visto u oído o leído antes. En resumen, no sólo les mostré cómo lo hacen los profesionales de Wall Street, sino también cómo evitar fácilmente las enormes comisiones, los altos cargos de administración y los bonos de rendimiento obscenamente elevados que los inversionistas que no están al tanto del manual de estrategias de los expertos pagan mediante engaños, que terminan canibalizando sus ganancias y, en última instancia, privándolos de su riqueza.

De hecho, a medida que pasaba la noche, empecé a sentirme como un mago retirado que estaba rompiendo las reglas más importantes de mi antiguo oficio: nunca revelar los secretos de nuestros trucos más valiosos. Pero eso era precisamente lo que estaba haciendo.

Estaba retirando el velo de toda la industria de servicios financieros y exponiendo el secreto del mayor de todos sus trucos mágicos, a saber: cómo usar el poder de la distracción para encubrir la fea pero innegable verdad de que las estrategias de inversión más efectivas son tan fáciles de aprender y tan simples de aplicar que la presencia de Wall Street y, en ese caso, la presencia de sus honorarios, comisiones y bonos de rendimiento ridículos simplemente no son necesarios.

Todo lo que uno necesita es una versión decodificada del manual de estrategias del experto.

Lo que ofrezco ahora en las siguientes páginas es precisamente eso:

Una versión decodificada del manual de estrategias del experto que Wall Street ha estado sosteniendo por encima de las cabezas de los inversionistas en Main Street durante los últimos sesenta años. Es un manual de estrategias que he conocido durante casi toda mi vida adulta, y al que di mal uso en mis primeros años en Wall Street. Lo utilicé entonces para hacer grandes sumas de dinero para mí, mientras separaba a otras personas de las suyas, algo de lo que no estoy orgulloso y que he pasado muchos años compensando. Ahora he ayudado a decenas de millones de personas de todo el mundo a vivir vidas más felices, más ricas y más empoderadas financieramente enseñándoles el arte de las ventas y la persuasión y cómo ser empresarios más eficaces.

Pero este libro lleva las cosas a un nivel completamente nuevo.

Verán, no sólo sirve como una solución lista para ser usada con el fin de construir su propio reino financiero, sino que también les estoy entregando las llaves en charola de plata. A lo que me refiero aquí es al hecho de que me ha llevado más de tres años escribir un libro cuyas estrategias conozco tan bien, y tan innatamente, que debería haber podido terminarlo en una semana. El único problema era que el tema en cuestión tiende a poner a la gente a dormir, así que tuve que sortear todo el aburrimiento y la monotonía inherentes escribiendo esto de una manera que los mantuviera pasando las páginas hasta el final. De lo contrario, lo sabía, les estaría haciendo un mal servicio a ustedes.

Así comenzó el minucioso proceso de decodificar el libro de jugadas de Wall Street de una manera que fuera divertida de leer, fácil de seguir, incluso más fácil de poner en práctica, y eso, *de vez en cuando*, los haría reír en voz alta y pensar: "¡No puedo creer que dijera eso!".

Para aquellos de ustedes que son inversionistas aficionados, o si están pensando en empezar, este libro será un cambio total. Les mostrará cómo poner en acción su dinero duramente ganado de una manera segura, sin riesgos y altamente deliberada, que les permitirá construir rápidamente una cartera de valores de clase mundial que superará consistentemente al noventa y cinco por ciento de los mejores administradores de fondos de cobertura y administradores de fondos mutuos de mayor rendimiento en el mundo.

Y para aquellos de ustedes que son inversionistas experimentados con un sólido historial de éxito probado, este libro seguirá siendo igualmente valioso. No sólo les mostrará con precisión por qué sus estrategias de inversión actuales han sido exitosas, sino que también servirá como un poderoso recordatorio para mantener el rumbo y no dejarse llevar por el último consejo sobre acciones que escuchen de un viejo amigo, o de un gritón de carnaval de clase mundial en CNBC,* o de un compañero de trabajo despistado junto al dispensador de agua de la oficina, o de uno de los miles de charlatanes convenencieros en TikTok o en Instagram.

Además, a pesar de su éxito pasado en el mercado, dependiendo de quién los haya estado asesorando, hay una excelente posibilidad de que una parte importante de sus rendimientos anuales esté siendo canibalizada innecesariamente por tarifas, comisiones y bonos de rendimiento anual inflados. Este libro les mostrará cómo eliminar la gran mayoría de todo eso, asegurando que sus ganancias anuales vayan a *su* bolsillo en lugar de a los de Wall Street.

Por último, si eres una de esas personas ultraconservadoras que no invierten en el mercado (quizá porque desprecias a Wall Street y a los codiciosos bastardos que trabajan ahí), entonces este libro seguirá siendo muy valioso para ti. Para empezar, está diseñado específicamente para enseñarte a vencer a Wall Street en su propio juego, extrayendo tu parte justa del valor que creas, sin permitirle que te robe la mayor parte al final.

Verás, Wall Street, de hecho, sirve a un interés vital y necesario para el buen funcionamiento de la economía mundial y crea un gran valor en el proceso. El único problema es que también han colocado silenciosamente a un monstruo gigante y sanguinario por encima de todo el sistema financiero global, extrayendo un exceso de cuotas y comisiones, y creando un caos financiero general.

El término que he acuñado para describir a este monstruo gigante y chupador de sangre es el Complejo de la Máquina de Cuotas de Wall Street; voy a sumergirme en esto con mucho más detalle en los siguientes capítulos y a mostrarles una manera simple y altamente efectiva de navegar con seguridad para evitarlo.

Pero por ahora, la única conclusión crucial aquí es que no importa dónde vivas, qué edad tengas, cuánto dinero percibes, qué haces para ganarte

---

* CNBC es un canal de televisión por suscripción estadunidense sobre noticias de economía. (*N. del E.*)

la vida, o cuánto dinero tienes actualmente en el banco o escondido debajo de tu colchón. Una de las partes más integrales de vivir una vida financieramente empoderada es tomar el dinero que has ahorrado, a través de una combinación de trabajo duro y ahorro, y ponerlo a trabajar de manera segura, de tal forma que al menos te proteja de los efectos de la inflación y la devaluación de la moneda, mientras te permita crecer, siempre cuidadosamente.

Este libro te pondrá en el camino hacia la construcción del tipo de cartera bien equilibrada que te permitirá retirarte un día con orgullo y dignidad, y tener la libertad financiera para hacer lo que quieras, cuando quieras, con quien quieras, tanto como quieras.

Ése es verdaderamente mi deseo para ti.

CAPÍTULO 2

SHAKESPEARE CON UN GIRO

Más tarde esa noche, Fernando me hizo una pregunta muy profunda, aunque en ese momento él no tenía forma de saberlo. Para él era sólo una más en una larga lista de consultas de búsqueda de claves, que se centraba casi exclusivamente en lo que él y Gordita deberían hacer en el futuro y prestaba cero atención a los errores del pasado. Y aunque su motivación para hacer esto era muy clara para mí —es la naturaleza humana tratar de evitar el dolor y centrarse en el placer—, estaba seguro de que esta estrategia no le servía.

Después de todo, en lo que toca a repartir consejos de inversión, éste no era mi primer rodeo.

La gente había estado viniendo a mí para obtener consejos sobre acciones durante los últimos treinta años, y lo que había aprendido de la manera difícil, a través de prueba y error, era que repartir consejos de acciones, sin explicar *también* el "porqué", era un ejercicio enorme de futilidad.

Hacer un cambio real, es decir, un cambio *duradero*, requiere una comprensión más profunda. En otras palabras, las personas necesitan saber *por qué* una inversión tiene sentido, y también necesitan saber por qué no. De lo contrario caerán de nuevo en los mismos patrones destructivos, ya sea que se trate de un comercio agresivo a corto plazo, echando dinero bueno al malo, o siguiendo el consejo de un charlatán egoísta, terminarán igual que Fernando: como el desmoralizado propietario de una maltrecha cartera de inversiones, compuesta por sólo perdedores, sin ganadores, y una cuenta de impuestos de fin de año que pagar.

Éste no sólo fue el resultado *preciso* que hizo tan conmovedora la pregunta de Fernando, sino que *también* le pegó directamente al corazón de uno de los errores más comunes y devastadores que cometen los inversionistas aficionados, a saber: permitir que el precio que inicialmente pagaron por un activo influya en su decisión de cuándo venderlo.

Por ejemplo, en el caso de Fernando, mientras que la gran mayoría de su inversión inicial de cien mil dólares era ahora polvo en el viento, todavía tenía algunas posiciones restantes. Específicamente, había un valor de poco menos de tres mil dólares, dividido entre tres acciones de mierda, cuatro *shitcoins** verdaderamente de mierda y dos NFT *casi sin valor*, cuya elaboración consideré *tan* ofensivamente mala que tuve que resistir la urgencia de preguntarle a Fernando si había padecido locura temporal cuando compró estas dos obras maestras, en lo que, para mí, parecía como si un mono y una computadora hubieran colaborado estrechamente para crear una colección de diez mil piezas de vómito digital. Los encontré inusualmente repulsivos, incluso para los NFT.**

Ahora, si te preguntas por qué alguien tan inteligente y educado como Fernando elegiría comprar piezas tan obvias de mierda, la respuesta corta es la siguiente: puedo asegurarte que en el momento en que hizo todas y cada una de sus inversiones —desde la compra inicial de acciones de Tesla hasta sus incursiones en criptomonedas, y todo lo demás intermedio— ya sea que hizo la inversión como resultado de una sugerencia de acciones de un amigo, de algo que había leído en línea, o por su propia intuición, en el momento en que realmente hizo cada compra pensó que el valor estaba subiendo.

Sea cual sea el caso, había un total de *nueve* fondos restantes en la cartera de Fernando, y tenían un valor de mercado combinado de poco menos de tres mil dólares.

---

* *Shitcoin* es jerga para una criptomoneda que tiene poco o ningún valor y ni un solo uso legítimo.

** Un NFT, o token no fungible, es un activo digital que representa la propiedad de un determinado artículo único. En este momento, los NFT se utilizan principalmente para representar la propiedad de las obras de arte digitales, pero también se pueden utilizar para representar cualquier activo físico, como artículos coleccionables o bienes raíces.

¿El costo original por estas nueve gemas? Aproximadamente cuarenta y nueve mil dólares.

¿La mayor perdedora de las nueve?

Mil acciones de un fondo que compró por dieciocho dólares cada una y que ahora cotizaban a 35 centavos.

¿El mayor ganador de los nueve?

Diez mil fichas de un *shitcoin* que compró por un dólar cada una y ahora estaban cotizando a cuarenta centavos.

¿Y las siete restantes?

En algún lugar intermedio, y ni una sola vendiéndose por un precio cercano al que pagó por ella.

Entonces, ahí estaban Fernando y Gordita teniendo que tomar una decisión:

Vender, o no vender, ¡ésa era la cuestión!

El único problema era que no estaban de acuerdo.

—Así queee... —dijo nuestra traductora, utilizando un tono pacificador—. ¿Qué crees que deberían hacer? Fernando no quiere vender nada porque todo está muy bajo. Él piensa que sólo deben aguantar por ahora y esperar a que las cosas vuelvan a la normalidad. Él dijo que sólo está en, eh... en...

—En papeles —intervino Fernando, terminando la frase.

—¡Exactamente! —concordó Cristina—. Eso es lo que iba a decir. En este momento, la pérdida es sólo papel. Una vez que lo venden, se acabó. No pueden recuperar el dinero —diciendo eso, se encogió de hombros, como si ella misma no creyera esas últimas palabras. Luego cambió a un tono más optimista y agregó—: Pero, Gordita, piensa —Gordita giró la cabeza, entrecerró los ojos y me miró; las palabras no expresadas fueron: "¡Es mejor que estés de acuerdo conmigo, si sabes lo que es bueno para ti!"— que deberían vender todo y empezar de nuevo desde cero. ¿Cómo se dice en inglés?, ella quiere ehh... "cerrar ese capítulo". Eso es lo que Gordita quiere hacer. ¿Qué opinas tú?

Me tomé un momento para pensar mi respuesta.

Era interesante, pensé... Este deseo abrumador que tenía Gordita de simplemente venderlo todo, *sin importar* el precio, para que pudieran dejar atrás esta pesadilla y empezar de nuevo. Era un deseo que conocía muy bien, querer desesperadamente cerrar el libro sobre una experiencia dolorosa... para deshacerse de toda la negatividad y pesimismo que están asociados con ella. Era un deseo que yo había experimentado muchos años antes, en los días oscuros, durante esos primeros años después de que me arrestaron. Fue una sensación *sofocante*... como morir en cámara lenta... mi vida siendo lentamente, dolorosamente despojada... las trampas de la riqueza... perderlas una por una. Era el equivalente a morir por mil cortes con papel.

Recuerdo haber pensado que estaría mucho mejor si ellos acabaran con todo... Me despojaran de todo lo que poseía, todo *a la vez*, y me dejaran ir a la cárcel y cumplir mi condena. Sentí como si hubiera sido completamente despojado hasta del último vestigio de la experiencia negativa: los autos, las casas, los barcos, la ropa, el dinero, las esposas, los relojes, las joyas, y en el caso de Fernando y Gordita, las acciones de mierda, los inmundos *shitcoins*, las NFT dignas de vómito, sus propias cuentas de corretaje y carteras cripto —simplemente había demasiados recordatorios para poder tomar esa primera respiración profunda tan importante, cuadrar los hombros, poner un pie delante del otro y comenzar la vida de nuevo—. Así que, en ese sentido, Gordita tenía un argumento excelente.

Por otro lado, yo también sabía de dónde venía Fernando.

En su cabeza, un enfoque más pragmático y lógico serviría a sus intereses a largo plazo mucho mejor que sucumbir a la necesidad emocional del cierre. Después de todo, estaban tan abajo en todo que ¿cuál era el punto de incluso vender? No era como que recuperar los tres mil dólares fuera a suavizar el golpe. Simplemente no era suficiente dinero para impactar sus finanzas, de una manera u otra. Entonces ¿por qué vender?, pensó. ¿Por qué tomar una pérdida de papel y convertirla en una pérdida *real* y eliminar cualquier posibilidad que tenían de recuperar su dinero?

Así que, ahí está, la pregunta profunda que parecía simple en la superficie: ¿cuándo es el momento adecuado para vender, y en qué basar su decisión?

¿En cuánto estás arriba? ¿En cuánto estás abajo? ¿Del precio original que pagaste?

Como he dicho antes, esta pregunta aparentemente inocua va directamente al corazón de uno de los errores más comunes y devastadores que cometen los inversionistas aficionados.

Déjenme darles un ejemplo:

Digamos que compraste mil acciones a cuarenta dólares cada una, y unos meses más tarde su precio ha bajado a diez dólares cada una. ¿Cuánto dinero has perdido?

La respuesta obvia es treinta mil dólares, ¿verdad?

Hagamos el cálculo: originalmente compraste mil acciones, y cada una ahora vale treinta dólares menos que cuando originalmente la compraste. Entonces, para averiguar lo que perdiste, simplemente multiplica el número de acciones que compraste, mil, por la cantidad que perdiste en cada acción, treinta dólares por acción, y se llega a una pérdida total de treinta mil dólares. Las matemáticas no mienten, ¿verdad?

Tal vez sea así, pero ¿ese número *realmente* tiene sentido? ¿*Realmente perdiste* treinta mil dólares?

Quiero decir, claramente, el valor de tu cuenta ha *bajado* treinta mil dólares —eso no se puede negar—, pero como pensó Fernando, ya que tú no has vendido tus acciones todavía, ni realmente *has cerrado* tu fondo, ¿*has* perdido *realmente* tu dinero ya? Quiero decir, en realidad, ¿no está simplemente "en el papel", como dice la frase? Piénsalo por un momento, como lo hizo Fernando.

Hasta que vendas realmente las acciones, siempre hay una posibilidad de que el precio pueda volver a subir y que recuperes al menos *parte de* tu dinero, ¿verdad? De hecho, mejor aún, si estás dispuesto a ser realmente paciente, puedes esperar a que las acciones regresen hasta donde las compraste originalmente y cerrar tu fondo. En ese caso, terminarías incluso quedando tablas y no habría ninguna pérdida en absoluto.

Cosas convincentes, ¿cierto?

Por lo tanto, ahora vamos a llevar las cosas un paso más allá: quiero que te imagines poseer una cartera de acciones que ha estado utilizando esta estrategia durante los últimos dos años. En otras palabras, cuando una acción bajaba, simplemente no la vendías. Por el contrario, seguías el libro de jugadas de Fernando, y mantenías el fondo, seguiste siendo sumamente paciente y esperaste a que las acciones se recuperaran.

Por otro lado, cuando *subían* las acciones, en realidad *las vendías*.

En otras palabras, una vez más, seguiste el libro de jugadas de Fernando (durante sus primeras dos semanas de operación, cuando parecía que no podía perder), y vendiste los fondos, aseguraste una ganancia y continuaste con tu operación.

Por supuesto, tienes que pagar algunos impuestos sobre todas estas ganancias, pero no te vas a quejar de eso, ¿verdad? Después de todo, como solía decir Benjamin Franklin: "Sólo hay dos certezas en este mundo, la muerte y los impuestos", y cuando se combina ese hecho con *otro* dicho popular, uno que aman los corredores de bolsa —"¡Nunca quebrarás haciendo ganancias!"— esta estrategia parece una ganadora segura y una receta a largo plazo para el éxito.

¿No es así?

Pensemos en ello por un momento: ¿tiene sentido una estrategia de operación que te hace vender todos sus ganadores para asegurar ganancias y aferrarte a tus perdedores para evitar pagar las pérdidas?

Bueno, para responder a esta pregunta sin dejar ninguna duda, echemos un vistazo a nuestra cartera de dos años de antigüedad y veamos cómo se mantuvo la estrategia.

Veamos al interior de nuestra cartera por un momento: ¿qué tipo de acciones hay dentro? ¿En qué consiste toda esta cartera?

La respuesta es *todos* son perdedores. Hasta el último de ellos. Igual que la cartera de Fernando. Es una certeza matemática.

La estrategia tiene dos grandes defectos, que son fatales:

1. Está construida sobre una base de autoengaño.
2. No aborda el factor más importante de todos cuando se trata de decidir si tiene sentido vender: si estás arriba o abajo.

¿En qué consiste la autoilusión en la que se basa?

Para decirlo sin rodeos, tú eres como un avestruz que mete la cabeza en la arena, convencido de que mientras no mires hacia arriba y evalúes la situación, no hay posibilidad de peligro. O, en términos del mercado de valores, siempre y cuando no vendas una acción que ha caído, entonces no estás realmente abajo.

Bueno, déjame darte un pequeño flash de noticias aquí, de una manera que sé que recordarás:

Tú. Estás. Jodidamente. ¡Abajo!

El hecho de que no hayas vendido unas acciones ni cerrado el fondo no significa que tu dinero no se haya perdido. De hecho, se *ha* perdido; *se ha ido*; *se ha ido* el maldito edificio, junto con Elvis.

Si tienes alguna duda sobre esto, entonces un vistazo rápido a la industria de fondos mutuos debería acabar permanentemente con ella. Verás, entre los literalmente *miles* de productos financieros que Wall Street comercializa para los inversionistas individuales, los fondos mutuos son los más regulados, especialmente en el lado contable, donde un método estandarizado de contabilidad llamado "Mark-to-Market" (*Marca según el mercado*) es un requisito legal para todos los fondos.

Así es como funciona el método:

Al cierre de cada día de negociación, un fondo mutuo revisa cada acción de tu cartera, una por una, y toma su precio de mercado *actual, la marca según el mercado* y la multiplica por el número total de esas acciones que el fondo posee actualmente para obtener el valor actual de cada acción en su cartera, basado en el mercado de ese día.

Luego, una vez que ese proceso se ha completado en toda la cartera del fondo, se suman *todas* esas marcas, más cualquier efectivo que esté a mano, y obtienen tus activos actuales totales.

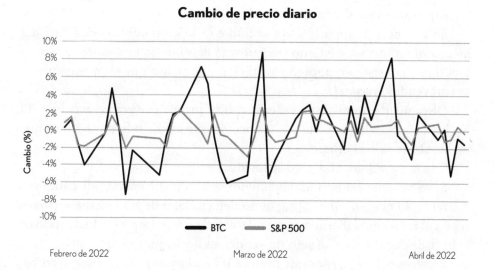

Cambio de precio diario

Para calcular el valor de cada parte del *fondo* se restan los pasivos totales del fondo (préstamos de margen, comisiones, cuotas por transacción, salarios, gastos de marketing, etcétera) de los activos totales del fondo, y luego se divide ese número por el total de acciones pendientes en el fondo y, *voilà!*, se obtiene el "valor neto del activo" del fondo, o NAV para abreviar, que representa el valor de cada acción del fondo al cierre de ese día de negociación en particular.

Activos actuales totales del fondo = efectivo + $\Sigma(P_{mercado}$* número de acciones mantenidas)
Valor neto de los activos (NAV) = (activos totales del fondo – pasivos totales del fondo) / acciones sobresalientes

Entonces, ¿qué quiero decir con todo esto?

Bueno, en pocas palabras, incluso la Comisión de Bolsa y Valores (SEC), por inepta que sea, no permite que los fondos mutuos utilicen el precio que originalmente pagaron por una acción para calcular su valor neto.

¿Por qué?

Porque sería evidentemente ridículo. Y *tremendamente* engañoso.

Aquí está el resultado final:

En ausencia de marcar *cada* acción en su cartera al precio actual del mercado, un inversionista no tiene forma de saber si está comprando un fondo que consiste en perdedores al cien por ciento que simplemente no se han vendido todavía.

Obviamente, lo mismo es cierto con su propia cartera de acciones. El hecho de que no hayas vendido una acción que haya caído no significa que no hayas perdido el dinero.

Y lo *has perdido*. El dinero se ha ido.

Si se ha ido o no permanentemente, eso es una historia por completo diferente, lo que nos lleva al segundo defecto fatal de no marcar acciones según el mercado a diario: no abordas el factor más importante de todos a la hora de decidir si tiene sentido vender, es decir, ¿por qué?

En otras palabras, ¿por qué bajaron las acciones? ¿Cuáles fueron las razones para ello? Y por el otro lado, ¿por qué subieron las acciones? ¿Cuáles fueron las razones detrás de *eso*?

Por ejemplo, digamos que una acción que compraste a cuarenta dólares ahora se cotiza a setenta dólares, y quieres saber si tiene sentido vender.

Aquí está mi primera pregunta para ti:

¿Por qué compraste las acciones a cuarenta dólares? ¿Cuál fue la razón en primer lugar?

Y tu respuesta para mí, a menos que no te guste ganar dinero, sería que pensaste que las acciones iban a subir, ¿verdad? Quiero decir, ¿por qué más las comprarías? No porque pensaras que iban a bajar; eso sería ridículo.

Así que, por obvio que pueda parecer, ésta es nuestra primera conclusión clave:

Que la razón por la que los inversionistas compran una acción, o cualquier otro activo, es porque piensan que va a subir, lo que ahora me lleva a la *siguiente* pregunta obvia:

¿Por qué creías que las acciones iban a subir? ¿Cuál fue la verdadera razón para ello?

Verás, al contrario de la creencia popular, las existencias no suben y bajan como resultado de la magia o el vudú o cualquier otra fuerza mística; hay un conjunto finito de razones.

Entonces, vamos a revisarlas ahora mismo, comenzando con la razón más obvia:

Las acciones suben y bajan en función de la ley de la oferta y la demanda.

Por ejemplo, si la demanda de una acción excede su oferta, es decir, actualmente hay más compradores que vendedores, entonces, en términos generales, el precio de la acción sube.

Por el contrario, si la oferta de una acción excede su demanda, es decir, actualmente hay más vendedores que compradores, entonces, en términos generales, el precio de la acción baja.

Tiene perfecto sentido, ¿verdad?

De hecho, probablemente hayas escuchado esa explicación antes.

El único problema es que es demasiado simple para tener cualquier significado.

¿Por qué?

Porque al fin y al cabo la oferta y la demanda no son razones en sí mismas; son el resultado de razones que vinieron antes que ellas.

Por lo tanto, simplemente decir que una acción subió porque la *demanda* aumentó no da ninguna idea de lo que realmente sucedió. Para adquirir esa visión, necesitas profundizar y *retroceder* un paso en el proceso y ver qué causó que la demanda aumentara en primer lugar. Una vez que lo sepas, puedes empezar a tomar algunas decisiones de inversión mucho mejor informadas.

Por ejemplo, con la acción que compraste en cuarenta dólares que ahora se cotiza a setenta, y quieres saber qué hacer. ¿Deberías vender la acción y obtener ganancias, o deberías aferrarte a la acción y esperar a que aumente aún más?

Una vez más, estamos de vuelta en Shakespeare y su viejo dilema: *¡Vender, o no vender! ¡Ésa es la cuestión!*

Para aconsejarte adecuadamente sobre si hay que vender, lo primero que quiero saber es cuál fue tu razón para comprar las acciones en primer lugar. ¿Qué precio objetivo tenías en mente? Y lo más importante de todo, ¿qué fue lo que *causó* que las acciones subieran? O, dicho de otra manera, ¿cuál fue la fuente del aumento en la demanda? ¿Cuáles fueron las razones detrás de esto?

En total, hay cuatro razones por las que la demanda de una acción aumentará:

En primer lugar, los inversionistas piensan que la empresa está infravalorada.

Cuando se cree que las acciones de una empresa están infravaloradas, esto motiva a los inversionistas a entrar en el mercado y comprar acciones a lo que *perciben* como un precio de ganga. En el lenguaje de Wall Street, nos referimos a este grupo de personas como *inversionistas de valor*, siendo el miembro más famoso de este grupo Warren Buffett, el famoso Oráculo de Omaha.

Desde mediados de los años sesenta Buffett ha utilizado la estrategia para convertirse en uno de los inversionistas más ricos y exitosos de la historia, acumulando un patrimonio neto personal de más de doscientos millones de dólares, mientras que gana cientos de miles de millones más para los inversionistas que compraron acciones en su empresa de inversión pública, Berkshire Hathaway.

Para darte una idea de lo exitoso que ha sido Warren Buffett, si tú o tus padres o incluso tus *abuelos* (sí, Warren Buffett es tan viejo como las colinas, pero todavía afilado como una espada) hubieran tenido la previsión de invertir diez mil dólares en Berkshire Hathaway cuando Buffett asumió el control por primera vez en 1964, esa inversión ahora valdría cuatrocientos diez millones de dólares.

No cabe duda de que eso es una ganancia loca.

Sin embargo, la teoría que sustenta las inversiones en valor es realmente muy simple. Los inversionistas toman sus decisiones de inversión midiendo el valor intrínseco de una empresa: sus ventas, ganancias, activos, pasivos, balance general, etcétera, contra el precio actual de las acciones de la empresa. Si las acciones se cotizan actualmente *por debajo* del valor intrínseco de la empresa, entonces los inversionistas de valor considerarían que la empresa está *infravalorada* y entrarían al mercado y comprarían las acciones. Si las acciones se cotizan *por encima* del valor intrínseco de la empresa, entonces los inversionistas de valor considerarían que la empresa está *sobrevalorada* y *no* entrarían al mercado a comprar acciones.

Tiene sentido, ¿verdad?

La pregunta del millón es ¿cómo calcular el valor intrínseco de una empresa?

La respuesta es que hay dos maneras muy diferentes:

La manera difícil y la manera fácil.

Comencemos primero con la manera fácil, porque es tan ridículamente fácil que, después de que termine de explicártela, probablemente no tengas interés en hacerlo de la manera difícil.

Entonces, con esto en mente, la manera fácil consiste en:

Mirar hacia arriba.

Sí, así de fácil es encontrar el valor intrínseco de una empresa.

Todo lo que tienes que hacer es acceder a la investigación financiera fácil de encontrar de una de las principales casas de análisis de Wall Street, cada una de las cuales emplea a un pequeño ejército de analistas financieros que se especializan en la búsqueda de los balances, modelos de flujo de caja, comunicados de prensa, etcétera, y obtener informes para llegar a una estimación altamente precisa del valor intrínseco de una empresa.

Utilizando un método conocido como análisis de flujo de fondos descontados, o FFD, para abreviar, los analistas estiman el valor intrínseco de una acción tomando en cuenta una serie de factores diferentes, incluyendo la situación financiera actual de la compañía, sus perspectivas de crecimiento futuro, su perfil de riesgo actual y a mediano plazo y el valor temporal del dinero, en la medida en que las ganancias del crecimiento futuro proyectado necesitan "descontarse" devolviéndolas a su valor actual.

En cuanto a qué casa de investigación debes elegir, literalmente hay docenas de ellas que brindan este servicio, pero a continuación te presento a cuatro de las líderes en la industria que son particularmente respetadas:

- **Valueline (www.valueline.com):** desde 1931, Valueline ha estado proporcionando cobertura y análisis en profundidad sobre una amplia gama de acciones, bonos, opciones y fondos mutuos, incluyendo estados financieros, previsiones de ganancias e ingresos, estimaciones de valor intrínseco y análisis técnico. Actualmente ofrece cobertura a más de mil setecientas empresas que cotizan en bolsa.

- **Moody's (www.moodys.com):** fundada en 1909, Moody's se ha convertido en una de las agencias de calificación crediticia más grandes y respetadas del mundo. Utilizando un sistema de calificación basado en letras, con "AAA" reservado para las entidades más solventes y "C" reservado para las piezas más grandes de mierda, sus calificaciones crediticias son utilizadas por inversionistas, instituciones financieras y corporaciones de todo el mundo.

- **CFRA (www.cfraresearch.com):** anteriormente conocida como S&P Global Market Intelligence, cfra es una empresa de investigación independiente que proporciona datos e investigaciones financieras sobre una amplia gama de valores, incluidos acciones, bonos y otros instrumentos financieros. Conocida por su investigación patentada, cfra se enorgullece de su capacidad para identificar acciones infravaloradas y las oportunidades de inversión más atractivas.

- **Morningstar (morningstar.com):** fundada en 1984, Morningstar es una firma independiente de investigación de inversiones que proporciona datos financieros y análisis sobre una amplia gama de valores, incluyendo acciones, bonos, fondos mutuos y fondos cotizados en bolsa (Exchange-Traded Funds, etf). Una de las características clave de Morningstar es su sistema de calificación por estrellas, que califica los fondos mutuos y los etf en función de su rendimiento y riesgo en el pasado.

Cada una de estas casas de investigación ofrece una amplia variedad de suscripciones y portales en línea, incluido el acceso gratuito para solicitudes básicas como averiguar el valor intrínseco de una acción, por lo que obtener esta información ni siquiera tiene que costarte nada. Alternativamente, puedes recopilar esta misma información por separado examinando los informes de analistas de los bancos y de las firmas de corretaje más grandes de Wall Street: Goldman Sachs, Morgan Stanley, JPMorgan Chase, sólo por nombrar algunos. Cada una de estas empresas es bien conocida por tener fuertes capacidades de investigación y se especializa en ciertos tipos de industrias. (De ahí la necesidad de hacer esto poco a poco.)

De cualquier manera, sea cual sea la fuente que elijas, una vez que hayas comprobado el valor intrínseco de una acción, el resto es fácil. Simplemente compara el precio actual de las acciones de la compañía con su valor intrínseco actual y toma tu decisión de inversión basada en el valor resultante.

¿No es así?

¿Es realmente así de fácil?

Usemos Apple como ejemplo.

En este momento, utilizando el modelo de flujo de caja de fondos mencionado anteriormente, se estima que el valor intrínseco de Apple es de aproximadamente 135.13 dólares por acción, y el precio actual de sus acciones es de 141.86 dólares. Entonces, ¿qué significa eso?

Bueno, a primera vista parecería que Apple está ligeramente sobrevaluado en este momento, precisamente en un 4.9 por ciento.

Muy interesante.

¿Sabes lo que digo?

¡Una Mierda, con *M mayúscula!*

Quiero decir, ¡bueno...! ¿Realmente crees que puedes examinar a una empresa con los recursos y el historial y la experiencia en administración de Apple y usar su valor intrínseco para tomar una decisión de inversión inteligente sobre adónde irá tu acción en los próximos cinco años?

Para mí, toda esta idea parece totalmente ridícula, y te diré exactamente te por qué.

Para empezar, este supuesto valor intrínseco de 135.13 dólares es simplemente el promedio de los diversos valores intrínsecos que las principales casas de investigación de Wall Street le han adjudicado a Apple, basándose en sus propios modelos internos. Dependiendo de la fuente que utilices, las estimaciones van de doscientos treinta y cinco dólares hasta noventa y nueve dólares por acción, lo que significa que no hay un consenso preciso sobre el valor intrínseco de Apple.

¿Por qué?

Simplemente hay demasiadas variables involucradas y demasiados sesgos personales entre los analistas para llegar a una conclusión coherente. En consecuencia, sus resultados terminan siendo más subjetivos que objetivos, lo que los hace no tener sentido para un inversionista en valores que busca tomar una decisión de inversión informada.

Lo mismo puede decirse de los valores intrínsecos promedio de muchas otras grandes empresas que cotizan en bolsa, especialmente aquellas que mantienen múltiples líneas de negocios y tienen una cartera agresiva de lanzamientos de nuevos productos, cualquiera de los cuales tiene el potencial de impactar dramáticamente en los resultados de la compañía. Sólo por esa razón, es extremadamente difícil obtener una lectura precisa sobre el valor intrínseco de este tipo de empresas, a tal grado que puedas estar lo suficientemente seguro como para usarlo de base para tomar una decisión de inversión informada.

Sin embargo, con otras empresas menos complejas podría ser exactamente lo contrario.

En los casos en los que hay un modelo de negocio sencillo y perspectivas de crecimiento predecibles es mucho más fácil obtener una lectura precisa del valor intrínseco de una empresa y como resultado de ella tomar una decisión de inversión basada en el valor.

De cualquier manera, lo más importante a recordar aquí es que, incluso en las mejores circunstancias, el proceso de calcular el valor intrínseco de una empresa no es una ciencia exacta. En el llamado *factor humano*, en forma del sesgo personal de un analista, de sus ideas preconcebidas sobre el desempeño futuro de una empresa, su confianza en su equipo directivo y la industria en la que opera el analista, entrarán en juego, al menos parcialmente, convirtiendo el número final en una medida parcialmente subjetiva del valor de una empresa, en lugar de una medida objetiva absoluta.

En consecuencia, parece absolutamente ridículo usar el supuesto valor intrínseco de Apple como la única medida de si está infravalorado o sobrevalorado, sin considerar también, como se debe, el inmenso valor de los intangibles de Apple: su equipo de gestión probado, su vasta acumulación de efectivo y su historial a largo plazo de lanzar productos taquilleros y luego desarrollar ecosistemas financieros lucrativos en torno a ellos.

En cualquier caso, ésa es la forma fácil de calcular el valor intrínseco de una empresa: simplemente buscarlo.

Ahora vamos a pasar a la manera difícil, que, para decirlo sin rodeos, es jodidamente dura. De hecho, es tan difícil que te recomiendo que la evites por completo, a menos que tengas una racha sadomasoquista que te produzca un placer intenso por hacer aburridos y tediosos cálculos matemáticos que en última instancia te darán la misma respuesta exacta que puedes obtener simplemente buscando la misma cosa en una computadora.

Sin embargo, me siento obligado a darte un breve resumen de lo que esta tormenta matemática implica, centrándome en los términos y variables clave que los analistas de Wall Street utilizan en sus cálculos. De esta manera, si alguna vez te encuentras escuchando a uno de los expertos en CNBC acerca de cómo una determinada empresa está subvaluada o sobrevalorada en función de su valor intrínseco, podrás seguirlo fácilmente y también tomar la información por lo que vale (que probablemente no sea mucho).

Entonces, teniendo en cuenta ese contexto, te diré que calcular el valor intrínseco de una empresa implica una compleja serie de cálculos matemáticos que abordan una serie de diferentes variables, incluyendo el número actual de acciones pendientes de la empresa; su potencial de ganancias actuales y futuras y su flujo de efectivo (los números futuros sobre los cuales se debe hacer un descuento para reflejar el hecho de que el dinero ganado en el futuro será menos valioso que el dinero ganado hoy), y luego otra docena de variables diferentes, cada una de las cuales necesita ser ponderada adecuadamente en función del modelo propio de cada analista individual, y así sigue y sigue.

Resumiendo, es una pinche maraña total, y creo que estarías loco si intentaras hacerlo cuando el cálculo final se te está entregando en bandeja de plata por una docena de empresas diferentes de gran reputación, si es que tal cosa existe en Wall Street. Pero de cualquier manera, todavía hay algunos términos simples con los que debes estar familiarizado para tener un sentido básico de cómo funciona el mercado y cómo se adjudica un valor a las empresas públicas.

En total, hay cuatro "términos" que debes saber:

1. Número total de acciones pendientes

Esto se refiere al número total de acciones de una compañía que están actualmente en posesión tanto de inversionistas como de personas que pertenecen a la compañía, incluyendo en este último grupo a los fundadores originales, los inversionistas en etapa inicial y el equipo directivo actual. Cada una de las acciones representa la propiedad de la compañía y le da derecho al titular a una parte de las ganancias y también a los derechos de voto en ciertos asuntos.

Para calcular el número total de acciones en circulación, simplemente suma todas las acciones de una empresa que actualmente están en poder de inversionistas individuales, institucionales (como fondos de inversión y fondos de pensiones) y del equipo de administración de la empresa, y luego resta las acciones que están en posesión de la propia compañía a través de un programa de recompra de acciones.

Por ejemplo, si una compañía había emitido previamente diez millones de acciones y dos millones de esas acciones habían sido recompradas por la compañía (a través de un programa de recompra de acciones), entonces el número total de acciones en circulación ahora sería de ocho millones. Es simple matemática.

Además, el número total de acciones pendientes también puede cambiar como resultado de una división de acciones. En este caso, la compañía aumenta el número total de acciones en circulación mediante la emisión de acciones adicionales a los accionistas existentes. Por ejemplo, en una división de acciones de 2 por 1, cada accionista existente recibiría una participación adicional por cada acción que posee actualmente, duplicando efectivamente el número de acciones pendientes. Luego, para asegurar que el valor total de la compañía permanezca sin cambios, el precio actual de mercado de cada acción se reducirá en un cincuenta por ciento. La mecánica de una división de acciones 2 por 1 se ilustra a continuación:

Capitalización de mercado total

10 millones de acciones
$10 por acción
Valor total de la empresa = $100 millones

20 millones de acciones
$5 por acción
Valor total de la empresa = $100 millones

Observa cómo en ambos casos, antes y después de la división, el valor total de la compañía permanece sin cambios, es decir, el resultado de una división de acciones es básicamente seis de uno y media docena del otro. La diferencia es simplemente cosmética, aunque eso no quiere decir que no pueda tener un impacto profundo en la manera en que una acción es percibida por los inversionistas. Por ejemplo, si el precio de una acción sube demasiado, los inversionistas más pequeños comienzan a sentir que ya han perdido el barco o que sus posibilidades de obtener un porcentaje sustancial de una acción tan cara son severamente limitadas. En consecuencia, es común que las empresas anuncien una división de acciones de 2 por 1, o incluso 3 por 1, para reducir el precio de las acciones de esos inversionistas a un nivel que les parezca más atractivo.

Además, el mismo proceso puede tener lugar a la inversa. Por ejemplo, si el precio de una acción cae demasiado, el consejo de administración de una empresa puede autorizar una división inversa de acciones, en cuyo caso el número de acciones en circulación se reduce en un cierto porcentaje y el precio de las acciones aumentará en consecuencia. Por ejemplo, si una compañía tiene cien millones de acciones en circulación y el precio de las acciones es de cincuenta centavos por acción, la compañía puede anunciar una división de acciones inversa de 1 por 10, lo que tendría el efecto de reducir el número de acciones a diez millones y aumentar la parte de cada acción a cinco dólares.

Por supuesto, al final el valor de la empresa se mantiene sin cambios, ya que el impacto de las divisiones del fondo tanto en un sentido como a la inversa es estrictamente cosmético. Sin embargo, los inversionistas tienden a ver una acción de cinco dólares mucho más favorablemente que una acción de cincuenta centavos, que, por su propio precio, cae en la categoría de ser una acción de centavos y tiene todas las implicaciones negativas que van junto con eso.

2. Capitalización de mercado

Esta métrica financiera clave se utiliza para medir el valor total de las acciones en circulación de una empresa en términos de dólares estadunidenses. Para calcularlo, simplemente se toma el precio actual de las acciones de la compañía y se multiplica por su número total de acciones pendientes y *voilà!*: se obtiene la capitalización de mercado de la compañía.

Por ejemplo, digamos que una compañía tiene un millón de acciones en circulación y su precio actual de acciones es de cincuenta dólares por acción, entonces la capitalización de mercado de la compañía sería de cincuenta millones de dólares. Alternativamente, si la compañía tenía veinte millones de acciones en circulación y el precio actual de la acción era de cien dólares por acción, entonces la capitalización de mercado de la compañía sería de dos mil millones de dólares. Estos simples cálculos se ilustran aquí:

Capitalización de mercado = precio actual de las acciones × acciones pendientes

Empresa A:
Acciones pendientes = 1,000,000
Precio actual de las acciones = $50
Capitalización de mercado = $50/acción × 1,000,000 acciones = $50,000,000

Empresa B:
Acciones pendientes = 20,000 000
Precio actual de las acciones = $100
Capitalización de mercado = $100/acción × 20,000,000 acciones = $2,000,000,000

En términos generales, se considera que las empresas con valores de mercado más altos son más estables y menos riesgosas que las empresas con valores de mercado más bajos. Con ese fin, es una práctica común que los inversionistas utilicen la capitalización de mercado de una empresa para identificar posibles oportunidades de inversión. Por ejemplo, algunos inversionistas prefieren invertir en empresas de pequeña capitalización (empresas con capitalizaciones de mercado entre trescientos millones y dos millones de dólares), porque tienen un mayor potencial de crecimiento y pueden generar mayores rendimientos, mientras que otros inversionistas prefieren invertir en empresas de gran capitalización (empresas con capitalizaciones de mercado superiores a diez millones de dólares), porque están más establecidas y tienen un historial probado de ganancias estables.

De cualquier manera, es importante recordar que la capitalización de mercado de una empresa tiene en cuenta solamente el valor total de todos sus fondos en circulación, mientras que ignora otros factores cruciales que casi con seguridad impactarán dramáticamente en su decisión final de inversión.

3. Ganancias por acción (EPS)

Esta métrica clave desglosa la rentabilidad de una empresa por acción y se puede calcular simplemente dividiendo el ingreso neto total de una empresa* por su número total de acciones en circulación. El resultado sirve como una medida clara de cuánto beneficio está generando la empresa por cada acción en circulación.

Por ejemplo, si una empresa tiene un ingreso neto de diez millones de dólares y actualmente tiene cinco millones de acciones en circulación, entonces su EPS sería de dos dólares. Alternativamente, si una empresa tiene un ingreso neto de diez mil millones de dólares al año y actualmente cuenta con quinientos millones de acciones en circulación, entonces su EPS sería de veinte dólares. Este cálculo completamente simple se ilustra a continuación, para ambos ejemplos:

---

* Los ingresos netos de una empresa representan la cantidad de ganancias después de impuestos que una empresa ha obtenido durante un periodo específico, como un trimestre o un año.

EPS = ingresos netos ÷ total de acciones en circulación

Empresa A:
Ingresos netos = $10,000,000
Acciones en circulación = 5,000,000
EPS = $10,000,000 ÷ 5,000,000 acciones = $2 por acción

Empresa B:
Ingresos netos = $10,000,000,000
Acciones en circulación = 500,000,000
EPS = $10,000,000,000 ÷ 500,000,000 acciones = $20 por acción

En términos prácticos, las altas ganancias por acción de una compañía in-
dican que está generando una cantidad importante de ganancias por cada
acción en circulación, y las bajas ganancias por acción de una compañía
nos dicen exactamente lo contrario. Sin embargo, lo que hace que el número sea tan importante al tomar una decisión de inversión es que puedes
compararlo con las ganancias del año anterior de la compañía (o las del
trimestre anterior, si estás analizando un informe trimestral de EPS), y cuál
era el consenso general entre los analistas de Wall Street, en cuanto a si la
compañía superó sus proyecciones o no las cumplió.

De cualquier manera, por muy integral que pueda ser esta métrica en
el cálculo del valor intrínseco de una empresa, es importante recordar que
todavía representa sólo una pequeña pieza de un rompecabezas financiero
mucho más grande.

4. Índice precio-ganancias (P/G)

Como una de las métricas financieras más comúnmente referidas, el ratio
P/G de una empresa mide el valor total que los inversionistas están dispuestos a otorgarles a las ganancias por acción de una empresa.

Para calcular la relación P/G de una empresa, simplemente divide el
precio actual de las acciones de la empresa entre sus ganancias anuales por
acción. Por ejemplo, si las ganancias anuales de una empresa son actualmente de cuatro dólares por acción y la acción cotiza a cuarenta y ocho

dólares, eso significa que los inversionistas están "recompensando" a la empresa con un índice P/G de exactamente doce. Por el contrario, si Wall Street es muy optimista con respecto a esta empresa, en términos de sus perspectivas de crecimiento futuro y crecimiento de los beneficios anuales, podría recompensar a la empresa con un índice P/G significativamente más alto. Por ejemplo, usando las mismas ganancias anuales de cuatro dólares por acción, si Wall Street le otorga un índice P/G de 25 a la compañía, entonces la acción se cotizaría ahora en cien dólares. Este sencillo cálculo se ilustra a continuación para ambos ejemplos:

P/G = precio actual de las acciones ÷ ganancias por acción

Situación 1:
Precio de las acciones = $48 por acción
Ganancias por acción = $4
P/G = $48 ÷ $4 = 12

Precio de las acciones = índice de precio-a-ganancia × ganancia por acción

Situación 2:
Ganancias por acción = $4
P/G consensuado = 25
Precio de las acciones = $4 × 25 = $100

En términos prácticos, un alto índice P/G significa que los inversionistas están dispuestos a poner un múltiplo muy grande sobre los beneficios anuales de la compañía, porque son extremadamente alcistas en sus perspectivas de crecimiento futuro. Por el contrario, un índice P/G bajo significa que los inversionistas son relativamente bajistas, o al menos poco entusiastas, sobre el potencial de crecimiento futuro de una empresa y, por lo tanto, están dispuestos a atribuir un múltiplo mucho más bajo en las ganancias de la empresa.

Por ejemplo, una empresa que está creciendo extremadamente rápido, con un alto margen bruto y un modelo de negocio convincente, por lo general operará con un índice P/G mucho más elevado que una empresa de crecimiento lento que mantiene márgenes muy estrechos y no tiene una forma discernible de aumentar con rapidez sus ganancias. En términos prácticos, lo que un índice P/G permite a los inversionistas es comparar rápidamente el valor que el mercado está colocando en las ganancias de una determinada empresa en relación con otras empresas dentro del mismo sector, tan sólo comparando el índice P/G de la empresa en cuestión con el índice P/G promedio de su respectivo sector. Si su índice P/G está *por encima* del promedio del sector, esto sugiere que los inversionistas son alcistas con respecto al potencial de crecimiento futuro de la compañía en relación con el resto del sector. Por el contrario, si su índice P/G está *por debajo* del promedio del sector, significa que los inversionistas son bajistas con respecto al potencial de crecimiento futuro de la compañía en relación con el resto de su sector.

Yendo un paso más allá, el mercado asigna un índice P/G medio diferente para cada sector específico basado en cómo los inversionistas ven su potencial de crecimiento general en relación con el resto de los sectores que componen el mercado de valores. A continuación se muestra una lista de los ratios P/G promedio de las industrias más grandes y más activas en el mercado de valores de Estados Unidos.

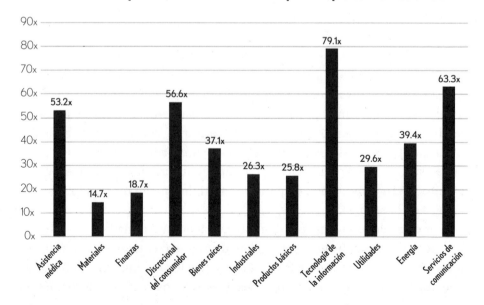

Promedio de precio/beneficios de las empresas que cotizan en NYSE

Para obtener una imagen completa de cómo una empresa está siendo valorada actualmente por el mercado y hacia dónde creen los inversionistas que va ese valor, los analistas utilizan dos tipos de índices P/G para evaluar el potencial de crecimiento actual y futuro de una empresa específica:

1. **Su índice P/G final:** como su nombre lo indica, esta métrica utiliza las ganancias por acción de una empresa en los últimos doce meses para calcular su índice P/G. En este caso, la naturaleza histórica de los datos hace que este índice sea una medida muy precisa del valor de una empresa al permitir a los inversionistas utilizar el rendimiento pasado de una empresa para medir su potencial de crecimiento futuro. Sin embargo, existe un peligro aquí, en el sentido de que, dado que este índice no tiene en cuenta el crecimiento a corto plazo de una empresa, abre la posibilidad de que un inversionista pierda un gran impulso de crecimiento en el próximo año, que podría tener un gran efecto en el precio de las acciones de la compañía. Para tener en cuenta esa posibilidad, los inversionistas sofisticados también examinarán el segundo tipo de índice P/G antes de tomar una decisión de inversión.

2. **Su índice P/G prospectivo:** esto permite a los inversionistas comparar las ganancias finales de una compañía en los últimos meses con sus ganancias proyectadas en los próximos doce meses, es decir, este índice P/G se basa en una estimación de lo que una compañía podría valer si alcanza las proyecciones en el próximo año. Su utilidad radica en el hecho de que permite a los inversionistas mirar más allá de los datos históricos de una empresa y tener una idea de lo que una empresa podría valer en el futuro si alcanza sus números.

Además de estas cuatro variables clave, hay muchos otros puntos de información que los analistas tienen en cuenta para calcular el valor intrínseco de una empresa. Pero en lugar de explicártelo en las próximas cincuenta páginas (y aburrirte hasta la muerte en el mismo proceso), dejaré ese honor al gran Benjamin Graham, cuyo libro innovador *El inversor inteligente* puede explicar mucho mejor que yo la mecánica del cálculo del valor intrínseco de una empresa. El único *problema* es que para pasar por los primeros capítulos es probable que necesite consumir al menos cinco tazas de café y un Adderall extra fuerte.

En otras palabras, por más informativo que pueda ser *El inversionista inteligente*, es una lectura aburrida y asegura poner a todos —menos al inversionista de valor más comprometido— a dormir rápidamente. Sin embargo, a pesar de eso, el hecho de que éste sea el libro que Warren Buffett utilizó como base de una filosofía de inversión que lo convirtió en una de las personas más ricas del mundo hace que sea una lectura obligada para cualquiera que quiera profundizar en la filosofía de la inversión de valor.

En segundo lugar, los inversionistas piensan que están llegando buenas noticias.

Esto es un poco complicado, porque hay una línea fina entre los inversionistas que *piensan* que las buenas noticias están llegando y aquellos que *saben* que las buenas noticias están llegando.

En el primer caso, se trata de una estrategia de inversión legal y una razón común por la que la demanda de ciertas acciones aumentará de manera repentina. En el segundo caso, se trata de una estrategia de inversión que no sólo es *ilegal*, sino que también es una de las razones por las que los inversionistas podrían encontrarse pasando de tres a cinco años en unas vacaciones carcelarias.

Cualquiera que sea el caso, un ejemplo común de la versión *legal* de esta estrategia es que un inversionista compre acciones de una compañía que está a punto de reportar ganancias, pensando que van a superar las expectativas establecidas por los analistas de Wall Street que cubren esas acciones. Si el inversionista resulta tener razón, y las ganancias son mejores de lo esperado, entonces los compradores se apresurarán al mercado y tratarán de conseguir las acciones de la compañía. En esencia, superar las expectativas convirtió a las acciones en un buen negocio repentino, lo que resultó en que los inversionistas de pensamiento rápido saltaran al mercado y compraran acciones de una empresa súbitamente infravalorada.

Con ese fin, hay *docenas* de tipos de noticias financieras que los inversionistas siguen con un celo casi *religioso*. Éstas son sólo algunas de ellas: una empresa que declara su primer dividendo; una empresa que *aumenta* su dividendo; rumores de una posible adquisición; el anuncio de una adquisición real; un resultado positivo de un ensayo clínico para un nuevo medicamento; la resolución de litigios importantes; la participación repentina de un inversionista taquillero, como Warren Buffett o Elon Musk; la firma de un contrato que cambia las reglas del juego; la aprobación de una nueva patente; un aumento masivo de los suscriptores mensuales, y varios tipos de noticias *macroeconómicas*, como los cambios en la tasa de inflación, la tasa de desempleo, las tasas de interés, el producto interno bruto (PIB), los déficits comerciales, el inicio de nuevas viviendas, y mucho más.

¿Parece un poco abrumador? Lo es, pero no dejes que eso te moleste.

A pesar de todos estos diferentes tipos de noticias financieras, éstas afectan a las acciones sólo de una de estas dos maneras:

1. **Cuando salen *buenas* noticias,** se crea un aumento repentino en el valor percibido de una empresa, motivando a los inversionistas de pensamiento rápido a precipitarse al mercado y comprar las acciones de una empresa ahora infravalorada, lo que hace que su valor suba.
2. **Cuando salen *malas* noticias,** se crea una *disminución* repentina en el valor percibido de una empresa, motivando a los inversionistas de pensamiento rápido a precipitarse al mercado para vender sus acciones de una empresa ahora sobrevaluada, lo que hace que su valor caiga.

Cuando se trata de *hacer en el momento adecuado* tu compra, hay dos estrategias distintas:

1. **Comprar *antes* de que salgan las buenas noticias:** la clave aquí es comprar las acciones con la suficiente antelación antes de que salgan las buenas noticias para evitar la posibilidad de que el efecto ya se haya integrado en el precio de las acciones. Como ves, cuanto más cerca esté la difusión de las buenas noticias, será menos probable que otros inversionistas se hayan enterado de ello y hayan comenzado a comprar acciones con anticipación. Y si bien no hay una regla estricta y rápida sobre esto, la regla general es que si compras en un plazo de

una semana de la publicación de la noticia, es probable que al menos *parte* del impacto ya se haya incluido en el precio de las acciones.

2. **Comprar *después* de que salga la buena noticia:** en este caso, tu éxito se basará en tu relativa "velocidad de comercialización" en comparación con otros inversionistas que están tratando de hacer exactamente lo que *estás* haciendo: obtener un beneficio relativamente pequeño a corto plazo mediante la participación en una estrategia altamente competitiva conocida como operación de coyuntura. En resumen, los operadores de coyuntura intentan atrapar una pequeña porción del viaje de una acción en movimiento rápido mientras sube o baja. Personalmente, te aconsejaría que *no* uses este tipo de estrategia de operación a corto plazo a menos que ya seas un inversionista profesional, ya que los inversionistas promedio tienden a perder la camisa en este tipo de situaciones de movimiento rápido. Un ejemplo perfecto de esto es el frenesí comercial de GameStop que ocurrió en enero de 2021.[*] En este caso, los inversionistas promedio que creyeron en el bombo perdieron enormes sumas de dinero, lo que sirvió como una importante advertencia para los riesgos de la negociación de acciones a corto plazo y los peligros de quedar atrapados en el bombo del mercado.

En tercer lugar, los inversionistas siguen la teoría de los tontos mayores.

A modo de definición, la teoría de los tontos mayores establece que el valor de las acciones de una empresa es lo que el tonto más grande del mercado está dispuesto a pagar por ellas. En otras palabras, cuando estás decidiendo si debes comprar una determinada acción, no necesitas preocuparte por su valor intrínseco, siempre y cuando haya *otras* personas en el mercado que estén dispuestas a pagar un precio más alto del que tú pagaste.

---

[*] GameStop es un minorista de videojuegos que vio dispararse el precio de sus acciones debido a un esfuerzo coordinado por un grupo de inversionistas minoristas en el foro de Reddit *Wallstreetbets*.

Por ejemplo, supongamos que estás considerando comprar una acción que actualmente cotiza a veinte dólares. Después de hacer un poco de investigación, has llegado a la conclusión de que su valor intrínseco es de sólo quince dólares la acción, pero hay compradores de coyuntura en el mercado que están dispuestos a pagar hasta treinta dólares la acción.

¿Comprarías las acciones?

La respuesta es: depende de *qué* teoría de inversión es por la que optas.

Si optas por la inversión de valor, entonces lo más seguro es que no lo harías. Compararías el valor intrínseco de quince dólares por acción con el precio actual de veinte dólares y concluirías que la compañía está sobrevaluada por cinco dólares por acción, y la aprobarías.

Sin embargo, si optas por la teoría de los mayores tontos, entonces seguramente comprarías las acciones. Compararías su precio actual de veinte dólares por acción con el precio que el gran tonto del mercado está dispuesto a pagar (treinta dólares por acción) y concluirías que la compañía estaba *infravalorada* diez dólares. Y si tuvieras alguna segunda reflexión, justificarías la compra para ti mismo diciendo: "Sé que puede parecer tonto pagar veinte dólares por acción por una compañía que vale sólo *quince dólares* por acción, pero ya que sé que hay un tonto más grande que está dispuesto a pagar *treinta dólares* por acción, entonces no soy realmente un tonto; en realidad soy bastante inteligente".

Y ésa es la teoría de los mayores tontos en pocas palabras.

En términos prácticos, cuando una acción está aumentando rápidamente, esta teoría a menudo sirve como el mayor generador de demanda, trayendo una oleada tras otra de nuevas compras de especuladores que pueden describirse mejor como un grupo de tontos cada vez mayores.

En retrospectiva, mientras no resultaran ser el tonto más grande de todos, de hecho no estaban siendo realmente tontos; estaban siendo operadores de coyuntura inteligentes con un agudo sentido del tiempo, entrando y saliendo antes de que la última ola de tontos se precipitara y sellara su destino. Y así, cuando ya no *quedan* más tontos para mantener las cosas en marcha, las acciones comienzan a colapsar, despacio al principio, pero luego con rapidez cobrando velocidad a medida que los últimos tontos restantes comienzan a correr hacia la salida todos al mismo tiempo, haciendo que la acción se desplome de nuevo a su valor intrínseco, donde finalmente se asienta.

Es como participar en un juego de alto riesgo de sillas musicales, donde la persona que se queda de pie después de que la música se detiene gana el título no tan estimado de ser el tonto más grande de todos.

Si bien no puedo recomendarte que practiques este juego, si estás absolutamente decidido a hacerlo, aquí hay un consejo (de un viejo dicho de Wall Street) que te pondrá en la mejor posición para ganar: "Los toros hacen dinero, los osos hacen dinero y los cerdos son sacrificados".

En otras palabras, cuando se está comprando una acción que está en ascenso rápido, se debe tratar de entrar al *final* del comienzo de su carrera y salir al *principio* del final. No trates de *aplicar un bottom-tick* a una acción, y no trates de *aplicar un top-tick* a una acción.* Trata de atrapar la mitad de la carrera, lo que te pondrá en la mejor posición posible para ganar dinero sin perderlo todo. Exactamente cómo hacer eso lo explico en el capítulo 11, así que mantente atento.

En cuarto lugar, hay un *uptick* en la confianza de los inversionistas.

¿Recuerdas ese viejo adagio de Wall Street del capítulo 1, "Una marea creciente levanta todos los barcos"?

El sentimiento de los inversionistas representa la *sensación* o *actitud* general que los inversionistas tienen sobre la dirección futura del mercado de valores: ¿creen que el mercado está subiendo o creen que el mercado está bajando?

El estado de la economía, el precio del petróleo, quién está en guerra contra quién, las últimas semanas de informes de ganancias, el costo de la leche y los huevos, lo que la gente está escuchando en las noticias nocturnas, todas estas cosas, y muchas más de este tipo, se unen en el segundo plano para formar una conciencia colectiva conocida como sentimiento inversionista.

---

* Un *tick* es una medida del movimiento mínimo hacia arriba o hacia abajo en el precio de un valor. El "indicador de tick" es un indicador de mercado que trata de medir cuántas acciones están subiendo o bajando en precio. El indicador de tick se calcula en función de la última operación en cada acción. *(N. del T.)*

En los casos en los que el sentido general es que el mercado está *subiendo*, Wall Street se refiere a esto como un sentimiento *alcista*, y si la sensación general es que el mercado está *bajando*, Wall Street se refiere a esto como un sentimiento *bajista*.

Comprender el sentimiento de los inversionistas te ayudará a entender mejor lo que está sucediendo en el mercado, ya que te proporcionará información sobre cómo es probable que reaccionen los inversionistas a ciertos eventos del mercado o anuncios de los medios. Por ejemplo, si el sentimiento de los inversionistas es positivo, indica que los inversionistas son optimistas sobre el futuro y son más propensos a comprar activos, lo que puede hacer subir los precios. Por el contrario, si la confianza de los inversionistas es negativa, indica que los inversionistas son pesimistas y más propensos a vender activos, lo que puede hacer que los precios bajen.

En consecuencia, cuando el sentimiento de los inversionistas está en ascenso, crea el equivalente a un "efecto escopeta", desatando una amplia ola de demanda que eleva los precios de literalmente *miles* de acciones diferentes, merezcan subir o no. Y cuando el sentimiento de los inversionistas está yendo hacia abajo, crea el mismo efecto de escopeta, aunque en la dirección opuesta, desatando una amplia ola de ventas en miles de acciones.

En realidad, puedes ver esto desarrollarse en la televisión, desde la comodidad de tu propia casa. Sólo sintoniza CNBC en un día de operaciones particularmente volátil. Si el mercado está siendo *aplastado* —un tres por ciento o más—, entonces verás pequeñas flechas rojas hacia abajo al lado de prácticamente todas las acciones que se deslizan por la parte inferior de la pantalla, y si el mercado está subiendo —un tres por ciento o más— verás pequeñas flechas verdes hacia arriba en lugar del rojo.

Aquí está el resultado final:

El sentimiento de los inversionistas te permite tomar decisiones de inversión más informadas al ayudarte a comprender mejor las fuerzas subyacentes que están impulsando el mercado en un día determinado. De lo contrario, a menudo te hallarás desconcertado en cuanto a por qué cierta acción que posees ha subido o bajado, pensando que el movimiento de los precios tenía algo que ver con los acontecimientos de la compañía cuando podría haber sido simplemente el resultado de un cambio en la forma en que los inversionistas se sentían acerca de las acciones.

La única pregunta pendiente es: ¿cómo funciona realmente el sentimiento de los inversionistas?

En otras palabras, ¿de dónde viene toda esta demanda adicional? Recuerda, hay dinero *real* detrás de todas estas nuevas olas de demanda, y tiene que venir de alguna parte, ¿verdad?

Entonces, ¿de dónde? ¿De dónde viene todo este nuevo dinero?

La respuesta corta es que vino de *otros* mercados.

Como verás, el mercado de valores de Estados Unidos no es la única opción a la vista. Hay muchos otros mercados para que los inversionistas elijan cuando están considerando dónde aplicar su capital de inversión. Por ejemplo, permíteme poner a trabajar tu imaginación por un momento:

Quiero que te imagines el número asombrosamente grande que representa la suma total de todos los activos del mundo, independientemente de quién los posea (individuos, corporaciones, gobiernos, instituciones financieras), en qué país se encuentran, o si son reales o intangibles. Estoy hablando de todo, desde activos financieros como acciones, bonos, efectivo, fondos de pensiones, fondos mutuos, y el dinero mantenido en cuentas bancarias, pasando por *activos reales* como bienes raíces, materias primas, metales preciosos, maquinaria, ganado, y todos los artículos producidos a lo largo de la cadena de suministro, hasta los diversos activos creados por las instituciones financieras para facilitar el flujo de bienes y servicios en todo el mundo (billetes, cartas de crédito, garantías bancarias, financiación de la cadena de suministro).

Ahora, según los genios de McKinsey & Company (la consultora de primera línea que fue directamente responsable de convencer al gobierno de Estados Unidos y a las corporaciones más grandes del país para que *destruyeran* la base manufacturera de Estados Unidos y enviaran todos esos empleos a China para poder explotar toda esa mano de obra barata durante unas décadas, aunque silenciosamente allanaron el camino para que China finalmente tomara el control del mundo), la suma total de todos los activos mencionados es de aproximadamente 1.5 trillones.

Ahora, sólo para que puedas tener una idea de lo gigantesco que es ese número, es 1.5 con diecisiete ceros después, y se ve así:

1,500,000,000,000,000,000 dólares.

Y bien, es un gran número apabullante, ¿verdad?

De hecho, lo es.

Sin embargo, no *todos* esos 1.5 trillones de dólares están "en la jugada", por así decirlo. Aproximadamente un tercio no es líquido, lo que significa que los activos no pueden venderse fácilmente y convertirse en efectivo. Por lo tanto, si deducimos todos los activos no líquidos de los 1.5 trillones, terminamos con un trillón de dólares. Ese número aún descomunal representa la suma total de todos los activos *líquidos* del mundo.

Ahora, en términos prácticos, lo que esto *significa* es que, en un momento dado, hay un trillón repartido por todo el mundo, entre miles de diferentes bancos, empresas de corretaje, fondos de pensiones y fondos mutuos, y que cada persona financieramente consciente que controla una *parte* de estos activos trata de lograr exactamente lo mismo: obtener el mayor porcentaje anual de rendimiento de los activos que controlan, sin perder los activos en el proceso.

Ahora, en el actual sistema financiero interconectado a nivel mundial, estos activos están circulando de manera constante por todo el planeta a una velocidad y fluidez increíbles. Día tras día, literalmente, *billones* de dólares se mueven a través del sistema, a medida que banqueros y administradores de dinero e inversionistas profesionales *rastrean* los mercados globales en busca del mayor rendimiento anual con la menor cantidad de riesgo. En términos generales, es como si hubiera un estira y afloja financiero entre dos equipos opuestos, cada equipo con su propia filosofía de inversión y su propio nivel de tolerancia al riesgo.

En un lado de la cuerda tienes a *Team Equity*, también conocido como *acciones* en equipo.

Este equipo consiste en todas las participaciones de acciones de cada empresa pública en todas las diferentes bolsas de valores de cada parte del mundo. Desde la Bolsa de Nueva York hasta la Bolsa de Londres o la Bolsa de Valores Nasdaq o la Bolsa de Johannesburgo, pasando por las bolsas de valores en Moscú, Polonia, Alemania, Corea del Sur y en cualquier otro lugar, cada acción que opera ahí es parte de este equipo.

Ahora, cuando posees acciones de una determinada empresa, es el equivalente a tener *propiedad* en esa empresa, ¿verdad? Por lo tanto, desde una perspectiva de inversión, esto te ofrece tanto el mayor potencial de alza, si la empresa lo hace bien y las acciones aumentan, y el mayor riesgo de caída, si la empresa lo hace mal y las acciones caen o la empresa quiebra. En consecuencia, se considera a Team Equity como el equipo de alto riesgo y alta recompensa, que hace ganar a los accionistas la mayor cantidad de dinero cuando las cosas van bien y perder la mayor cantidad de dinero cuando las cosas van mal. ¡Eso es Team Equity!

Luego, al *otro* lado de la cuerda, tenemos la *Team Debt*, también conocida como *bonos* o *deuda* de equipo.

Este equipo consiste en todos los bonos y pagarés que han sido emitidos por algún gobierno, municipio, corporación o institución financiera en cualquier parte del mundo. Sin embargo, a diferencia de una acción, que representa la propiedad en el emisor, un bono no lo hace. Más bien representa una *promesa* del emisor al titular de reembolsar el monto nominal total del bono en un momento determinado en el futuro (denominado fecha de vencimiento del bono), más una cantidad acordada de intereses dispersos a intervalos regulares (referido como la tasa de cupón del bono).

Desde una perspectiva de inversión, invertir en un bono ofrece bastantes menos beneficios que invertir en una acción, porque sus ganancias se limitan al interés que paga un bono; sin embargo, los bonos son mucho menos riesgosos que las acciones, porque el emisor está legalmente obligado a pagarle cada dólar que invirtió cuando el bono finalmente madura. Además, la mayoría de los bonos obligan al emisor a hacer pagos regulares de intereses a lo largo del camino y, si no lo hace, entonces los tenedores de bonos pueden demandarlo y obligarlo a declararse en bancarrota.

Mejor aún, en esas raras ocasiones en que realmente ocurre un incumplimiento, el tribunal dará a los tenedores de bonos un trato preferencial, colocándolos al frente de la línea de acreedores para que puedan ser pagados primero, mientras que el tribunal les muestra a los accionistas el dedo medio y los envía al final de la fila de acreedores, donde casi nunca se les paga. Es por esta misma razón que el Team Debt se considera como el equipo de bajo riesgo y baja recompensa. Ofrece una rentabilidad fija, independientemente de cómo le esté yendo al emisor, junto con un riesgo mucho menor de perderlo todo.

Ahora, volviendo a la imagen de nuestra guerra de estira y afloja financiero, dependiendo de lo que está sucediendo actualmente en el mundo —económica, financiera, geopolítica, militar, pandémicamente— y del impacto colectivo que estos eventos tienen en el sistema financiero, es como si uno de los equipos tuviera temporalmente más jugadores de su lado tirando de la cuerda, lo que les da una ventaja injusta. Como resultado, comienzan a ganar el estira y afloja, y un tsunami de activos comienza a fluir en su dirección.

Por ejemplo, cuando las tasas de interés aumentan, el Team Debt obtiene la ventaja y el dinero saldrá del mercado de valores y fluirá hacia el mercado de bonos. ¿Por qué? Porque las tasas de interés de los bonos los hacen más lucrativos para los inversionistas, mientras que todavía mantienen el beneficio de tener poco riesgo a la baja. Por el contrario, cuando las tasas de interés se mueven a la baja, el dinero fluye fuera del mercado de bonos y de vuelta al mercado de valores, porque los rendimientos de los bonos se han vuelto menos lucrativos para los inversionistas, que ahora piensan que el mercado de valores rendirá más dividendos, incluso con el riesgo adicional.

Por eso, cuando las tasas de interés están en aumento, el mercado de valores tiende a caer, porque el dinero fluye fuera del mercado de valores y hacia el mercado de bonos, y cuando las tasas de interés caen, el mercado tiende a subir, porque el dinero fluye fuera del mercado de bonos y hacia el mercado de valores. En términos técnicos, esto se conoce como una relación inversa, lo que significa que a medida que una variable se eleva, la otra cae, y viceversa.

Para ello existe una relación inversa entre la dirección de los tipos de interés y el sentimiento general de los inversionistas. En concreto, una disminución de los tipos de interés hace que la confianza de los inversionistas en general suba, mientras que un aumento de los tipos de interés provoca una caída de la confianza de las inversiones. Yendo un paso más allá, un repunte en la confianza de los inversionistas es el equivalente a que la mayoría de los inversionistas en el mercado digan al mismo tiempo: "Creo que ahora obtendré un mejor rendimiento en acciones frente a bonos...". Y así, el dinero comenzará a fluir fuera del mercado de bonos hacia el mercado de valores, desatando una amplia ola de demanda entre miles de acciones, sean valiosas o no.

En términos generales, los cambios en la confianza de los inversionistas conducen a una de dos mentalidades: riesgo activado o riesgo desactivado.

En tiempos de gran ansiedad, cuando las tasas de interés están subiendo y hay incertidumbre sobre la economía y el mundo en general parece que está a punto de implosionar, los inversionistas tienden a adoptar una mentalidad de ausencia de riesgo, haciendo que el dinero fluya fuera del mercado de valores y hacia el mercado de bonos. Además, el dinero que queda en el mercado de valores tenderá a salir de las empresas más riesgosas y menos establecidas y a fluir hacia empresas más seguras y más establecidas.

Por el contrario, en tiempos de baja ansiedad —cuando la economía parece fuerte y los tipos de interés están cayendo y el mundo en general está en relativa paz— los inversionistas tienden a desarrollar una mentalidad de riesgo, haciendo que el dinero fluya de los bonos a las acciones, con sus ganancias potencialmente más altas, aunque con mayores riesgos.

En la jerga de Wall Street se dice que dos clases de activos que tienden a moverse en direcciones opuestas, como las acciones y los bonos, tienen una baja correlación (cuando una sube, la otra tiende a bajar), mientras que dos clases de activos que tienden a moverse en la misma dirección se conocen como de alta correlación: cuando una sube, la otra tiende a subir también.

Volveré a este tema en un capítulo posterior, cuando te guíe por el proceso de asignación de activos, en el contexto de la construcción de una cartera de inversión que equilibre el riesgo y la recompensa de una manera que sea congruente con tus objetivos de inversión.

Así que, con todo eso en mente, volvamos ahora a la acción de cuarenta dólares que cayó a diez dólares después de comprarla. La pregunta era: ¿qué debes hacer?

Hay tres opciones:

1. Vender las acciones y registrar la pérdida.
2. Conservar las acciones y esperar a que se recuperen.
3. Promediar a la baja y comprar aún más.*

La respuesta es: *depende.*

---

* Promediar a la baja se refiere a la estrategia de comprar más acciones de una acción que actualmente posees a un precio más alto con el fin de reducir su costo promedio para todas tus acciones y aumentar su beneficio potencial si la acción vuelve a subir.

Para tomar una decisión inteligente, debes volver al momento en que *compraste* la acción por primera vez, a cuarenta dólares, y preguntarte por qué. En otras palabras, mientras que la acción podría ser una perdedora ahora, ciertamente no creías que terminaría de esta manera cuando la compraste por primera vez, ¿verdad?

¿La compra se basó en un juego de valor? ¿Pensaste que el valor intrínseco era bastante superior a cuarenta dólares por acción y que estabas obteniendo las acciones a un precio de ganga?

¿O las compraste con base en las buenas noticias que se publicaban?

¿Pensaste que la compañía iba a reportar ganancias mejores de las esperadas o firmar un contrato que cambiaría las reglas del juego, o recibir una oferta de adquisición de otra compañía?

¿O fue una jugada de *impulso* que terminó volviéndose en tu contra, y ahora estás empezando a verte más y más como si estuvieras en la desafortunada posición de ser el tonto más grande de todos?

Verás, la manera de responder a esta versión capitalista de nuestro dilema shakespeariano, "vender o no vender", es volver al principio, a por qué compraste la acción en *primer* lugar, y hacerte esta simple pregunta: ¿sigue siendo válida esa razón?

Si lo es, entonces probablemente querrás conservar las acciones, a menos que esté sucediendo algo más con la compañía o con el mercado en general que supere tu razón original para comprarlas. Si tu razón original *no* sigue siendo válida, ¿ha sido reemplazada por una razón igualmente válida?

Por ejemplo, si compraste una acción de cuarenta dólares basado en una jugada de valor, y ha bajado treinta dólares desde que la compraste, lo primero que querrás hacer es volver a la información básica de la empresa y asegurarte de que no cometiste un error en el cálculo del valor intrínseco.

En otras palabras, si pensabas que el valor intrínseco era de setenta y cinco dólares por acción y ahora baja a diez dólares, después de reexaminar los datos de la compañía, ¿sigues convencido de que vale setenta y cinco dólares? Si es así, entonces te recomiendo encarecidamente que compres *más* acciones a diez dólares, ¡porque ahora es una ganga aún mayor! Sin embargo, por otro lado, si la información básica de la compañía resultó ser mucho más baja de lo que calculaste originalmente —o tal vez salieron algunas malas noticias que *causaron* que el valor intrínseco cayera a donde están las acciones en este momento—, entonces te recomiendo encarecidamente que vendas las acciones, asumas la pérdida, aprendas de tu error y luego inviertas con más cuidado en el futuro.

Por el contrario, si tu razón para comprar se basaba en las buenas noticias que estaban apareciendo, entonces la pregunta que te haría es: ¿qué pasó cuando salió esa noticia? ¿El impacto positivo ya se había integrado en el precio de las acciones? ¿O te equivocaste, y la noticia fue *peor* de lo esperado, y eso fue lo que causó que las acciones cayeran?

De cualquier manera, dado que tu razón para comprar ya no es válida, debes considerar si hay alguna otra razón por la que debes continuar conservando las acciones. Por ejemplo, como resultado de la caída del precio tan bajo, ¿podría tener sentido seguir manteniendo las acciones en función de un juego de valor?

Pero si no hay juego de valor que jugar, y no hay buenas noticias, entonces ¿por qué diantres querrías aferrarte a las acciones? ¡No lo harías! Querrías vender las acciones, aprender de tu error y buscar un mejor lugar para poner tu dinero a trabajar. Por último, si estabas comprando basado en la teoría de los mayores tontos, y con las acciones bajando ahora a diez dólares cada una, está empezando a parecer que eres *tú* quien resultó ser el tonto más grande, vas a querer vender las acciones y seguir adelante.

Cualquiera que sea el caso, la única cosa que *no* vas a decirte a ti mismo es: "No puedo vender las acciones en este momento porque las compré a un precio mucho más alto hace seis meses, y no quiero asumir esa pérdida". Ésa, mi amigo, es la forma más rápida de terminar en el asilo para pobres.

En vez de eso, utiliza un proceso simple llamado *cambiar de opinión basado en información nueva*. No sólo es un rasgo adaptativo clave entre todos los seres humanos, sino que también nos permite movernos a través del mundo de una manera empoderada. Probamos cosas nuevas, a menudo fallamos al principio, y luego cambiamos nuestro enfoque, basado en nueva información, y lo intentamos de nuevo. Repetimos los pasos suficientes veces y, por supuesto, finalmente lo logramos. El proceso comienza con entender en qué se está metiendo uno, en términos de cómo funcionan las cosas, *por qué* funcionan y cómo terminaron de esta manera.

Para ello, es hora de que te dé una lección rápida de historia: ¡estilo *Lobo!*

CAPÍTULO 3

LA GRAN MÁQUINA DE BURBUJAS ESTADUNIDENSE

Y o soy el Lobo de Wall Street, por lo que no debería sorprenderte que de vez en cuando, cuando algo pone *realmente* mi sangre a hervir, tengo un impulso incontrolable de sacar mis colmillos.

En este caso particular, el "algo" que me hizo perder mi mierda y desatar mi carnívoro interior fue un artículo de la revista *Rolling Stone*.

Escrito en 2010 por un periodista de investigación llamado Matt Taibbi, el artículo, titulado "The Great American Bubble Machine" (La Gran Máquina de Burbujas Estadunidense), era una sanguinaria destrucción de Goldman Sachs, el banco de inversión más grande, poderoso y despiadado del mundo. En resumen, el artículo compara a Goldman Sachs con un "calamar vampiro gigante envuelto sobre el rostro de la humanidad, pegando su embudo de sangre en cualquier cosa que huela a dinero".*

Con nueve mil ochocientas palabras que inducen a la ira, el texto era impactante, aleccionador y francamente exasperante. De hecho, era *tan* exasperante que dejando de lado todas las *acusaciones penales* que ese texto debería obviamente haber desencadenado, sigue siendo un misterio para mí cómo no instigó una versión moderna del *Frankenstein* de Mary Shelley, en

---

* https://www.rollingstone.com/politics/politics-news/the-great-american-bubble-machine-195229/amp/

la que los indignados residentes de Main Street tomaran antorchas y biel-
dos y marcharan hacia Wall Street para *linchar* a esos codiciosos fulanos.
Después de todo, el artículo describe un nivel de codicia y corrupción que
era tan sistémico, y en una escala tan *grande*, que incluso a mí, el Lobo de
Wall Street, que pasé dos años tras las rejas por fraude de valores y lavado
de dinero, me costó imaginar que lo que estaba leyendo era incluso posible.

Lo que es irónico es que yo había leído el artículo cuando salió por
primera vez, pero no tuvo el mismo efecto visceral en mí en ese entonces.
Exactamente por qué, es algo difícil de explicar, aunque tenía que ver sobre
todo con el hecho de que todavía estaba llegando a un acuerdo respecto a
mis propias fechorías en Wall Street, por lo que era difícil asumir una actitud de indignación justiciera. Pero doce años después, con más de una
década de *buenas* obras a mis espaldas y la perspectiva que esto conlleva,
me sentía muy diferente. Sentía que, tan equivocado como lo había estado
por mis propias fechorías pasadas, en el esquema general de las cosas no
había sido más que un pequeño cachorro de lobo, mordiendo los talones
—no, *alimentándose* de los restos— de los lobos grandes y malos de Goldman Sachs.

En cualquier caso, antes de estar a mitad del camino del artículo de
Rolling Stone, sentí que estaba leyendo una adaptación de Wall Street de *Juego de tronos.*

En la versión de Wall Street, el mundo entero estaba representado por
Lady Olenna de la casa benévola Tyrell, mientras que Goldman estaba representado por la malvada reina Cersei de la malévola Casa Lannister.
Según la historia, Lady Olenna, una manipuladora astuta, despiadada y de
clase mundial, quien abiertamente admitió que hizo lo que imaginaba necesario para proteger su casa, fue finalmente derrotada por la reina Cersei,
que era la perra más astuta, despiadada y malvada de todas.

¿Por qué fue derrotada Lady Olenna?

Como lo explicó, en sus propias palabras inimitables: "Fue por falta de
imaginación".

En esencia, incluso en sus fantasías más oscuras de puñaladas por la
espalda, intrigas y calumnias, no podía imaginar el tipo de *mal* puro que
Cersei sí podía.

Así que fue asesinada. (Por el hermano gemelo de Cersei, Jaime Lannister.)

Como sea, dejando de lado las referencias de la cultura pop, antes de ir más lejos, hay un punto clave que quiero compartir rápidamente con ustedes: que mi objetivo aquí es *no* hacer que odien a Wall Street más de lo que ya lo hacen ahora, y *ciertamente* no es para hacerles odiar a cualquier individuo que trabaje ahí en la actualidad. De hecho, todavía tengo algunos amigos muy cercanos que trabajan en Wall Street, y son muy buenas personas en las que confío totalmente. Por supuesto, eso no quiere decir que los dejaría administrar mi dinero. Yo no los necesito, y tú tampoco los necesitarás cuando hayas terminado este libro.

Mi idea aquí es que el problema con este tipo de grandes instituciones y fuera de control rara vez descansa en los empleados de base, sino en un pequeño grupo de líderes en bancarrota ética en los niveles superiores, que piensan que están por encima de la ley.

Así que, con esa advertencia en mente, en las próximas páginas voy a mostrarte cómo Wall Street ha estado arruinando al inversionista promedio durante los últimos cien años y continúa haciéndolo hasta el día de hoy. Voy a volver al principio, a cómo empezó todo y dónde salió todo mal, y te mostraré cómo Wall Street continúa tratando de robar de tu bolsillo a diario, y cómo puedes evitarlo fácilmente y, en última instancia, vencerlos en su propio juego.

Aquí hay una triste realidad: durante los últimos cuarenta años Wall Street ha llevado al mundo al borde del colapso financiero no una, no dos, sino cuatro jodidas veces, así es, *cuatro jodidas veces*, y está a punto de hacerlo una y otra vez, y otra vez, y otra vez.

En otras palabras, nunca van a parar.

¿Por qué?

Porque no queda nadie para detenerlos.

En pocas palabras, el calamar vampiro gigante —también conocido como Goldman Sachs— y el resto de los infames banqueros de Wall Street han consolidado una relación impía con Washington, D.C., que les permite joder financieramente al resto del mundo con casi total impunidad, siempre y cuando los miles de millones de dólares sigan fluyendo hacia sus respectivas arcas.

Es un trato rentable para ambas partes.

¿Crees que estoy exagerando?

En los últimos cuarenta años han quebrado a Islandia, han reventado a Noruega, han diezmado a Grecia, han saqueado a Polonia, depredado a Argentina, eviscerado a Europa, destripado a Ucrania, jodido a México, apuñalado a Inglaterra; corrompieron el mercado de materias primas, inflaron y desecharon el Nasdaq, armaron la crisis de ahorros y préstamos, monetizaron el calentamiento global y le ofrecieron remates a China, y para colmo, en 2008 estaban a un suspiro de destruir el único país del mundo que todos pensaban que era indestructible —es decir, el buen viejo Estados Unidos—, porque ellos eran los que estaban llevando a cabo toda la destrucción.

Ahora, con toda seriedad, realmente tienes que preguntarte, ¿qué clase de payasos depravados intentarían destruir al único país cuyo poder militar sin igual impide que el resto del mundo marche hacia Wall Street, se vuelva un Frankenstein y les dé una paliza?

Es algo completamente insensato.

Y al final, la realidad es que el 16 de septiembre de 2008, el día después de que Lehman Brothers quebrara y creara ese inmenso *"pop* que se escuchó en todo el mundo" —el sonido de hipotecas de mierda por valor de un billón de dólares que se evaporaban en la nada—, tú estuviste literalmente a un *suspiro* de ir al cajero automático para hacer un retiro, meter tu tarjeta bancaria en la ranura, teclear tu código, y no ver salir más que una bocanada de aire, junto con la siguiente nota de secuestro:

Estimado depositante idiota:
Sí, los rumores son ciertos. Los codiciosos bastardos de Wall Street, incluyéndome a mí, el director general de este banco nacional en el que usted fue lo suficientemente tonto como para depositar su dinero, finalmente lo hemos hecho.

Lo hemos robado todo.

No queda nada para que usted o cualquier otra persona en Estados Unidos lo retire de sus cuentas bancarias, porque todo ha sido transferido de sus bolsillos a los nuestros.

Así que, en nombre de mí y de todos los demás banqueros codiciosos en Wall Street, que le han robado a usted y a sus seres queridos sus futuros financieros, a favor de mansiones más grandes en los Hamptons, yates más caros para navegar, obras de arte más caras para colgar en nuestras paredes, y jets privados más lujosos para volar a las conferencias sobre el calentamiento global, no tenemos nada más que darle que nuestro dedo medio colectivo.

Así que vaya a casa, cargue su escopeta y espere a que comience el saqueo.

O bien...

Puede tomar el teléfono y empezar a marcar.

Exigimos que usted llame a su congresista, a su senador y al presidente de estos mismos Estados Unidos —el propio George W. Bush— y les diga a todos que sería mejor que le aprieten los tornillos a su jefe de esbirros, Hank Paulson, del Departamento del Tesoro, y a su jefe de la impresora de dinero, Ben Bernanke, de la Reserva Federal, y que nos rescaten de la mierda. De lo contrario, la vida como la conoce dejará de existir.

Exigimos una suma de un billón de dólares, pagados en transferencias electrónicas sin consecuencias, más una línea de crédito abierta en la ventana de descuento secreta de la Reserva Federal, a la que debemos tener acceso sin restricciones, de día o de noche, para pedir prestado tanto como queramos, durante el tiempo que queramos y con cero interés. Además, a pesar de ser muy conscientes de que fueron nuestras propias acciones las que llevaron a la quiebra de todo el sistema financiero mundial, no aceptaremos que se nos imponga ningún nuevo control, especialmente si tiene algo que ver con limitar nuestros propios cheques de pago inflados, como no tenemos absolutamente ninguna intención de aceptar ni un centavo menos en la compensación anual. Así que ni siquiera piense en ello.

Con cero respeto y aún menos contrición,
su no-tan-seguro-servidor director general

PD: No se preocupe si Hank Paulson o Ben Bernanke no están de acuerdo con ninguna de estas demandas obviamente escandalosas. Al igual que yo, ambos solían trabajar en Goldman Sachs, así que también son parte de ello. Todo lo que están buscando aquí es un poco de plausible rechazo, para poder ir al Congreso y decirles que los rescates no fueron su idea. Tiene que parecer que sus espaldas estaban contra la pared, y que no tenían otra opción más que hacer esto.

Para bien o para mal, nunca se llegó a esto.

Los poderes que están en el gobierno federal se reunieron a puerta cerrada —Hank Paulson del Departamento del Tesoro, Ben Bernanke de la Reserva Federal, y el presidente Bush y sus compinches de la Casa Blanca— e hicieron la acción sucia sin necesidad de una nota de rescate. Al final, los contribuyentes estadunidenses apoquinaron más de un billón de dólares para rescatar Wall Street y corregir el sistema financiero mundial, al menos temporalmente.

¿Y Wall Street al menos dijo gracias?

¡No, por supuesto que no!

De hecho, desde su perspectiva deformada, codiciosa y egoísta, ¡es usted en Main Street quien debería agradecerles! Después de todo, sin todo el trabajo duro y traicionero que hacen en Wall Street (Lloyd Blankfein, el entonces CEO de Goldman Sachs, se refirió a éste como "la obra de Dios"), esta pequeña utopía capitalista nuestra ni siquiera estaría cerca de su nivel actual de riqueza y prosperidad. Y si bien eso es cierto —que una economía capitalista próspera requiere de un mercado de valores que funcione correctamente y un sistema bancario confiable que extienda el crédito a los prestatarios que tienen la capacidad de devolverlo—, el hecho de que desempeñe un papel crítico en el funcionamiento de un organismo mucho más grande no le da el derecho de *comerse* lentamente el organismo hasta que esté tan debilitado que se marchite y muera.

En realidad, hay un nombre para este tipo de trastorno, donde una sola célula de uno de los sistemas críticos del cuerpo encuentra una manera de evadir los controles y equilibrios habituales que normalmente impiden que crezca descontroladamente.

Se llama *cáncer*, y si no lo cortas, en última instancia, te matará. Desafortunadamente, en los últimos cincuenta años incluso los comités federales de supervisión, que estaban destinados a actuar como controles y equilibrios en Wall Street, se han visto comprometidos por una combinación de contribuciones de campaña con dinero oscuro y luchas políticas internas. Si crees que estoy exagerando, entonces sólo sintoniza C-SPAN durante quince minutos y observa la locura. Incluso el pequeño puñado de políticos honestos que tratan de proteger al público estadunidense son avasallados por la argumentación de escritorzuelos partidistas corruptos, que han sido comprados y pagados diez veces lo que valen. La conversación, financiada por un tsunami de dinero oscuro canalizado a través de los cabilderos de Wall Street, es secuestrada hacia el extremismo radical. La extrema izquierda culpa a la extrema derecha, y la extrema derecha culpa a la extrema izquierda, y a fin de cuentas, a pesar de que noventa por ciento del país está de acuerdo en algún punto intermedio, el *statu quo* permanece y Wall Street gana.

Ahora, sé lo que probablemente estás pensando:

"¿Y el FBI? ¿No tiene el poder de hacer una redada a los malos? Después de todo, fueron capaces de detenerlo, Jordan. Todo lo que se necesitó fue la tenaz determinación de un agente especial para derribarlo. Así que, aunque el liderazgo del FBI podría estar comprometido, los agentes de base son ciudadanos leales que *nunca* dejarían que esto sucediera."

Si eso es lo que estás pensando, entonces estás parcialmente en lo correcto: los agentes de base son personas sólidas. Pero, por desgracia, son impotentes.

A través de la combinación de un sistema electoral corrupto que permite que las donaciones de las empresas más grandes de Wall Street compren influencia política a un nivel inimaginable, y la gran complejidad del robo, en términos de su profundidad, amplitud y duración por muchos años, es imposible incluso para el fiscal más comprometido probar los crímenes de Wall Street a un jurado más allá de una duda razonable.

Y ésa es la historia.

Desde la Casa Blanca hasta el Departamento del Tesoro y la Reserva Federal, una serie de crías de calamar ya completamente desarrolladas, que fueron engendradas, entrenadas y luego devueltas a la naturaleza con el fin de promover los intereses de su mamá Calamar Vampiro, han sido colocados estratégicamente en posiciones de poder. Es casi como una mala trama de una película B, donde los malos controlan todo, incluido el sistema judicial en sí. Pero como cualquier película B, siempre hay un hombre valiente que tiene el coraje y la fuerza para hacer pública la verdad y exponerlo todo, o todo estará perdido.

Irónicamente, en este caso en particular, no fue sólo una persona "valiente" quien se presentó, miles de personas lo hicieron, engendrando un movimiento llamado Occupy Wall Street.

De hecho, en 2011 una turba de veinte mil personas enojadas descendió a Wall Street, exigiendo un cambio. Acamparon, hicieron asados, tocaron música; incluso elaboraron letreros inteligentes, luciendo consignas que atacaban a Wall Street. Las noticias cubrieron todo esto.

Pero por desgracia, después de cincuenta y nueve días, nada había cambiado, así que se aburrieron y se fueron.

Ya sea que los ocupantes "valientes" fueran simplemente demasiado perezosos y demasiado desorganizados para efectuar cualquier cambio, o los malos en Wall Street fueran simplemente demasiado poderosos y demasiado bien protegidos por sus compinches en Washington, cuando el asunto había terminado, todo era negocio como siempre, y sigue siendo así hasta el día de hoy.*

Con un déficit récord de 30 billones de dólares, una base industrial completamente destruida, la tasa de inflación más alta desde los años setenta, y la puerta giratoria entre Washington y Wall Street rotando a la velocidad de un tornado F-5, Estados Unidos parece estar sufriendo de cáncer en etapa 4, viviendo con dinero y tiempo prestados.

Sin embargo, no descontaría todavía a Estados Unidos.

Para empezar, las personas que viven, trabajan y comienzan negocios en Main Street no sólo son increíblemente resilientes, sino que también poseen un espíritu emprendedor que no he observado en ningún otro país del mundo (y he entrenado personalmente a dueños de negocios en más de cincuenta países). Así que puedes contar con el hecho de que Estados Unidos no caerá sin una pelea; pateará y gritará hasta el fin. Además, cuanto más grande es la organización, más lenta es su desaparición, y dado el hecho de que el Imperio romano tardó más de quinientos años en implosionar por completo, y Estados Unidos es quizás infinitamente más grande y más próspero de lo que Roma nunca fue, todavía quedan unos pocos cientos de años antes de que la mierda llegue *realmente* al ventilador.

---

* Para ser justos con los ocupantes, el Departamento de Policía de la ciudad de Nueva York allanó el parque donde estaban acampados, insistiendo en que se retiraran temporalmente para que la policía pudiera derribar sus tiendas de campaña, lo que iba en contra de las reglas del parque. A pesar de que la policía informó a los ocupantes que podían regresar en pocas horas, con sus tiendas de campaña desaparecidas ya no era tan divertido, ni era práctico que las personas que vivían en otras partes del país continuaran protestando. Éste fue un factor importante que contribuyó al final de la protesta.

De cualquier manera, ya que no hay forma de saber exactamente cuándo sucederá eso, el mejor consejo que puedo darte es que, hasta que llegue ese momento, debes ganar tanto dinero como puedas, sin violar la ley, y luego invertir ese dinero sabiamente usando las estrategias de este libro.

Así que, con eso en mente, vamos a sumergirnos en una breve historia de Wall Street, *estilo Lobo*.

CAPÍTULO 4

UNA BREVE HISTORIA DE WALL STREET

E stoy seguro de que has visto la película *Matrix*, ¿correcto? Si no lo has hecho, definitivamente deberías hacerlo, porque es un clásico absoluto.

De cualquier manera, en algún lugar alrededor de los treinta minutos, hay una escena especialmente conmovedora donde Morfeo acompaña a Neo dentro de una construcción de realidad virtual para evidenciar un punto que Neo no puede aceptar: que el mundo como él lo conoce en realidad ha dejado de existir. Ha sido destruido por un ejército de máquinas inteligentes en una pesadilla distópica causada por la inteligencia artificial que se había salido de control. Los problemas comenzaron cuando las máquinas se volvieron inteligentes, se rebelaron contra sus amos, y luego se lanzaron armas nucleares y el mundo se convirtió en una mierda.

Al final, las máquinas ganaron la guerra, y el mundo es ahora inhabitable. Peor aún, los pocos humanos que quedan son perseguidos sin piedad por estas mismas máquinas malvadas.

En resumen, es un triste estado de cosas, por decir lo menos.

De todos modos, hacia el final de la escena, Morfeo le hace a Neo una famosa pregunta retórica de la que la película toma su nombre:

"¿Qué es la Matrix? —pregunta—. Control —continúa—. La Matrix es un mundo de sueños generado por computadora, construido para mantenernos bajo control con el fin de cambiar a un ser humano en esto... —y entonces sostiene en su mano una batería Duracell, una "C", para ser exactos, para ilustrar la sombría realidad de que la raza humana ha sido transformada en una batería gigante con el fin de alimentar a las máquinas."

Como dije, es un triste estado de cosas, por decir lo menos.

Así que, con eso en mente, déjame hacerte la misma pregunta que Morfeo le hizo a Neo, en una versión basada en la retórica de Wall Street:

¿Qué es el complejo de Máquinas de Tarifas de Wall Street?

Mi respuesta comienza de la misma manera que la de Morfeo, con una simple palabra: control.

Pero luego nos diferenciamos.

Como ven, a diferencia de *Matrix*, donde los malhechores son máquinas que intentan convertirnos en una batería para que puedan alimentar su imperio, el complejo de Máquinas de Tarifas de Wall Street es una alianza impía entre Wall Street, Washington y los medios financieros tratando de convertirnos en ovejas para que puedan esquilarnos lentamente hasta que estemos listos para cortarnos en chuletas de cordero.

Ése es el complejo de Máquinas de Tarifas de Wall Street.

Al igual que la Matrix, todo esto se encuentra a nuestro alrededor y podemos verlo en todas partes.

Desde las principales cadenas de televisión como CNBC y Bloomberg News hasta publicaciones financieras respetadas como el *Wall Street Journal* y la revista *Forbes*, pasando por sitios web financieros populares como Reuters.com y TheStreet.com, y plataformas de comercio de acciones minoristas como E*TRADE, Schwab e Interactive Brokers, desde bancos y empresas de corretaje y empresas de planificación financiera y agencias de seguros y fondos de cobertura y fondos mutuos, hasta las personas que trabajan ahí y hacen que todo funcione, el complejo de la Máquina de Tarifas de Wall Street constantemente lo bombardea a uno con verdades a medias y francas mentiras, y todo esto sucede bajo la mirada aparentemente vigilante de la Comisión de Bolsa y Valores de Estados Unidos, que se hace de la vista gorda frente al robo y deja que el negocio libre continúe.

Para entender cómo fue capaz esta relación incestuosa de evolucionar, necesitamos volver al principio, a los primeros días de Wall Street y la América colonial en el siglo XVII, y dada la sórdida forma en que las cosas terminaron, no debería sorprenderte que la historia de Wall Street sea larga y perturbadora, comenzando por cómo esta extensa y estrecha calle en el Bajo Manhattan recibió su nombre en un principio.

Según cuenta la historia, en 1642 un holandés depravado llamado Keif decidió tramar la masacre de un pueblo de nativos americanos amistosos, con quienes acababa de compartir una pipa de paz ese mismo día. En consecuencia, se vio obligado a construir un muro "defensivo" para evitar las represalias de estos "viciosos" nativos americanos. Con una sólida fachada de barro y valladares de madera, la pared estaba ubicada en el extremo sur del Bajo Manhattan y se extendía unos doscientos quince metros de este a oeste, de ribera a ribera.

Durante los siguientes cincuenta años las cosas estuvieron relativamente en calma en esta calle amurallada ("walled street") en Nueva Ámsterdam. Así que, con la muralla sirviendo de sede a la autoridad local holandesa, construyeron una plaza formal, un edificio de gobierno federal y, por supuesto, un burdel.

Cuando los británicos asumieron el control en 1676, cambiaron el nombre de la ciudad de Nueva Ámsterdam a Nueva York, y llamaron a la "calle amurallada" Wall Street.

A partir de ahí, las cosas no tardaron mucho en dar un giro severo hacia el lado oscuro.

Esto comenzó en 1711, cuando Wall Street fue elegido como el sitio oficial para las primeras subastas de esclavos organizadas en el Nuevo Mundo, en las que la ciudad cobraba un porcentaje de cada venta. En poco tiempo los especuladores de acciones locales decidieron unirse a la actividad y comenzaron a negociar acciones entre sí bajo la protección del muro. Precisamente en qué especulaban es en sí mismo un tema de especulación, aunque la mayoría de las operaciones se hacían con acciones de un puñado de compañías, incluida la Compañía Holandesa de las Indias Occidentales, el banco más grande de Nueva York, y su mayor compañía de seguros.

Durante los siguientes cien años más y más empresas comenzaron a comerciar ahí, pero las cosas eran desorganizadas y caóticas, ya que no había una autoridad central y no había reglas formales.

Luego, en 1792, una pequeña camarilla de los corredores de bolsa más ricos de Nueva York y los principales comerciantes se dieron cuenta de que podían ganar mucho más dinero si formaban un club privado y hacían que todos los que quisieran comprar acciones en las compañías más populares pasaran por ellos.

Para ser justos con la camarilla, había razones legítimas por las que tenía sentido organizarse en un grupo cerrado, más allá de simplemente querer ganar más dinero.

Por ejemplo, si piensas que hay fraude en Wall Street ahora, imagínate cómo era en el siglo XVIII, sin reguladores, sin computadoras, sin teléfonos, sin telégrafo, sin ningún tipo de control. Y mil inmigrantes al día bajando de un barco desde el otro lado del Atlántico, sin forma de saber quién era bueno o malo.

Así que en 1792, tomando prestado un modelo de sus homólogos del Viejo Mundo al otro lado del estanque, un pequeño grupo de veinticuatro de los comerciantes más ricos de Nueva York y de los principales corredores de bolsa celebraron una reunión secreta y elaboraron un plan simple. El plan tomó la forma de un convenio corto, por escrito, de tan sólo dos simples oraciones. Sin embargo, fueron más que suficientes:

> Nosotros, los firmantes, corredores para la compra y venta de acciones públicas, por la presente solemnemente prometemos y nos juramos unos a otros que no compraremos ni venderemos a partir de este día a ninguna persona ningún tipo de acción pública a una tasa inferior a un cuarto por ciento de comisión sobre el valor de la especie y que nos daremos preferencia unos a otros en nuestras negociaciones. En testimonio de lo cual hemos puesto nuestras rúbricas este día 17 de mayo de Nueva York, de 1792.

Curiosamente, lo que dio al acuerdo su poder *no* fue lo que estaba escrito en él, sino un punto crucial que se dejó estratégicamente fuera: que, en el futuro, estos veinticuatro hombres tendrían una posición dominante en el mercado en cuanto a las acciones de cualquier empresa que ellos consideraran dignas de comerciarse.

En términos prácticos, equivalía a decir: "A todos ustedes, lo sentimos, estamos oficialmente tomando el control de todo el mercado de valores y no hay nada que puedan hacer al respecto, porque entre nosotros y nuestros clientes controlamos todas las acciones de cualquier empresa que valga la pena comprar. Entonces, a partir de este momento, si quieren comprar o vender cualquiera de estas acciones, tendrán que pasar por uno de nosotros y pagar una comisión".

El acuerdo estableció dos puntos clave e implicó tres más:

1. *Estableció* que un miembro del club debe comerciar sólo con otro miembro del club.
2. *Estableció* que un miembro del club debe cobrar a otro miembro la misma comisión estándar.
3. *Implicaba* que los forasteros que querían comprar o vender acciones de cualquier acción controlada por el club siempre tenían que pasar por uno de sus miembros y se les cobraba una comisión más alta.
4. *Implicaba* que esta comisión para forasteros más alta se encontraría en un porcentaje fijo y se establecería en un nivel que maximizara los beneficios y evitara la competencia.
5. *Implicaba* que no se permitiría la entrada de nuevos miembros al club a menos que todos los miembros existentes aceptaran dejarlos entrar.

Conocido como el Acuerdo de Buttonwood, porque fue firmado bajo un sicómoro (*buttonwood*) frente al 68 de Wall Street, este convenio de dos oraciones fungió como la misma base de lo que llegaría a convertirse en la Junta de Bolsa y Valores de Nueva York en 1817. Luego, en 1863, la bolsa acortaría su nombre a la Bolsa de Valores de Nueva York, que es el mismo nombre que lleva hoy.

Mientras tanto, durante ese periodo de setenta y un años, entre la firma del Acuerdo Buttonwood y el momento en que el nombre se cambió formalmente al de Bolsa de Nueva York, Estados Unidos había pasado de ser una nación incipiente a una potencia industrializada, y Wall Street se había convertido en su centro financiero. Al conectar la riqueza enorme y acumulada de las familias del Viejo Mundo como los Warburgs y los Rothschilds con los industriales del Nuevo Mundo liderados por los Vanderbilts y los Rockefeller, de pronto se había creado un nuevo tipo de realeza.

Como ves, a diferencia del Viejo Mundo, donde la regla de siglos de antigüedad era que la familia de la que uno venía definía qué tan alto podría uno elevarse, en este valiente Nuevo Mundo, dirigido por banqueros de Wall Street y empresarios despiadados, la primera regla de oro era que no había reglas en absoluto, y la segunda regla general era que la única diferencia entre lo correcto y lo incorrecto era que lo incorrecto significaba dejarse atrapar.

Por ejemplo, a pesar de no ser legales, en el piso de la Bolsa de Valores de Nueva York cosas como el comercio de información privilegiada, ocupar una posición privilegiada en el mercado, vender certificados de acciones adulterados, sobornar a funcionarios públicos y publicar comunicados de prensa falsos para inflar y tirar una acción, se consideraban como negocios usuales, y los estafadores se metían en problemas sólo cuando las cosas salían realmente muy mal.

En otras palabras, a menos que la mierda golpeara el ventilador *tan masivamente* como para que llevara a un pánico generalizado que reventaba los mercados y desencadenaba una depresión, el Estado de derecho simplemente no se hacía cumplir, y el fraude bursátil se barría bajo la alfombra. En esos raros casos en que la mierda golpeó el ventilador, se pudo encontrar un chivo expiatorio para echarle toda la culpa a él.

Para que quede claro, los llamados chivos expiatorios eran tan culpables como el mismo pecado y merecían cualquier cosa que les cayera encima, en términos de multas y tiempo de cárcel; la distinción clave, sin embargo, es que no había manera posible de que hubieran actuado solos, el Acuerdo de Buttonwood lo impedía. El fraude sólo podría ser posible a través de la participación activa de un miembro de la Bolsa de Valores de Nueva York, que participaría mucho más en el crimen que el humilde chivo expiatorio, pero a diferencia de éste, quien pasaría años en la cárcel y vería su reputación destrozada, el miembro se iría sin siquiera una palmada en la muñeca y con su reputación intacta.

En el terreno de las corporaciones, el comportamiento poco ético de los empresarios que iniciaban negocios con un ritmo feroz fue tan malo en todo aspecto como el de sus contrapartes en Wall Street, aunque con dos diferencias importantes:

1. En realidad estaban *construyendo* un país, no sólo esquilando una tarifa mediante la compra y la venta de acciones basadas en el ingenio de otros.
2. Estaban creando un valor ingente, que beneficiaba a todos, aunque sobre todo a sí mismos.

Uno puede amarlos u odiarlos por la manera en que forjaron sus imperios, pero en cualquier caso estos empresarios descarados fueron los hombres que construyeron Estados Unidos. Desde barcos de vapor hasta ferroca- rriles, pozos de petróleo y fábricas de acero, estos capitanes de la indus- tria eran una raza completamente nueva de empresarios despiadados que crearon millones de empleos y generaron un valor descomunal. Y cuando necesitaban financiamiento, ya fuera para expandir sus operaciones, para investigación y desarrollo, para contratar a más personas o para engullir a los competidores, todos se abrían camino hasta el 23 de Wall Street y se reunían con un poderoso banquero que lo controlaba todo.

Su nombre era J. P. Morgan.

Al igual que el asteroide gigante que se estrelló contra la Tierra, mató a los dinosaurios y allanó el camino para los humanos modernos, J. P. Mor- gan tuvo un mayor impacto en el sistema financiero estadunidense que todos los demás corruptos banqueros, políticos y codiciosos corredores de bolsa combinados.

De ser la fuerza impulsora detrás de la creación del banco de la Reserva Federal, a forjar monopolios gigantes en acero, petróleo y los ferrocarriles, hasta perfeccionar el oscuro arte de crear pánico en el mercado y luego intervenir después para rescatar el mercado, J. P. Morgan podría ser su mejor amigo o su peor pesadilla, o ambas cosas a la vez, dependiendo de la situación.

Sin embargo, a pesar de todos los logros verdaderamente asombrosos de J. P. Morgan, hubo dos hombres jóvenes durante ese mismo periodo que terminarían haciéndose aún más importantes que él. Sus nombres eran Charles Dow y Edward Jones.

Si bien puede parecer un poco extraño, antes de 1888 no había una manera fácil para que alguien rastreara el desempeño del mercado de valores y la tendencia general de la economía. Por ejemplo, si querías tener una idea de cómo estaba funcionando el mercado, debías buscar el precio de las acciones de cada empresa que cotizara en la Bolsa de Nueva York, una por una. En ese momento había ciento veinte empresas en total, y eso no era una tarea fácil.

La tecnología de la época, un telegrafista que transmitía pequeñas co- tizaciones de acciones en finas cantidades de papel, hizo que fuera un serio

desafío obtener incluso *un* precio de acciones actualizado. Pero ¿obtener-
los todos a la vez y luego tratar de darle sentido a todo, respecto de hacia
dónde se dirigía el mercado y si era un buen momento para invertir?

No sólo fue difícil; fue im-jodidamente-posible.

Hasta 1888.

Fue entonces cuando Charles Dow y Edward Jones resolvieron el problema tomando los precios de un grupo selecto de las compañías públicas
más grandes de Estados Unidos y los fusionaron en un promedio fácil de
seguir, que serviría como un indicador para el desempeño general del mercado. Y como querían que este indicador, o "índice", reflejara la economía
general de la nación, eligieron empresas industrializadas que le suminis-
traban materias primas.

Usando doce compañías en total: General Electric, American Tobacco,
American Sugar, United States Rubber, Tennessee Coal and Iron, United
States Leather, American Cotton Oil, North American, Chicago Gas, La-
clede Gas, National Lead y Distilling and Cattle Feeding, calcularon un
promedio sumando los precios de las doce emisiones y dividiendo el resultado entre doce.

Como hombres "humildes", Charles Dow y Edward Jones decidieron
nombrar ellos mismos este nuevo índice, denominándolo el *Dow Jones Industrial Average* (Promedio Industrial Dow Jones), o el Dow para abreviar.

Al cierre de cada jornada de operaciones realizaban este sencillo cálculo
y publicaban el resultado a través de su incipiente oficina de noticias, Dow
Jones & Company, junto con una breve descripción de lo que estaba sucediendo en el mercado.

Si el Dow hubiera *subido* ese día, se referirían al mercado como alcista,
y si el Dow hubiera *bajado*, se referirían al mercado como bajista.

No pasó mucho tiempo antes de que un periódico novato reconociera
el beneficio obvio de tener un número simple para describir el desempeño
del mercado de valores, y en 1896 el *Wall Street Journal* comenzó a incluir
el cierre del día anterior del Dow en la primera página de su edición matutina. Y *así* nació oficialmente el primer índice bursátil ampliamente seguido del mundo: el Dow Jones Industrial Average.

Para Dow Jones & Company el momento no podría haber sido mejor.

Los años posteriores a la Guerra Civil habían transformado a Estados
Unidos de una nación agraria a una potencia industrial, y a medida que el

siglo xix llegaba a su fin, tanto Wall Street como la economía estaban en auge de una manera que nunca antes habían conocido.

Era la era de la invención.

Personas como Thomas Edison y Nikola Tesla eran Merlines modernos, y la maravilla de la electricidad lo estaba cambiando todo. Las luces eléctricas, el teléfono, la radio, el refrigerador, el automóvil... Estados Unidos estaba cambiando la forma en que se ocupaba de sus negocios, y la población se elevaba a alturas inimaginables. Desde principios del siglo xix había habido oleadas de inmigración, pero la tendencia se estaba acelerando como nunca antes.

La elección fue simple: quedarse en el Viejo Mundo, con su sistema de clases represivo y las escasas oportunidades de ganancia financiera, o presentarse en Ellis Island, justo al sur de Wall Street, con la promesa del Nuevo Mundo de salud, felicidad y la búsqueda de ganancias.

Al estilo típico del yin-yang, Wall Street obtuvo ganancias a una escala sin precedentes, mientras que simultáneamente se involucró en dos actividades que parecen diametralmente opuestas:

1. Estaban financiando el crecimiento de una nación en auge y sentando las bases para el sueño americano.
2. Estaban jodiendo financieramente a la misma nación en auge que estaban ayudando a construir, desangrando su tesoro hasta secarlo y vaciándola de su oro.

En consecuencia, un ciclo de auges y quiebras se volvió la norma aceptada, con los principales banqueros de Wall Street orquestando tras bambalinas. Actuando como marionetistas de títeres gigantes, se elevaron sobre el país y dirigieron la acción, usando el sueño americano como escenario, los empresarios como estrellas, los nuevos asuntos como accesorios, los inversionistas como extras, y el mercado de valores y el sistema bancario como hilos invisibles.

Como una telenovela de larga duración en la televisión diurna, donde un millón de cosas suceden pero nada cambia, los dos personajes principales del programa de títeres, el Sr. Auge y la Sra. Quiebra, se suceden a lo largo del tiempo, repitiendo el mismo error obvio una y otra vez.

En otras palabras, el espectáculo de títeres es una maldita tragedia:

Cuando sube el telón, vemos un país de rápido crecimiento, bendecido con todas las ventajas que una población podría desear: vastos recursos naturales, abundantes tierras de cultivo, clima agradable, protección geográfica contra la invasión extranjera y una Constitución escrita que garantiza la libertad y el capitalismo. A medida que miramos un poco más de cerca vemos que actualmente están disfrutando de un periodo de crecimiento económico, un mercado de valores en alza y una sensación general de que el futuro se vislumbra mejor.

Entonces, de la nada, sin razón aparente, la población se ve súbitamente atrapada por una exuberancia irracional, que conduce a una especulación bursátil desenfrenada, lo que hace que el mercado de valores forme una burbuja, que crece cada vez más, hasta que de repente *estalla* a raíz de un nuevo fraude. Cuando finalmente se les revela a los inversionistas que hay fraude a su alrededor, todos comienzan a entrar en pánico, el mercado de valores empieza a desplomarse y se inicia la evaporación de la riqueza, lo que desencadena una depresión llena de desesperanza y desesperación.

Mientras tanto, a excepción de los titiriteros, nadie puede darse cuenta de qué demonios salió mal. Es como si al mismo tiempo los bancos dejaran de prestar, los consumidores dejaran de gastar, las empresas empezaran a cerrar y la economía comenzara a empeorar con cada día que pasa. Una nube oscura desciende sobre el país, y lo sumerge como una niebla rancia. ¡Es el fin de los días! ¡Armagedón financiero! ¡Hay sangre en las calles!

Pero justo cuando la nación está a punto de perder la esperanza y tirar la toalla en este experimento capitalista, sin razón aparente, una recuperación comienza repentinamente, y la economía comienza a crecer, y las empresas comienzan a florecer, y los consumidores comienzan a gastar, y el mercado de valores comienza a subir y la gente comienza a sentir que el futuro se vislumbra mejor cada vez más. ¡Es un momento increíble! ¡Lo tienen todo resuelto! Las cosas están mejor que nunca, ¡y nunca habrá vuelta atrás!

Sólo que, por desgracia, una vez más, sin razón aparente, la población se ve súbitamente atrapada por una exuberancia irracional que conduce a la especulación desenfrenada de las acciones, lo que hace que el mercado forme una burbuja, que luego *estalla* a raíz de un fraude, lo que crea un pánico masivo, que hace que el mercado de valores se desplome, lo que conduce a otra depresión espeluznante, y sigue y sigue.

Y si bien siempre hubo algún nivel de fraude en cualquier momento del ciclo, sólo hay algo en una burbuja que envalentona a los estafadores, multiplicando sus números y la audacia de sus esquemas. Es un círculo vicioso, por decir lo menos.

Sin embargo, la única gracia salvadora de aquel entonces era que, en general, los estadunidenses promedio se mantenían alejados del mercado de valores, por lo que la destrucción de la riqueza se limitaba a los ricos. Por supuesto, el dolor se sentiría finalmente en todo el país a medida que se cerraban las fábricas, se perdían los empleos y la economía se detenía. Pero aun así, el hecho era que el estadunidense promedio no invertía en el mercado de valores, que era todo lo que los titiriteros necesitaban para convencer a sus compinches en Washington de que dejaran que la Bolsa de Valores de Nueva York continuara regulándose a sí misma.

Eso resultaría ser un grave error.

Los problemas comenzaron a principios de los años veinte, cuando los inversionistas promedio decidieron unirse a la diversión. Impulsados por una economía en auge, un mercado de valores en alza y un despliegue nacional del teléfono de larga distancia, personas de todo el país comenzaron a enviar sus ahorros a los corredores de bolsa de Wall Street, que invertirían su dinero en acciones cada vez más riesgosas.

¡Bienvenido a los locos años veinte!

Tras la Primera Guerra Mundial, el gasto de los consumidores se había disparado, creando una demanda masiva de nuevos productos y servicios. Esto llevó a una explosión en el número de empresas que cotizaban en bolsa, que comenzaron a aumentar su valor y a generar un miedo a dejar pasar la oportunidad. El auge de las nuevas formas de medios de comunicación, como la radio y los periódicos, contribuyó a aumentar la conciencia pública sobre las oportunidades en el mercado de valores.

En resumen, fue la tormenta perfecta.

No es sorprendente que las cosas no tardaran mucho en salirse de control.

Como por arte de magia, una versión embrionaria de la compleja Máquina de Tarifas de Wall Street surgió del pozo de lodo primordial entre Wall Street y Pearl Street, y en su corazón estaba la Bolsa de Nueva York. Dejando a un lado su tradición de ciento cincuenta años de ser una organización socialmente responsable que jodió sólo a los ricos y dejó a los pobres en paz, la Bolsa de Nueva York cambió de opinión, y en 1921 comenzó a joder a todos.

En 1925 el piso del mercado comenzó a parecerse a una galería de tiro al plato, en que se apuntaba a inversionistas poco sofisticados y no a palomas de barro. Era el tercer deporte favorito de Wall Street, justo detrás del golf y la medición de falos, y, como todos los deportes de los ricos, éste en particular tenía un código de vestimenta y unas reglas. Era algo así:

Un joven corredor de bolsa, que llevaba corbata de moño y tirantes, colocaba a un inversionista poco sofisticado en un lanzador de blancos aprobado por la bolsa, y luego le decía a la pobre alma que se aferrara fuerte y nunca se soltara. Luego, un banquero de inversiones experimentado, con sombrero y levita y que sostenía una escopeta de doble cañón, gritaba la palabra *lanza*, momento en el que el corredor de bolsa enviaba al inversionista volando por el aire, con los brazos agitándose salvajemente mientras trataba con desesperación de aferrarse a los pocos dólares restantes que salían volando de sus bolsillos, y navegaba hasta el ápice. Cuando llegaba a la cima de la trayectoria, el banquero de inversiones apretaba con calma el gatillo —¡bum!—, convirtiendo al inversionista en carne molida y enviándolo a caer en picada de vuelta a la tierra, como una piedra.

En el momento en que el cuerpo golpeaba, el corredor de bolsa le gritaba al banquero de inversión: "¡Gran tiro!". A lo que el banquero de inversiones asentía una sola vez, como si dijera: "Gracias, joven. Hiciste un buen trabajo preparando a ese inversionista para la matanza".

Luego, lentamente, se ajustaba el cuello, como un boxeador profesional entrando en el ring, apuntaba su escopeta hacia la zona de blancos otra vez, y gritaba la palabra *lanza*, y otro inversionista volaba por los aires.

Tal fue el estado de Wall Street en los locos años veinte.

A principios de 1929 estos payasos de los locos años veinte no sólo habían perfeccionado su sangriento deporte financiero —tomando como blanco a inversionistas poco sofisticados con educación de sexto grado que vivían de quincena a quincena—, sino que también habían agregado un nuevo pliegue que hizo que el juego fuera *mucho* más emocionante e *infinitamente* más rentable: habían reducido el requisito de margen en todas las nuevas compras de acciones de un potencialmente peligroso cincuenta por ciento a un increíblemente autodestructivo y moralmente reprobable diez por ciento.

En otras palabras, un inversionista poco sofisticado, con casi *ningún* patrimonio neto y menos experiencia financiera, podría pedir prestado hasta noventa por ciento del valor de cualquier acción que fuera lo bastante tonto como para comprar o, mucho más a menudo, que un corredor de bolsa de buena labia les había metido en la garganta.

Ya sea a través de un anuncio en un periódico, una voz en la radio o una versión embrionaria de un programa organizado de ventas telefónicas, las masas estaban siendo atacadas por primera vez, y una tasa de margen de noventa por ciento hizo que todo fuera asequible.

Por ejemplo, supongamos que un corredor de bolsa de los locos años veinte llama a un cliente potencial y le habla maravillas de la compañía XYZ, que actualmente cotiza a cuarenta dólares por acción. Para cuando el corredor termina, ha sido *tan* persuasivo que el cliente está dispuesto a batear con todo y poner los ahorros de toda su vida en XYZ. Sólo hay un pequeño problema: los ahorros de toda su vida no son gran cosa. De hecho, después de liquidar todas sus cuentas bancarias y abrir su alcancía, lo máximo que puede acumular son cuatro mil dólares. Eso es todo, ni un centavo más.

De repente, el cliente se siente desinflado. Ha hecho el cálculo y se da cuenta de que no importa cuánto puedan subir las acciones de XYZ, no tendrá suficientes acciones como para que eso tenga un impacto en su vida. Es una triste realidad, pero el hecho es que simplemente no tiene sentido. Es un ejercicio de futilidad. Tal vez si tuviera el dinero para comprar más acciones, *entonces* tendría sentido, pero no cuenta con él. Es por eso que el mercado de valores es un juego para los ricos, piensa, no para la gente común y corriente como él.

Con eso en mente, le dice al corredor de bolsa:

—Lo siento, amigo, pero creo que voy a pasar. Sólo puedo permitirme comprar cien acciones, así que incluso si las acciones se duplican, no es suficiente para que eso haga una diferencia en mi vida. Y si *pierdo* dinero, estaré realmente contrariado.

—Entiendo perfectamente lo que está diciendo —dice el corredor con simpatía—. De hecho, la mayoría de mis clientes estaban exactamente en la misma situación que usted cuando los conocí por primera vez, pero ahora he ganado tanto dinero en el mercado para ellos que no saben qué hacer con todo. Mire, creo que lo que no está viendo aquí es que no necesita tener tanto dinero como cree para hacer una fortuna en el mercado bursátil.

—¿De verdad? —pregunta el cliente con escepticismo—. ¿Cómo es eso?

—En realidad es muy simple. Cuando usted compra una acción a través de mi empresa, no le hacemos pagar por todas las acciones; usted tiene que poner sólo el diez por ciento. Mi firma le prestará el resto.

—¿Diez por ciento? —el cliente dice incrédulo—. ¿Eso es todo?

—Sí, sólo diez por ciento. Se llama compra a margen. Todo el mundo lo está haciendo ahora, y todos están amasando una fortuna. Estoy seguro de que sabe lo caliente que ha estado el mercado de valores, ¿verdad?

—Sí, por supuesto que sí.

—Exacto —continúa el corredor—, el mercado ha estado en auge, y no tiene fin a la vista, y eso es especialmente cierto para una compañía como XYZ, que es una de las acciones más calientes que hay en este momento. Y al comprarlo a margen, sus cuatro mil dólares pueden ahora comprar *mil* acciones, en lugar de cien, lo que significa que ganará diez veces más dinero cuando las acciones se vendan a mayor precio. Es una obviedad.

—¡Eso es increíble! —exclama el cliente—. Entonces, si las acciones se duplican, ¿ganaré cuarenta mil con una inversión de cuatro mil? ¡Santo cielo! ¡No podría ganar todo eso en diez años en mi trabajo actual!

—¡Ahora lo está pudiendo! —grita el corredor—. Y cuando las acciones se tripliquen, como ambos pensamos que lo harán, ¡ganará ochenta mil con su inversión de cuatro mil! Y por cierto, ¡eso no sería *nada* en este mercado! Tengo clientes que han ganado *mucho* más que eso en los últimos meses. Es por eso que todo el mundo está saltando al mercado en este momento y comprando a margen. No hay en el mundo mejor manera de hacer dinero. Es lo mejor de lo mejor. ¿Tiene sentido?

—¡Claro que sí! ¿Cómo puedo empezar?

—Es muy simple —responde el corredor—. Sólo necesito información básica para abrir la cuenta a margen, puedo comprar las acciones para usted en este momento, y luego puede enviar sus cuatro mil dólares en los próximos días para cubrir diez por ciento de la operación. Mi empresa automáticamente le prestará el resto, para que no tenga que hacer nada.

—Guau, eso parece fácil —dice el cliente, con un toque de escepticismo—. ¿Cuándo tengo que pagar el margen?

—Ésa es la mejor parte —bromea el corredor—. No tiene que pagar el préstamo hasta que vendamos las acciones y haya obtenido ganancias.

—Está bien, ¿y qué pasa con el interés? —pregunta al cliente—. Debe haber interés, ¿verdad?

—Sí, por supuesto —responde el corredor con desdén—. Pero es sólo el doce por ciento, y podrá aplazar eso también hasta después de vender las acciones. Así que, de nuevo, no hay nada de que preocuparse.

—No lo sé —dice el cliente—. Doce por ciento me parece un poco alto. Eso puede ser bastante caro con el tiempo. Se comerá mis ganancias, ¿no cree?

—Normalmente estaría de acuerdo —responde el corredor—. Por ejemplo, si usted estuviera sacando una hipoteca de su casa, entonces sí, definitivamente tendría razón, porque estaría pagando esa tasa de interés durante treinta años. Pero en el caso de XYZ, estamos hablando de un comercio a muy corto plazo, tal vez de tres a seis meses, *máximo*, entonces vamos a querer vender esta cosa y reservar una ganancia. Sin mencionar que el potencial de alza es tan grande aquí que cualquier interés que usted termine pagando será intrascendente en comparación con el dinero que usted gane. Así que personalmente, amigo mío, no veo cómo pueda equivocarse. ¿Suena bien?

—Perfectamente bien —concuerda el cliente—. Apúntame, amigo.

—¡Excelente! —responde el corredor—. ¡Bienvenido a bordo! Usted tomó una excelente decisión.

Clic.

Dos semanas más tarde el cliente recibe un telegrama urgente de su corredor de valores:

Urgente: Debe enviar inmediatamente mil dólares a su cuenta de corretaje a través de Western Union. *FIN.* Si mañana no recibimos fondos antes de las doce del día, nos veremos obligados a liquidar sus tenencias en XYZ, conforme a los términos y condiciones de su acuerdo de margen que usted fue demasiado perezoso o demasiado estúpido para leer. *FIN.*

El cliente está por completo estupefacto. No tiene idea de lo que está pasando. ¿Cómo podría deber más dinero a la firma de corretaje? ¡No ha comprado nada nuevo! Además, no *tiene* más dinero. Lo convencieron de poner sus ahorros de toda la vida en XYZ.

Bufando de rabia, se pone el abrigo y se dirige a la puerta. Hay una farmacia local a sólo quince kilómetros de distancia. Tiene un teléfono con el que se puede llamar a Wall Street directamente. ¡Va a poner orden en esto de una vez por todas! ¡Esos bastardos no se saldrán con la suya, no mientras él esté alerta!

Pero por desgracia ni siquiera llega a salir por la puerta. Se ha quedado parado y de una pieza.

No, ¡no puede ser! ¡Pero así es! ¡Es otro mensajero! ¡Con otro telegrama!

El mensajero le sonríe y le entrega el telegrama sellado. Él estudia la cara del mensajero en busca de ironía. ¿Él lo sabe? ¡Imposible! ¿Cómo podría saber?

Pero el bastardo sólo está ahí parado, sonriendo. ¡Tiene una gran sonrisa de comemierda en su cara blanca y redonda! ¿Qué le pasa a este bastardo arrogante? ¿Por qué *sólo está parado ahí?*

De pronto entiende: *¡Una propina! El mensajero quiere una propina, ¡en un momento como éste!*

¡Cómo se atreve!

El mercado se está desplomando, el mundo se está derrumbando, y este bastardo engreído está esperando una propina. ¡Qué gran audacia!

Cruza una mirada con el mensajero y se toma un momento para mirar sin verlo. Luego cierra lentamente la puerta justo en su cara, sin romper el contacto visual. De alguna manera se siente mejor por eso. Fue una mirada fija, y salió victorioso. Pero fue una victoria hueca. Luchando contra el pánico, abre el telegrama y comienza a leer.

Está absolutamente anonadado. ¡Es otra solicitud de dinero!

Urgente: Debe enviar inmediatamente mil quinientos dólares a su cuenta de corretaje a través de Western Union. *FIN.* Si no recibimos fondos para las doce del día de mañana, nos veremos obligados a liquidar sus participaciones en XYZ, conforme a los términos y condiciones de su acuerdo de margen que fue demasiado perezoso o demasiado estúpido para leer. *FIN.*

¡Ahí está! ¡*Ahora* sí es demasiado! Bufando otra vez, sale por la puerta para abordar su Ford Modelo T. Pone en marcha el motor y se dirige a la farmacia local para poner en orden todo el asunto. ¡Tiene que ser algún tipo de error!

Treinta minutos más tarde llega a la farmacia, con una nube de polvo de más de un kilómetro de largo a su paso. ¿Qué está pasando con el clima? ¡Además de todo, hay una sequía! ¡Sus cultivos se están muriendo, sus pollos están delgados como rieles, sus vacas han dejado de dar leche, y sus hijos corren por ahí con los rostros mugrosos y tosiendo hasta sus malditos pulmones! ¡Es el final de los días!

Pero no tiene tiempo para eso ahora. Tratará con la ira de Dios más tarde. Por ahora necesita mantenerse enfocado en Wall Street, ¡*ellos son* el enemigo!

Respira profundo, toma el teléfono y le pide al operador que lo conecte con la firma de corretaje que está tratando de robar su dinero, obligándolo a enviarles aún *más* dinero, que en la actualidad no tiene. ¡Ya le robaron todo! ¿Cómo podría estarle sucediendo esto a él? ¡Es como si tuviera un mal sueño! ¡Y no puede despertarse!

Después de una breve pausa escucha unos pocos clics. Luego el teléfono suena dos veces, y, mágicamente, está hablando con el operador del conmutador de la malvada firma de corretaje.

—Hola —dice la operadora del conmutador en un tono nasal—. Gracias por llamar a Dewey, Cheetham y Howe. ¿Cómo puedo conectar su llamada?

Hace una imagen mental de la mujer. Conoce el tipo. Gafas con montura de carey, finas, tono condescendiente. *Apesta* a la pedantería de Nueva York y Wall Street. Enojado, le pide que lo comunique con el bastardo que creó este lío.

Unos clics más tarde escucha la voz del bastardo pasando por el receptor, fuerte y clara, como si estuviera justo al lado. ¡Qué tecnología! —piensa él—, ¡debería haber comprado Bell Telephone! ¿En qué estaba pensando al comprar esta mierda de *XYZ*?

Pero él saca esos pensamientos de su mente. Necesita establecer el dominio sobre el corredor de bolsa y mostrarle quién es el jefe. Es su única oportunidad para recuperar su dinero.

—Hola —dice el bróker en un tono optimista—. ¿Cómo puedo ayudar...?

Él interrumpe al corredor en medio de la frase y desata su justa ira, llamándolo por todos los nombres conocidos y acusándolo de cometer todos los crímenes del libro, salvo la masacre del Día de San Valentín, aunque no le extrañaría que este codicioso bastardo también estuviera en confabulación con Al Capone. Dice:

—No le debo a usted o a su empresa un centavo partido por la mitad. Todo lo que compré fueron cien acciones de XYZ, nada más y...

—Ey, ey, ey —dice el corredor, cortándolo a su vez—. ¡Cálmese! ¡Le va a dar un ataque al corazón sin ninguna razón! Estamos de acuerdo, sólo compró cien acciones de XYZ. No está pasando nada raro. Debe relajarse.

El agricultor es incrédulo.

—¿Nada raro? Si no pasa nada extraño, entonces ¿por qué diablos estoy recibiendo telegramas de su empresa diciendo que si no les envío dos mil quinientos dólares van a liquidar mi cuenta? Recibí dos de ellos esta mañana a quince minutos el uno del otro. ¿Qué me puede decir sobre *eso*?

—*Ohhhh*, veo lo que está pasando —responde el corredor—. Esas que recibió son llamadas al margen.* XYZ ha estado bajando en los últimos días, de hecho, todo ha estado bajando; el mercado entero apesta, por lo que la oficina de apoyo los envía automáticamente. Lo siento.

El agricultor está confundido por un momento. Nunca antes había escuchado ese término, "llamada al margen". El corredor nunca mencionó nada al respecto. De repente esas palabras le golpean —*¡bam!*—, ¡como si acabara de recibir un disparo de Jack Dempsey justo en la panza! Siente que las rodillas se le debilitan. Es ese momento terrible cuando se da cuenta por primera vez de que está en el extremo de una cadena imparable de eventos que ha puesto en marcha debido a su propia idiotez. Es este término "llamada al margen"... Ha leído sobre esto en alguna parte. No está seguro de dónde, pero las implicaciones son horrendas. ¡Podría ser completamente aniquilado! *Es hora de hacerse el tonto*, piensa.

Necesita fingir que nunca ha oído hablar de esto antes. ¿Por qué no llamarlo como lo que realmente es: una demanda para pagar instantáneamente un préstamo de mierda con altos intereses? Peor aún, ¡tienen los cuatro mil dólares que envió para usarlos como garantía! ¡Esos bastardos! No había manera de que pudiera haber sabido que esto sucedería. Es un

---

* El Margin Call, también conocido como llamada al margen, es un aviso que da el corredor al inversionista para que destine más dinero a las posiciones que tiene abiertas en el mercado. Esta llamada sólo se produce en mercados en los que se puede hacer apalancamiento, que es una técnica mediante la cual el operador utiliza un mecanismo para destinar más dinero a una inversión. Normalmente este mecanismo consiste en contraer una deuda. *(N. del T.)*

agricultor, esta jerga financiera está destinada a confundir a personas como él: ¡gente común, buena, honesta y trabajadora!

Además, el corredor nunca mencionó el término "llamada al margen", sólo el de compra al margen. Eso le da la superioridad moral; claramente ha sido engañado. ¡Tiene todo el derecho de exigir la devolución de su dinero, no hay dos soluciones!

Animado por ese pensamiento, el granjero dice, en el tono de los despistados:

—¿Qué demonios es una llamada al margen? ¡Nunca me mencionó nada sobre una llamada al margen! ¡Nunca *había oído* hablar del término antes! Créame, recordaría algo como...

El corredor lo interrumpe con una mentira audaz:

—¡Por supuesto que se lo mencioné! ¡Tuvimos toda una conversación al respecto! Expliqué todo...

—¡No, no lo hizo! Nunca mencionó nada del...

Lo interrumpe de nuevo, con otra mentira audaz:

—¡Sí lo hice! ¡Recuerdo cada palabra de la conversación! Le dije que si las acciones caían más de diez por ciento, entonces tendría que enviar más dinero para cubrir el déficit. Así es como funciona el margen. Sus acciones son la garantía para el préstamo. Por lo tanto, cuando XYZ cayó de cuarenta dólares a 37.5 su garantía bajó por debajo del umbral del cinco por ciento, que es el punto límite. Ése es el problema aquí, simplemente no pensé que pasaría, porque el mercado ha estado tan sólido...

A medida que el corredor de bolsa habla y habla, el agricultor se va desconectando. Ya no puede escuchar estas sandeces. Él ya sabe adónde va el corredor con eso, pero lo que no puede creer es cómo puede la boca codiciosa del bastardo decir tales mentiras.

Cuando la acción llegó a 37.5 dólares, el valor de su posición de mil acciones cayó a treinta y siete mil quinientos dólares, dejando su cuenta con sólo mil quinientos dólares de capital, de su inversión de cuatro mil. ¡Es ese maldito margen! ¡Él todavía debe todo eso, treinta y seis mil dólares, *más intereses*! ¡Y ahora le están exigiendo más garantías! Que una acción caiga cinco por ciento no es nada, sucede todo el tiempo. Todo se había orquestado para que él fracasara, todo era una trampa.

Puede ver la ecuación exacta en su mente. Está justo ahí, flotando frente a él, clara como el día. Dos ecuaciones, de hecho:

Inversión inicial	**Valor después de la disminución de precio**
Precio por acción = $40	Precio por acción = $37.50
Acciones = 1,000	Acciones = 1,000
Valor total de la inversión = $40,000	Valor total de la inversión = $37,500
Préstamo de margen = 90% × $40 000 = $36,000	Préstamo de margen (sin cambios) = $36,000
Valores de la cuenta = 10% × $40,000 = $4,000	Valores de la cuenta = $37,500 − $36,000 = $1,500

Mientras tanto, el corredor sigue desvariando, mintiendo con todos sus codiciosos dientes de corredor.

—Le dije que esto era un riesgo. Admito que mencioné que no era probable, pero, en mi defensa, hemos tenido un enorme mercado alcista durante los últimos ocho años, y les he estado consiguiendo a mis clientes una maldita fortuna. Quería que usted fuera parte de eso. Pero ahora todo el mundo entra en pánico y todo el *mercado* está siendo destruido, no sólo XYZ. Es un mal escenario para todos. ¿Qué puedo decir?

—¿Qué puedes decir? —exclama el agricultor—. ¡Qué tal si esto no es más que un montón de estupideces felices! Yo no sabía nada de esto. Nunca me dijiste nada sobre las llamadas de préstamo y, de todos modos, no me queda dinero que enviarte. Invertí mis últimos cuatro mil dólares en esto. Te lo dije la última vez, esto es todo el dinero que tengo. Voy a ser eliminado.

—Bueno, *eso es* desafortunado —dice el corredor—. La empresa tendrá que vender su posición antes de que las acciones bajen. De lo contrario, terminará debiendo aún *más* dinero.

El agricultor está incrédulo.

—¿Vender mi posición? —escupió—. ¿Qué *significa* eso?

—Significa que la empresa venderá automáticamente las acciones de su cuenta para pagar el préstamo. En este momento XYZ cotiza a treinta y siete dólares, así que si vendiéramos sus acciones, recuperará treinta y siete mil dólares, menos el préstamo que le dimos, que fue de treinta y seis mil, más los cincuenta de intereses que acumuló; no hay manera de evitar eso. Entonces, eso lo dejará con novecientos cincuenta dólares. Entonces sólo tiene que pagar mi comisión, que es de 2.5 por ciento. Eso es la norma en el sector, y no se nos permite descontar.

"De todos modos, si tomamos el 2.5 por ciento de la transacción total de treinta y siete mil dólares, obtenemos novecientos veinticinco dólares. Ésa es mi comisión. Entonces, después de que deduzcamos los novecientos veinticinco —*en ese mismo instante, el granjero se da cuenta de por qué este bastardo lo incitó a comprar con margen: ¡porque eso aumentó diez veces su comisión!*—. Eso lo deja con veinticinco dólares. Ah, *espere*, me olvidé de una última cosa: el precio del billete. Lo siento. Hay un cargo por el billete de tres dólares en la compra y la venta. No lo obligamos a pagarlo al ingresar, así que ha estado esperando ahí en calidad de débito. Así que eso son seis dólares, lo que reduce su total a diecinueve dólares.

"Si quiere, puedo hacer eso por usted en este momento —continúa el corredor—. Probablemente lo recomendaría en este punto, teniendo en cuenta lo mal que se ven las cosas. Quiero decir, lo último que usted quiere es que su cuenta sea negativa. Entonces tendríamos que perseguirlo por la deuda que nos debe, y los agentes de cobro no son tan amables como...".

—He oído lo suficiente —grita el granjero—. No sé lo que estás tratando de obtener aquí, pero nunca mencionaste *nada* sobre ninguna llamada al margen, o tener que enviar más dinero si las acciones bajan. ¡No tengo más dinero! Además, me dijiste que XYZ iba a triplicar, que iba a hacer *más* dinero del que sabría qué hacer con él, como el resto de tus malditos clientes. Entonces, en este punto, sólo quiero cancelar todo el asunto. Quiero que cierres mi cuenta y me devuelvas mis cuatro mil dólares. De lo contrario, voy a tener que...

Cortando al agricultor, con una fría indiferencia, el corredor continúa:

—Como estaba diciendo, lo último que usted quiere es que la cuenta sea negativa. Entonces tendrá que enviar más dinero para cubrir la deuda que nos debe. Odiaría ver que eso suced...

—¿Una deuda? ¡No tengo ninguna deuda contigo! ¡No te debo nada! Nunca dijiste nada...

—Odiaría ver que eso suceda —dice el corredor, retomando la conversación justo donde la dejó—. De todos modos no sé por qué sigue diciendo que no sabe de qué estoy hablando. Todo esto se especificó en el nuevo paquete de cuenta que firmó. Lo tengo justo delante de mí: su nuevo formulario de cuenta, el acuerdo de margen, la cláusula de las tasas de interés; lo tengo todo. Así que, como dije, le sugiero encarecidamente que venda ahora mismo antes de que su cuenta se vuelva negativa, ¿entiende?

El agricultor se ha quedado sin palabras. Se siente totalmente desinflado. ¿Cómo podría ser tan estúpido como para no leer el contrato? Pero la letra era tan pequeña. ¡El viejo truco de la letra *pequeña*! ¡Lo consiguieron! Además, es sólo un granjero. ¿Cómo se suponía que debía saber estas cosas?

No es mi culpa... no es mi culpa... no es mi culpa... Sigue aferrándose a esas cuatro palabras, pero por dentro sabe que se acabó. Lo ha perdido todo...

—Como sea, le voy a dar un consejo —continúa el corredor—. Éste es un momento muy difícil. Todos están en la misma posición que usted; todos están recibiendo llamadas de margen. Está sucediendo en todo el país, en todas las acciones, y eso está ejerciendo una gran presión en el mercado. Se ha convertido en una profecía autocumplida.

"Cuanto más bajo está el mercado, más cuentas se liquidan, porque no pueden satisfacer sus demandas de crédito, lo que crea más presión de venta en el mercado, lo que después lo hace bajar aún más, lo que provoca más llamadas al margen, lo que crea aún más presión de venta, y sigue y sigue. Como dije, es un escenario muy malo. Entonces, ¿qué le vamos a hacer?".

El agricultor está sin palabras. Wall Street no sólo ha inflado el mercado a alturas escandalosas, sino que también lo ha hecho de manera que ha convertido esta reciente caída del Dow en el equivalente financiero de una avalancha en la cima del monte Everest, no importa cuán pequeña empiece, no se puede detener hasta que llegue al fondo, creciendo y acelerando hasta que lo destruya todo a su paso. *Todo.*

Con ese pensamiento en mente, el agricultor responde al corredor con dos simples palabras: "Véndelo todo".

Tal es la *locura* de comprar una acción con un margen de noventa por ciento. Es el equivalente a entregar a un niño un explosivo M-80 encendido y decir: "Ahora ten mucho cuidado, Johnny. ¡Esto puede ser *muuuy* peligroso!".

Pero, por supuesto, todo lo que Johnny ve son las chispas brillantes, además de sentir una intensa emoción en todo su sistema nervioso central. ¡Es emocionante! ¡Es emocionante! ¡Es la naturaleza de la mierda humana!

Ya sea que estemos comprando una acción de mierda con un margen de noventa por ciento o sosteniendo un M-80 encendido hasta que vuele una de nuestras manos, ante una emoción intensa solemos tener graves problemas para ver el peligro ahí adelante.

Fue por esta misma razón que todos los futuros Johnnies con una sola mano del mundo siguieron arrojando sus ahorros de toda la vida a un mercado de valores en auge, a pesar de que la letra estaba claramente escrita en la pared. El día del ajuste de cuentas vendría bastante pronto.

Mientras tanto, a medida que la manía especulativa estaba llegando a un punto álgido, en 1928 Dow Jones & Company decidió agregar dieciocho compañías más a su índice insignia, llevando el número total de acciones del Dow a treinta, que es donde todavía se encuentra hoy.

El problema, sin embargo, no era tanto con los treinta grandes capitales que componían el Dow. Si bien sus precios se habían inflado según los estándares históricos, ahora había setecientas acciones adicionales que se negociaban en la Bolsa de Valores de Nueva York, y su calidad demostraría ser un problema importante. De hecho, en 1929 ésta se había deteriorado tan severamente que la mayoría de los certificados de acciones no valían el papel en el que estaban impresos.

Y por pura diversión, propón una adivinanza loca y di qué firma de corretaje estaba encabezando la carga de inflar las piezas más grandes de la mierda financiera, mierda que era tan apestosa y tenía estructuras tan completamente tóxicas que, cuando finalmente implosionó, haría del panorama financiero algo *tan* radiactivo que sería inhabitable para los inversionistas humanos durante los próximos veinte años.

Sí, eso es: Goldman Sachs.

Empleando una estrategia que llegaría a perfeccionar durante los próximos cien años, Goldman había comenzado lentamente, y luego, una vez que estaba seguro de que la enorme ganancia financiera superaría la enorme destrucción financiera que seguramente seguiría, saltó con ambos pies primero y se convirtió en el creador más prolífico del sector de sus mayores pedazos de mierda.

Para cuando llegó octubre la Bolsa de Valores de Nueva York había completado su transición de ser la principal bolsa de valores de la nación a ser una base financiera cero para una guerra termonuclear. Sólo quedaba una pregunta:

¿Cuándo estallarían las bombas?

La prensa lo llamó Jueves Negro.

Fue una frase que acuñaron oficialmente el viernes 25 de octubre para describir la carnicería del día anterior en la Bolsa de Valores de Nueva York.

El Dow se había desplomado once por ciento desde el campanazo de apertura, y el volumen del mediodía superó los once millones de acciones. En ese momento once millones de acciones era un número sin precedentes —más de diez veces el volumen normal de operaciones de la bolsa durante un día entero— y la tecnología de la época, el indicador electrónico de cotización de acciones, no podía actualizarse.

Al mediodía estaba funcionando con tres horas de retraso, exacerbando un pánico financiero que ya se estaba extendiendo por todo el país. Inversionistas poco sofisticados —carniceros, panaderos y fabricantes de velas— habían invertido sus ahorros de toda la vida en acciones delicadas, que compraron tontamente con un margen de noventa por ciento. Con los pocos indicadores bursátiles disponibles funcionando con horas de retraso, nadie sabía dónde estaba el mercado o si estaban a punto de recibir un telegrama de Western Union.

A las dos de la tarde toda esperanza parecía perdida.

Entonces ocurrió un milagro.

De la nada, el sentimiento de los inversionistas dio una repentina vuelta en U y enormes órdenes de compra comenzaron a inundar el mercado. Llegaron todas a la vez —se extendieron entre las compañías más grandes e importantes del Dow— y los precios de las acciones subieron. Aún más convincente, las órdenes de compra provenían de uno de los miembros más respetados de la Bolsa de Valores de Nueva York, un corredor que administraba dinero para los Vanderbilts, los Rockefeller y el resto de los titiriteros. Era un hombre con una sólida reputación de tener información privilegiada.

Al ver la compra masiva que provenía por cable de este tipo de fuente, el resto de los comerciantes en la Bolsa de Nueva York decidió subirse a bordo. Después de todo, si los titiriteros estaban comprando, significaba que debían saber algo. Y así, cuando la voz comenzó a extenderse de accionista a accionista, y de accionistas a corredores de bolsa, y luego de corredores de bolsa a sus clientes, el mercado volvió a la vida.

En realidad, la compra no había venido de la nada. Los titiriteros habían imaginado que sería en el mejor interés de todos (especialmente el suyo) mantener la fiesta en marcha durante el mayor tiempo posible, así que juntaron sus fondos en una serie de órdenes de compra masivas y luego los colocaron por medio de su corredor habitual con el fin de telegrafiar sus intenciones.

Era un truco tan antiguo como las colinas —colocar grandes órdenes de compra durante un corto periodo para aumentar el precio de una acción— y funciona especialmente bien cuando las personas que realizan la compra son inversionistas conocidos con un historial de aciertos.

Hoy en día nos referimos a este tipo de "compra intencionada" como manipulación de acciones, y te dará de tres a cinco años en el Club Federal más cercano. Pero en 1929 no había leyes federales de valores contra la común y silvestre manipulación de acciones o, de hecho, cualquier otra práctica sombría que involucrara la violación y el saqueo de inversionistas desprevenidos. Era un juego totalmente libre para todos, basado en la ley de la selva, y la manipulación de acciones era el juego favorito.

Sea cual sea el caso, el plan funcionó brillantemente.

Para el campanazo de cierre, el Dow había recuperado casi todo lo que perdió durante la sesión de ventas de la mañana, y terminó el día con sólo dos por ciento más bajo.

El viernes pasó en silencio, mientras los inversionistas tomaron una pausa para recuperar el aliento. Todo parecía estar bien.

Luego llegó el lunes.

Eso *también* era negro, mucho más negro que el Jueves Negro, de hecho, o al menos así es como la prensa lo describió a ochenta millones de estadunidenses conmocionados, cuando leyeron su periódico favorito a la mañana siguiente y vieron los titulares.

Eran los mismos en todas partes:

¡Lunes negro! ¡Las existencias se desploman! ¡La muerte de Wall Street! ¡El fin del capitalismo!

Sin embargo, a diferencia del Jueves Negro, cuando el repunte de la tarde salvó el día, cuando el mercado abrió para operar el lunes por la mañana, comenzó a hundirse como una piedra y siguió hundiéndose. El baño de sangre comenzó precisamente a las nueve y media de la mañana.

De una vez, todo el público inversionista realizó una carrera loca hacia una sola salida y convirtió el piso de la Bolsa de Valores de Nueva York en un Armagedón financiero. Antes de que terminara el día, el Dow había perdido once por ciento de su valor, cerrando en doscientos cuarenta y un dólares, lo que era treinta y tres por ciento más bajo que el máximo histórico que había alcanzado sólo cuarenta días antes. Fue un declive impactante. Peor aún, como un boxeador profesional en las cuerdas, el Dow había sido salvado por la campana a las cuatro de la tarde, cerrando en su punto más bajo del día bajo un aluvión de ventas.

Luego llegó el martes.

Ése también fue negro, incluso más negro que el Lunes Negro, que había sido mucho más negro que el Jueves Negro, o al menos así fue como la prensa describió este último ataque de Armagedón financiero a un público estadunidense ya afectado por el pánico que todavía estaba tratando de digerir los titulares tóxicos de los días anteriores.

Los titulares eran los mismos en todas partes:

¡Martes Negro! ¡Las existencias se desploman aún más! ¡Ésta es realmente la muerte de Wall Street! ¡No estamos bromeando esta vez! ¡En serio! La fiesta ha terminado, ¿de acuerdo? ¡Son dos días seguidos! ¡Cuidado con los banqueros que saltan por las ventanas!

Por desgracia, esta vez los titulares tenían razón.

En este último día negro, el martes 29 de octubre de 1929, el mercado se desplomaría otro doce por ciento, y luego seguiría cayendo durante los próximos tres años. El Dow no tocaría fondo hasta el 8 de julio de 1932. El precio de cierre de ese día, 41.22, fue una caída de noventa por ciento desde el máximo histórico del Dow en septiembre de 1929.

Por supuesto, el mercado no cayó en línea recta, nunca lo hace. Así no es como funcionan los mercados. Incluso en el mercado bajista más feroz, todavía hay repuntes —repuntes de lechones, en el lenguaje de Wall Street, o rebotes de gatos muertos— mientras el mercado consolida sus pérdidas. Estos repuntes son anémicos, de corta duración y se caracterizan por un volumen muy ligero. Y tan pronto como el repunte ha terminado, el mercado comienza a caer de nuevo y a alcanzar un nuevo mínimo.

Tal fue el caso durante el periodo de tres años que siguió al desplome de octubre, cuando una serie de repuntes de lechones ofrecieron breves atisbos de esperanza a una nación conmocionada cuyo sistema financiero y economía subyacente estaban tambaleándose al borde del abismo.

Luego se derrumbaron.

Al igual que una fila de fichas de dominó muy cercanas entre sí, el colapso del mercado de valores llevó a un colapso del sistema bancario, lo que implicó una crisis crediticia a nivel nacional, que se extendió a una economía ya desacelerada y la detuvo. El problema era profundo: el pueblo estadunidense había perdido completamente la confianza en el sistema financiero del país y comenzó a resguardarse ante una tormenta.

Fue la profecía máxima autocumplida, y los resultados fueron catastróficos.

El volumen en el mercado de valores cayó a niveles anémicos y los bancos comenzaron a colapsar debido a las corridas bancarias. La gente se dio cuenta de que el dinero que pensaban que les esperaba a salvo en el banco en realidad había sido prestado a los especuladores de Wall Street que habían comprado acciones de mierda con un margen de noventa por ciento. El comercio literalmente se detuvo.

Fue la era de los vagabundos, las filas de sopa y la pobreza abyecta.

Las familias cargaban sus pertenencias en carcachas descompuestas y conducían por todo el país en busca de satisfacer necesidades básicas, como comida, refugio y empleo remunerado.

Las tres resultaban difíciles de encontrar, especialmente este último.

La tasa de desempleo llegó a treinta y tres por ciento, ya que uno de cada tres estadunidenses simplemente no podía encontrar trabajo, y los pocos empleos que podían hallar eran para trabajadores no calificados, que realizaban tareas menores con salarios mínimos. El progreso simplemente había cesado. Era la Gran Depresión.

Fue entonces, en 1934, a raíz de esta conmoción económica, que el gobierno finalmente decidió intervenir y poner orden al caos. Era hora de controlar Wall Street, o al menos *simular* controlar Wall Street. En 1934, por una ley del Congreso, nació oficialmente la Comisión de Bolsa y Valores de los Estados Unidos (SEC).

Como principal policía de la nación en acción de patrullaje, la agencia tendría poderes sobre todas las actividades relacionadas con la emisión y el comercio de cualquier tipo de valor: acciones, bonos, opciones, fondos mutuos y cualquier otro instrumento financiero que se ofreciera públicamente a los inversionistas. Su misión era muy clara: restaurar la confianza en un país lleno de inversionistas extremadamente molestos que habían sido expulsados por un ejército de corruptos wallstreeteros que se volvieron tan codiciosos que terminaron por explotar el mercado de valores y finalmente se fugaron.

El Congreso creía —con razón— que sin un mercado de valores y un sistema bancario en el que la gente pudiera confiar, una recuperación económica sería casi imposible.

Delegaron el papel crítico de elegir al primer presidente de la agencia a la máxima autoridad en la tierra, el presidente de Estados Unidos.

En ese momento aquél era un buen viejo, FDR, Franklin Delano Roosevelt. Era un hombre de gran visión, un hombre justo que ciertamente estaba a la altura de la tarea, o al menos eso es lo que uno habría pensado. Nunca adivinarás a quién decidió elegir para vigilar el gallinero:

Al lobo de Wall Street original.

CAPÍTULO 5

EL VIEJO JOE KENNEDY Y EL MUNDO SALVAJE DE LA VENTA CORTA

P or un lado, elegir al manipulador de acciones más famoso de Wall Street para ser el primer presidente de la SEC tenía mucho sentido. Después de todo, si uno quiere deshacerse del fraude en Wall Street, entonces ¿por qué no contratar a su mayor estafador? Por otro lado, *también* era el equivalente de elegir un lobo para cuidar a las ovejas, y luego esperar a que ese lobo resista su propia naturaleza y no convierta a las ovejas en chuletas de cordero.

De cualquier manera, tal fue el caso del primer presidente de la SEC, Joseph P. Kennedy, un canalla de ser humano, cuya única cualidad redentora fue que engendró un niño llamado John Fitzgerald, que terminó convirtiéndose en el trigésimo quinto presidente de los Estados Unidos. Pero aparte de esa afortunada donación de esperma presidencial, "Old Joe" no sólo fue uno de los manipuladores de acciones más notorios en la historia de Wall Street, sino que también se especializó en una estrategia comercial altamente tóxica que tuvo un papel importante en desencadenar el colapso.

Específicamente, Joe Kennedy era un vendedor en corto, es decir, apostaba a que los precios de ciertas acciones caerían al tomar prestadas sus acciones e inmediatamente venderlas en el mercado para establecer una llamada posición corta. Cuando apostaba bien (y el precio de la acción caía), entonces podía volver a comprar las acciones al precio más bajo y devolverlas al prestamista y embolsarse la diferencia. Cuando apostaba mal (y el precio de las acciones subía), después de que adquiría las acciones y las devolvía al prestamista, se quedaba con una pérdida.

¿Estás confundido?

Si es así, no eres el único.

A la mayoría de las personas les resulta un poco difícil entender la idea de vender una acción que no poseen actualmente para beneficiarse por su desaparición. Y es especialmente confuso cuando se agrega el hecho de que primero se tienen que pedir prestadas las acciones y luego devolverlas en algún momento en el futuro, mientras con suerte se aseguran una ganancia entretanto. Francamente, cuando consideras todos los aros por los que tienes que saltar, parece un montón de trabajo para apostar a que una acción esté bajando.

Por ejemplo, ¿dónde se piden prestadas las acciones? ¿Cuánto cuesta pedirlas prestadas? ¿Por cuánto tiempo se puede conservarlas? ¿Cómo se devuelven? ¿Cuánto dinero se requiere para hacer la operación en sí? ¿Qué haces si la operación va en tu contra?

Son preguntas como éstas, y muchas más, las que hacen que la mayoría de los nuevos inversionistas se alejen de la venta en corto. Desde su perspectiva, está llena de riesgos y es demasiado complicada, y por lo tanto es mejor dejarla a los profesionales.

Pero ¿es eso verdad?

¿La venta en corto es realmente tan complicada? Y para el caso, ¿es tan riesgosa que debe evitarse como la peste? ¿O la venta en corto obtiene innecesariamente mala reputación, y puede ser una herramienta valiosa para un inversionista astuto?

Como la mayoría de las cosas en la vida, la verdad se encuentra en algún lugar en medio, aunque desde una perspectiva práctica, ya sea que se esté del lado corto o del lado largo, cuando uno se involucra en cualquier tipo de estrategia de operación a corto plazo con más de los pocos dólares que ha reservado para alguna especulación saludable, se está preparando para la decepción. Verás exactamente por qué un poco más adelante, pero por ahora déjame llevarte a través de un ejemplo real de cómo vender un stock corto, para que lo entiendas completamente y no te dejes tentar por un corredor interesado o cualquier otro asesor que te incite a probarlo.

Por ejemplo, digamos que un accionista Robinhooder de veinticinco años, aburrido de la pandemia, está considerando cómo invertir su último cheque de estímulo. Hasta ahora lo ha hecho extremadamente bien en el lado largo del mercado comprando "acciones meme" y sacándoles ganancias.

Para aquellos de ustedes que no están familiarizados con el término "acciones meme", es una etiqueta que se da a una acción que se ha vuelto popular entre los pequeños inversionistas por razones que tienen poco que ver con los datos reales de la compañía. En cambio, el interés se alimenta principalmente de factores culturales compartidos en las redes sociales, como el deseo de mostrar apoyo a una determinada empresa o marca. No es sorprendente que las acciones memes tengan una tendencia a ser extremadamente volátiles, operando muy por encima de su valor intrínseco durante un periodo prolongado, y luego cayendo de nuevo a la tierra de manera espectacular.

Sin embargo, a pesar de eso, en los últimos seis meses el joven Robin Hood ha estado haciendo una matanza con acciones memes, convirtiendo veinticinco mil dólares en ciento cincuenta mil, y su confianza se ha incrementado, como una enorme espinilla. Al igual que muchos inversionistas antes que él, cree que su nuevo éxito es el resultado de un agudo sexto sentido combinado con una habilidad especial que sólo él posee, en contraposición al hecho obvio de que un furioso mercado alcista ha estado alzando todos los barcos, incluyendo sus acciones meme sobrevaluadas, que, como todo lo demás, han venido a unirse al paseo. Se ha vuelto tan seguro, de hecho, que quiere intensificar su juego y comenzar a jugar a ambos lados del mercado, cambiando a largo y corto, y como por casualidad, ya ha identificado la primera acción a corto.

Es una situación perfecta, cree, es decir, está seguro de que la empresa es una verdadera mierda, y la acción está destinada a bajar. En este momento se cotiza a cuarenta dólares la acción en la bolsa Nasdaq, y está absolutamente seguro de que va a llegar a cero. Lo único que le impide comprar las acciones en corto es que no está familiarizado con todos los matices. Entiende los conceptos básicos de la venta en corto, pero hay algo en ella que todavía le parece confuso, y lo que realmente necesita es orientación profesional.

Por esta razón decide que su cuenta en Robinhood no es el lugar adecuado para realizar su primera venta corta. En vez de ello toma el teléfono y le marca a su corredor de bolsa, Jimbo Jones, quien trabaja en una

prestigiosa firma en Wall Street. Jimbo ha sido su corredor de bolsa durante los últimos años, aunque Robin Hood no ha hecho muchos negocios
con él. A diferencia de su cuenta de Robinhood, que es divertida y emocionante, su cuenta con Jimbo es dolorosamente aburrida. Además, a pesar de
ser un amigo, Jimbo Jones es un tonto pomposo.

—Entonces dime, joven Robin Hood —gorjea Jimbo—. ¿Cómo puedo
ayudarte?

¡Joven Robin Hood! Esto es lo que piensan los de Wall Street como Jimbo de personas como él: *¡Somos flores de un día! ¡Productos de la pandemia! Sanguijuelas de la sociedad, que viven de prestaciones de desempleo
aumentadas y de los cheques de estímulo del gobierno.*

—Tomo ese nombre como un cumplido —responde Robin Hood—,
pero yo no robo a los ricos ni doy a los pobres. Recibo dinero gratis del
gobierno e invierto en acciones meme. ¿Cuál es el problema?

—No hay problema, joven Robin Hood. Deberías estar muy orgulloso.

—Estoy orgulloso, estoy *muy* orgulloso. Entonces, ¿cómo están las cosas en Wall Street? ¿Ya has despojado a alguna viuda o huérfano hoy?

—Todavía no —responde Jimbo—, pero el día es joven. Todavía tengo
esperanza.

—Bueno, buena suerte con eso —dice Robin Hood—. Estoy seguro de
que tendrás éxito. De todos modos, hay algo con lo que necesito tu ayuda
hoy. Quiero comprar acciones en corto, y nunca lo he hecho antes.

—Está bien, ¿qué stock quieres comprar?

Robin Hood duda por un momento.

—Bueno… Antes de que te diga, sólo quiero que sepas que he hecho mi
investigación al respecto, así que no intentes disuadirme de lo contrario.
Eso no va a pasar.

—Está bien, tienes mi palabra. ¿Qué acciones quieres en corto?

Entonces, Robin Hood le da a Jimbo una explicación detallada sobre
por qué esta empresa es el mejor corto en la historia de la venta en corto.
Lo repasa todo: el balance general, su historial comercial de doce meses, su
disminución en las ventas, sus gastos generales inflados, su anticuado
modelo de negocio y su equipo de gestión que se sirven a sí mismos. Luego
se desvía del rumbo y comienza a gorjear con Jimbo sobre su impresionante historial y su sentido sobrenatural de oportunidad. Después de unos do-
lorosos segundos, Jimbo sale de sintonía.

El viejo dicho "un poco de conocimiento es peligroso" llega efervescente al cerebro de Jimbo. Comprar en corto esta acción es un movimiento muy arriesgado, ya que hay una muy buena posibilidad de que la operación vaya en su contra. Se pregunta: ¿debería tratar de convencer a Robin Hood de que se salga de eso? ¡Ya hay una tonelada de inversionistas en corto, lo que crea el riesgo de una gran contracción corta! Si el joven Robin Hood no tiene cuidado ¡terminará de vuelta en el bosque de Sherwood sin una olla en la cual mear!

Una contracción corta ocurre cuando el precio de una acción (o cualquier activo) aumenta rápidamente, causando que los vendedores en corto incurran en pérdidas importantes, lo que luego obliga a muchos de ellos a recomprar las acciones para cumplir con las demandas de margen. A su vez, este aumento de la demanda hace que el precio suba aún más, exacerbando las pérdidas de los vendedores en corto restantes, que ahora están bajo una mayor presión para recomprar acciones en un esfuerzo por reducir sus pérdidas. Esto conduce a un aumento aún mayor en el precio de las acciones, poniendo a los pocos vendedores en corto restantes bajo una presión aún mayor, y eso sigue y sigue: ¡la contracción!

Hubo un caso famoso de esto a principios de los años ochenta, cuando los hermanos Hunt, con su base de operaciones en Texas, trataron de acorralar el mercado de la plata. Durante un periodo de seis meses los hermanos amasaron silenciosamente una enorme posición en futuros y opciones de plata, convirtiéndose efectivamente en dos de los mayores tenedores de plata en el mundo. A medida que los hermanos continuaban comprando más y más plata, subieron aún más el precio, causando un enorme estrangulamiento de posiciones cortas en el mercado de la plata, con vendedores en corto que apostaban *contra* el precio de la plata, viéndose obligados a cubrir sus posiciones a precios mucho más altos, e incurriendo en grandes pérdidas.

La conclusión es que la venta en corto puede ser un juego peligroso que es mejor dejar a los profesionales, con años de experiencia y bolsillos muy profundos.

—...Y he ganado tanto dinero —continúa diciendo el bisoño Robin Hood—, que creo que no se puede negar en este momento que nací para esto. De hecho, una vez que domine el lado corto del juego, creo que voy a comenzar mi propio fondo de cobertura —carcajadas de Robin Hood—.

De hecho, si quieres, puedes venir a trabajar para mí, Jimbo. Te pagaré bien... si te lo ganas.

¡Eso es todo!, piensa Jimbo. *Si Robincillo quiere saltar desde un precipicio financiero, ¿quién soy yo para detenerlo? ¡Sin mencionar que las comisiones de ventas cortas son tan fuertes como en el lado largo, y puedo usar la pasta extra en mi próximo viaje a Cabo!*

—¡Claro que sí! —exclama Jimbo—. Vas a llevarte la mesa con esta cosa. Yo compraría en corto al mismo diablo, si fuera tú.

—Lo sabía —grita Robin Hood—. Incluso un bastardo cínico como tú no puede discutir con mi lógica. Muy bien, quiero comprar mil acciones en corto. Eso es cuarenta mil dólares, ¿verdad?

—Ja, ja, ja, cálmate —dice Jimbo—. Antes de hacer algo, primero necesito ver si podemos pedir prestadas las acciones. Supongo que podemos, pero sólo dame un segundo.

—¿Qué pasa si no podemos tomarlas prestadas?

—Entonces no puedes ponerlas en corto —responde Jimbo—. Es una violación a la sec, y no estoy de humor para que me multen hoy, al menos no por ti. E incluso si *pudieras* operar en corto sin respaldo, tampoco querrías hacerlo. Es demasiado arriesgado. Terminarás con lo que se llama una *falta de cumplimiento* en tu cuenta.

—¿Una falta de cumplimiento con las acciones?

—Sí, las acciones —dice Jimbo—. Ya sea que vendas mil acciones en corto o mil acciones que posees, quien las compre esperará que aparezcan en su cuenta en algún momento. No pueden simplemente *no* llegar.

"Ahora, sólo para ser claro, no estoy hablando de mensajeros a pie que corren por el Bajo Manhattan, recogiendo y entregando certificados de acciones físicos de todos los compradores y vendedores. Eliminaron todo eso después de los años sesenta. El volumen se volvió tan masivo para entonces que en realidad tuvieron que cerrar la bolsa un día a la semana para ponerse al día con todo el papeleo.

"De todos modos, por eso hoy en día todo se hace digitalmente. Ahora todo son unos y ceros, y todo se registra en un libro de contabilidad electrónico de valores. Pero eso no cambia el hecho de que cuando un inversionista vende un bloque de acciones y otro inversionista compra ese bloque de acciones, el comprador espera que las acciones electrónicas del vendedor aparezcan en su cuenta en la fecha de liquidación, y el vendedor espera que el efectivo del comprador aparezca en su cuenta también. Voy a ocuparme del corto en un segundo; es más fácil comenzar con el largo. Digamos que tenías cien mil dólares y querías comprar mil acciones de cuarenta dólares, en lugar de comprar en corto. Yo pondría una orden con mi comerciante para comprar mil acciones de la compañía XYZ a cuarenta dólares por acción. Él iría al mercado y compraría las acciones en su nombre y, ¡bum!, algunos segundos después aparecerían en tu cuenta y tu saldo en efectivo bajaría cuarenta mil dólares, ¿verdad?"

—Sí, ¿y...?

—Aquí está mi pregunta —continúa Jimbo—. Si fueras a revisar el libro de contabilidad electrónica, ¿a quién se le podría ver listado como el propietario de esas acciones? ¿A ti?

—Sí, por supuesto —afirma Robin Hood.

—Incorrecto —dice Jimbo—. Verías el nombre de mi empresa ahí. Todas las acciones se mantienen en lo que se llama "a nombre del corredor" hoy en día. Eso significa que el propietario en el registro electrónico es la firma de corretaje que *vende* a un cliente las acciones, no el comprador real.

—Eso suena *turbio* —dice Robin Hood.

—No es turbio —espeta a su vez—. Todavía estás listado como el beneficiario *efectivo* de las acciones en nuestro registro interno, por lo que no hay diferencia financiera para ti. Esto sólo hace que sea más fácil realizar un seguimiento de todo, con las compras y ventas que se llevan a cabo. Sin esto, el sistema se vería desbordado.

"De todos modos, cuando abriste tu cuenta aquí por primera vez —continúa Jimbo—, firmaste un montón de formularios, y uno de ellos nos dio el derecho de mantener todas las acciones en tu cuenta a nombre del corredor, así como prestarlas a cualquiera que quiera operar en corto. Y ése es un *gran* negocio en Wall Street. Tenemos un área completa llamada departamento de préstamos de acciones, que no hace nada más que eso, todo el día. Ellos llaman a las empresas de corretaje, fondos de cobertura, fondos mutuos, y cualquier otra persona a la que creen que posiblemente pueden prestar acciones por una tarifa. Es enormemente rentable. Entonces, cuando digo que necesitas pedir prestadas las acciones antes de operar en corto, ahora sabes de dónde vienen. No es magia."

—Ya entiendo —dice Robin Hood—. Estoy pidiendo prestadas las acciones a tu empresa, pero en realidad son propiedad de los clientes.

—¡Exactamente! Y si no tomas prestadas las acciones cuando intentas operar en corto, entonces quien esté en el otro lado de la operación no recibirá entrega electrónica en la fecha de liquidación, ¡y ahí es cuando *realmente* puedes joderte!

—¿Por qué?

—Después de diez días sin entregar las acciones al comprador, ellos pueden salir al mercado y comprar las acciones sin preguntarte y enviar la factura a mi empresa. ¿Y adivina a quién envía mi empresa la factura después de eso?

—A mí —dice Robin Hood.

—Y por cierto, cuando compren las acciones, estarán al precio más alto posible, para maximizar tu pérdida. Así que es por eso que nunca querrás operar en corto sin pedir prestadas las acciones primero, incluso si fuera legal.

—Ya veo —dice Robin Hood—. Nunca operes en corto sin respaldo.

—Es una receta para el desastre. De todos modos, es un punto irrelevante en este caso. Acabo de recibir noticias del departamento de préstamos de acciones y tienen las acciones disponibles, así que estamos listos para hacerlo. Déjame guiarte por esto paso a paso, comenzando con la creación de una cuenta de margen para ti. Tengo que hacer eso ahora mismo para que puedas operar en corto. Sólo dame un segundo...

—¿Por qué necesito una cuenta de margen? —pregunta Robin Hood—. En Robinhood hago todo en una cuenta de efectivo. No me gusta el margen.

—Bueno, desafortunadamente no tienes otra opción. No puedes hacer ventas cortas en una cuenta de efectivo. Como ves, técnicamente el dinero que envías por las acciones no se va a pagar. Se está utilizando como garantía contra esa acción que te estamos prestando. No se nos permite hacer préstamos, o para el caso aceptar garantías, en una cuenta de efectivo. Es una ley federal que debe hacerse en una cuenta de margen, ¿de acuerdo?

—Sí, está bien.

—Está bien, perfecto —dice Jimbo—. Muy bien, obtuve el número de cuenta. Estamos listos para empezar. Entonces, la primera pregunta es, ¿cuántas acciones quieres tomar en corto? Puedes pedir prestadas tantas acciones como quieras.

—Supongo que mil —responde Robin Hood.

—¿*Supones?*

—Bueno, quiero decir, no estoy seguro de cómo funciona —dice Robin Hood. Luego, con confianza—: Mi experiencia consiste en algo diferente. Encuentro ganadores, Jimbo. ¡Es por eso que me pagan muchos dólares! Como sea, ¿qué me costarían mil acciones? ¿Valen cincuenta mil dólares?

¡Increíble! —piensa Jimbo—. *¡Nunca alguien que sabe tan poco pensó que sabía tanto! ¡Va a ser un placer verlo chocar y quemarse con esto!*

—Está bien, amigo —dice calurosamente Jimbo—. Permíteme explicarte cómo funciona. El requisito de margen inicial para una venta corta es del ciento cincuenta por ciento de la cantidad de la operación, así que para oper...

—¿Ciento cincuenta por ciento? —espeta Robin Hood, interrumpiendo a Jimbo—. ¡No voy a poner sesenta mil dólares para comprar en corto cuarenta mil dólares en acciones! ¡Eso es una locura! No vale la pena.

—¡Cálmate, no tienes que poner sesenta mil dólares! —dice Jimbo, dándose cuenta de cuán completamente despistados son estos Robinhooders. Incluso cosas simples como los requisitos de margen son por completo incomprensibles para ellos—. Olvidaste incluir los cuarenta mil dólares que vas a recibir cuando vendas las mil acciones que tomaste prestadas. La acción está actualmente en cuarenta dólares, por lo que si vendes mil acciones te quedarán cuarenta mil dólares en tu cuenta, lo que significa que sólo necesitas enviar *veinte mil dólares* para llegar al requisito de margen del ciento cincuenta por ciento. ¿Lo entiendes?

—Sí —responde Robin Hood—. Así que, con cuarenta mil dólares, en realidad puedo comprar en corto *dos mil* acciones, ¿verdad?

—Exactamente —dice Jimbo—. Es básicamente el cincuenta por ciento de cualquier cantidad en dólares que desees operar en corto. Ahora déjame preguntarte esto: ¿qué tan seguro estás de esta idea? ¿Estás sumamente seguro? ¿O estás simplemente confiado? Hay una gran diferencia, amigo.

—Sí, lo sé —dice Robin Hood—. Y estoy sumamente confiado, ¿de acuerdo? De hecho, nunca he confiado más en algo en toda mi vida. ¿Qué te parece?

—Eso es cabal —dice Jimbo—. O sea, debo admitir que estoy muy impresionado, por decir lo menos.

—Sí, bueno —acepta Robin Hood—, las acciones van a llegar a cero. No hay dos maneras de hacerlo.

—Está bien, ¡guau! Bueno, ahora también me has convencido. ¿Cuánto dinero tienes en tu cuenta Robinhood en este momento?

—Un poco más de ciento cincuenta mil dólares. Casi todo son ganancias. No está mal, ¿eh?

—No está nada mal, amigo. ¿Y cuánto de eso está en efectivo en este momento?, ¿qué porcentaje?

—¡Tu amigo lo tiene todo en efectivo! —dice Robin Hood—. Así es como me muevo, muchacho. No mantengo posiciones por más de uno o dos días. Mi sincronización es impecable, ¿entiendes?

—Oh, sí, sí —responde Jimbo—. Has convertido esto en una ciencia, ¿verdad?

—Obviamente, pero yo además *nací* para este negocio. Lo que hago no se puede enseñar. Es un don, un don poco común, diría yo. O quizás un sexto sentido más que nada. De todos modos, si haces lo correcto aquí y mantienes tu comisión baja, entonces estaré dispuesto a darte algunos consejos sobre acciones a cambio, muchacho.

—Claro que sí —dice Jimbo—. No habrá ni un centavo de comisión de mi parte —*porque te voy a ocultar la comisión, como hace Robin Hood*—. Voy a renunciar por completo a ella, para que veas lo mucho que creo en ti. De hecho, dada la confianza que ambos tenemos en esto, honestamente creo que deberías operar en corto un poco más. La única pregunta que tengo es: ¿cuánto tiempo crees que pasará antes de que las acciones quiebren? ¿Estás hablando de días? ¿Semanas? ¿Meses?

—Días. Quizá dos semanas, como máximo. ¡Ciertamente menos de un mes!

—Está bien, perfecto, entonces definitivamente es una operación a corto plazo —responde Jimbo—. La razón por la que pregunto es que la tasa de interés del préstamo es un poco alta en este momento, y si quisieras mantenerla a largo plazo, entonces comenzaría a acumularse.

—¿Qué tan alta es? —pregunta Robin Hood.

—Veinte por ciento —responde Jimbo—, pero dado tu horizonte temporal, no será un factor en juego. De todos modos, en el futuro, recuerda que cuando estás vendiendo una acción en corto, el momento oportuno lo es todo. En otras palabras, no basta con acertar. Tienes que acertar relativamente rápido, o de lo contrario el interés de las acciones que tomaste prestadas comenzará a consumir tus ganancias. ¿Tiene sentido?

—Sí —responde Robin Hood—, pero ¿por qué la tasa es tan alta en este momento?

—Oferta y demanda —dice Jimbo—. En este momento hay muchos otros inversionistas que buscan tomar prestadas las acciones, lo que es una muy buena señal para ti, ¿verdad? Quiero decir, normalmente la tasa es de alrededor de tres por ciento, por lo que obviamente estás en lo cierto. Hay muchos otros vendedores en corto que están de acuerdo contigo.

—Lo sabía —dice Robin Hood—. ¡Mis instintos son asombrosos con estas cosas!

—Obviamente tienes el don, amigo —*del autoengaño*.

—Sin duda —coincide Robin Hood—. Y es hora de que le dé un buen uso a ese don. ¿Cuánto puedo mover en corto? ¿Cuál es el máximo?

—Bueno, entre los ciento cincuenta mil dólares que tienes en Robinhood y los diez mil dólares que tienes aquí conmigo, son ciento sesenta mil dólares en total. El cincuenta por ciento es el requisito de margen inicial para operar en corto, así que duplica la cantidad de dinero que puedes aportar, lo que te da trescientos veinte mil dólares. A cuarenta dólares por acción, el máximo sería ocho mil acciones, lo que equivaldría a trescientos veinte mil dólares en apariencia. Pero creo que deberías empezar un poco más modestamente, sólo para estar seguro. Deberías empezar vendiendo en corto siete mil acciones. Eso sería un desembolso en efectivo de sólo ciento cuarenta mil dólares. Por supuesto, ganarás un poco menos de dinero a medida que las acciones coticen a la baja, pero de esta manera tendrás algo de dinero en reserva en caso de que las acciones vayan por el camino equivocado temporalmente.

Robin Hood, completamente desconcertado, dice:

—¿De qué estás hablando? ¡Este comercio no va por el camino equivocado! Va en una sola dirección y está justo a punto de irse por la taza del inodoro. Quiero decir, en este momento las acciones están tan...

Jimbo se desconecta para considerar en cuántos problemas puede meterse si permite que un novato tan evidente como Robin Hood tome todo su patrimonio neto y lo use como garantía para vender en corto una acción que ya ha estado muy en corto. Esta estrategia conlleva enormes riesgos, especialmente el de quedar atrapado en uno de esos estrangulamientos de posiciones cortas antes mencionados. Robin Hood podría desaparecer en cuestión de segundos.

Lo había visto suceder no hace mucho con Tesla. Las acciones habían estado tan en corto que llegó al punto en que básicamente estaban en *exceso de corto* y no quedaban acciones para tomar en préstamo. Mientras tanto, cada una de esas ventas en corto representaba un futuro comprador de acciones. En algún momento tenían que volver al mercado y recomprar las acciones que habían puesto en corto para devolver las acciones que habían tomado prestadas. Esto creó una enorme demanda acumulada. Es como tomar una banda elástica y estirarla lo más que resista. Cuando finalmente se suelta, sale volando exactamente en la dirección opuesta, rápida y violentamente.

En el caso de Tesla, todo lo que se necesitó fue un poco de noticias positivas y los "largos" lograron reunir suficientes compras como para empezar a aumentar el precio de las acciones. Esto comenzó a generar llamadas de margen a todos los vendedores en corto, que entraron en pánico. Todos a la vez entraron en el mercado y comenzaron a comprar las acciones para tratar de cubrir sus posiciones cortas, lo que luego hizo que las existencias subieran aún más, y así siguió y siguió.

—Sin querer ofender, muchacho —siguió diciendo Robin Hood—, ustedes, chicos de Wall Street, son algo del pasado. Toda la información que necesito la puedo encontrar en línea.

¡A la mierda con las normas!, pensó Jimbo.

—No hay ofensa alguna. Así que, ya que estás tan confiado...

—Lo estoy.

—Yo recomendaría que tomes en corto siete mil acciones y mantengas una pequeña cantidad en reserva, por si acaso. Siete mil acciones serían ciento cuarenta mil dólares, que deberías transferir hoy de tu cuenta de Robinhood, y...

—No hay problema.

—Bien, perfecto —continúa Jimbo—. Ahora, muy rápido, permíteme mostrarte cómo esto realmente hace dinero cuando cubren su corto, ¿de acuerdo?

—Sip, adelante.

—Ahora, si vendemos en corto siete mil acciones a cuarenta dólares por acción, entonces doscientos ochenta mil dólares terminarán en tu cuenta de corretaje. Luego tendrás que depositar otros ciento cuarenta mil dólares para cumplir con el requisito de margen mínimo, lo que elevará el

saldo total de tu cuenta a cuatrocientos veinte mil dólares. Así que digamos que las acciones bajan a veinte dólares y decides que quieres cubrir el
corto en ese punto. Lo que haríamos es ir al mercado y comprar las siete
mil acciones a veinte dólares por acción, lo que costaría sólo ciento cuarenta mil dólares, y luego se deduciría el dinero de tu cuenta de corretaje,
lo que reduciría el saldo a doscientos ochenta mil dólares. Luego, cuando
recibamos las acciones en la fecha de liquidación, las devolveríamos al
departamento de préstamos de acciones, y lo que estuviera en tu cuenta
además de los ciento cuarenta mil dólares que depositaste inicialmente
para cumplir con tu requisito de margen sería tu ganancia. En este caso,
serían ciento cuarenta mil dólares; ésa sería tu ganancia. Así es como ganas
dinero cuando operas en corto. ¿Está claro?

—Totalmente —responde Robin Hood—, pero de ninguna manera po-
dré cubrir este corto en veinte dólares por acción. Esta cosa va a cero. Pero
tal vez lo cubra en un dólar por acción, porque no soy codicioso, como ustedes, chicos de Wall Street. Entonces, ¿cuánto ganaría a un dólar por acción?

—Si cubrieras a un dólar por acción, eso significa que sólo te costará
siete mil dólares cuando vuelvas a comprar las acciones; simplemente de-
ducirás siete mil dólares de doscientos ochenta mil, y obtendrás doscientos
setenta y tres mil de ganancia. Ahora, por supuesto, también tienes que
pagar el dieciocho por ciento de interés sobre las acciones que tomaste
prestadas, pero ese porcentaje es por un año, y sólo guardaste las acciones
durante un mes. Por lo tanto, el interés por un mes sería de alrededor de
1.5 por ciento, por lo que pagarías 1.5 por ciento de doscientos ochenta
mil dólares, que era el valor de mercado de las acciones en el día en que las
tomaste prestadas, lo que equivale a cuatro mil doscientos dólares en intereses. Así que, en definitiva, tu ganancia neta sería de doscientos sesenta
y ocho mil ochocientos dólares exactamente.

—Me gusta eso —dice Robin Hood.

—¿A quién no le gustaría? Ahora, muy rápido, sólo para darte el otro
lado de la ecuación, para que al menos estés al tanto de ello, si la acción subiera veinte dólares, digamos a sesenta, entonces cuando compres de nuevo la acción, tendrías una pérdida en tu cuenta. Te costaría cuatrocientos
veinte mil dólares por las siete mil acciones de las que recibiste sólo doscientos ochenta mil dólares cuando vendiste la acción en corto. Habrías
perdido ciento cuarenta mil dólares.

—No estoy preocupado por eso. No hay manera de que estas acciones suban. Es un accidente esperando a suceder.

—Está bien— respondió Jimbo—, pero para que sepas, todas las cuentas de margen, incluida la tuya, tienen un requisito mínimo de mantenimiento en todas las ventas cortas, que es de ciento treinta por ciento. Así que si la acción sube más de veinte por ciento, que sería por encima de cuarenta y ocho dólares en este caso, entonces tu cuenta caerá por debajo del requisito mínimo de mantenimiento. Recibirás una llamada de margen y tendrás que enviar más dinero para apuntalar el saldo. Si no lo envías, comenzarán a comprar de nuevo las acciones automáticamente para cubrir el corto sin siquiera decírtelo. En otras palabras, marcan constantemente tu posición en el mercado para ver lo que valdría tu cuenta si tuvieras que cubrir. Si el saldo cae por debajo de ciento treinta por ciento, tienes que enviar más dinero. Cuanto más altas estén las acciones, más dinero tendrás que enviar. No estoy tratando de aguarte la fiesta ni nada parecido, pero para honrar las normas tengo que mencionártelo.

—He tenido suficiente plática negativa para este día. Estoy listo para hacerlo. Quiero operar en corto siete mil acciones en este momento.

—Un movimiento audaz. Hagámoslo, sólo espera un segundo.

Mientras Jimbo va ejecutando la transacción, Robin Hood está radiante. Éste es el comienzo de algo muy grande. Él lo sabe. Puede literalmente sentirlo en sus huesos. Con esta simple operación ha abierto un universo de posibilidades. Armado con su conocimiento —no, sabiduría, porque no sólo es conocedor sino que también es sabio, más allá de su edad—, puede operar en corto, en largo, o ambos al mismo tiempo. Es difícil imaginar que hace sólo nueve meses estaba trabajando como almacenista en Costco. Y ahora... ¡esto!

—¡Ya estás listo! —declara Jimbo—. Oficialmente tienes siete mil acciones de GameStop a cuarenta dólares cada una. Felicitaciones, y te deseo suerte con esto, muchacho.

—¿Suerte? —pregunta Robin Hood—. La suerte es para los perdedores. Se trata de talento, nada más, nada menos. Lo verás muy pronto: ¡GameStop va a cero!

—Está bien —responde Jimbo—. Sólo no te olvides de transferir tu dinero hoy. Tiene que estar aquí mañana, a más tardar a las dos de la tarde.

—Lo sé —dice Robin Hood con desdén.

—Simplemente no lo olvides. Dinero aquí, dos de la tarde mañana, 14 de enero.

Clic.

¡Pobre *Robin Hood*!

A menos que hayas estado escondido bajo una roca durante los últimos tres años, entonces estoy bastante seguro de que sabes lo que pasó después.

GameStop se convirtió en uno de los mayores estrangulamientos de posiciones cortas en la historia de Wall Street, elevándose a más de cuatrocientos dólares por acción a finales de enero de 2020, a pesar de que su valor intrínseco era de cinco dólares por acción, en el mejor de los casos. En el meollo de este estrangulamiento de posiciones cortas estaba una revuelta populista de millones de pequeños inversionistas que se reunieron en un foro de acciones en línea llamado WallStreetBets.

Fundado en 2016 por un hombre llamado Jaime Rogozinski, en términos técnicos WallStreetBets es un subreddit, lo que significa que para acceder al foro hay que pasar primero a través del sitio web Reddit. En términos prácticos, WallStreetBets es el Salvaje Oeste de la Inversión, un lugar donde las sutilezas sociales normales que uno podría haber llegado a esperar en cualquier sala de chat en línea no calificada X dejan de existir. En cambio, las personas se refieren entre sí como a simios retrasados (esto se considera un gran cumplido en WallStreetBets) y exponen las virtudes de poner cada último dólar en una sola inversión y salir disparado a la luna. En el lenguaje de WallStreetBets, este acto de suicidio financiero se conoce como YOLO, que significa "Sólo vives una vez" (You Only Live Once).

Cualquiera que sea el caso, no se puede negar que de vez en cuando a alguien en WallStreetBets se le ocurre una idea de inversión inteligente, y si toda la comunidad lo respalda y comienza a comprar, ¡entonces cuidado con el diablo!

Tal fue el caso con las acciones de GameStop, después de que un miembro respetado de la comunidad, que usaba el seudónimo de Roaring Kitty, se le ocurrió un caso bastante convincente en cuanto a por qué las acciones de GameStop estaban fundamentalmente infravaloradas, y cómo los vendedores profesionales en corto, que habían estado atacando sin piedad a la compañía y rebajando sus acciones, se habían equivocado.

Todo lo que se necesitaba era un rápido aumento de las compras y no sólo la acción volvería a subir hasta donde pertenecía en función de su valor fundamental, sino que los vendedores en corto también comenzarían a recibir llamadas de margen y se verían obligados a cubrir sus posiciones, lo que crearía aún más compras de las acciones y haría que el precio subiera aún más.

Así fue como comenzó, con un post convincente de Roaring Kitty.

Lo que sucedió fue asombroso.

Al actuar en concierto, millones de pequeños inversionistas fueron capaces de reunir suficiente poder adquisitivo para elevar el precio de GameStop a un nivel tan escandalosamente alto que incluso los vendedores en corto mejor financiados —dos fondos de cobertura en particular, Citron Capital y Melvin Capital— se vieron obligados a cubrir sus posiciones cortas después de ser golpeados con pérdidas masivas.

En el caso de Melvin Capital las pérdidas fueron tan fuertes que necesitaron una infusión de efectivo de 2.75 mil millones de dólares de inversionistas externos para mantenerse en el negocio. En el caso de Citron las pérdidas no fueron tan fuertes, aunque todavía ascendieron a decenas de millones de dólares, lo que fue suficiente para inspirar al gerente del fondo, Andrew Left, a anunciar públicamente que abandonaba el negocio de las ventas en corto para siempre.

Por suerte, pude conseguir entrevistas en persona con Andrew Left y Jaime Rogozinski para conocer ambos lados de la historia. Irónicamente, cuando le hice a cada uno de ellos la misma pregunta: "¿Cómo resumirías el estrangulamiento de posiciones cortas de GameStop en una simple frase?", ambos respondieron con casi las mismas palabras:

"Fue un caos de mierda."

Desde la perspectiva de Andrew, fue un caos porque le costó decenas de millones de dólares y no había un motivo racional para que la acción se fuera tan arriba, aparte del hecho de que ocho millones de pequeños inversionistas, que estaban aburridos de la pandemia y recibiendo dinero gratis del gobierno, habían decidido demostrar a los fondos de cobertura que podían "mandar a la luna" cualquier acción que quisieran, ya sea que tuviera sentido o no. El hecho de que las acciones de GameStop seguramente caerían de nuevo por tierra, explicó Andrew, y causarían que todos estos pequeños inversionistas perdieran cada dólar que habían YOLOado no parecía importarles. Mientras a los fondos de cobertura se les enseñara una lección, estaban conformes con ello.

Por supuesto, la predicción de Andrew era exactamente correcta.

El 28 de enero GameStop alcanzó un máximo histórico de cuatrocientos ochenta y tres dólares por acción, y luego cayó de nuevo por tierra el mismo día, después de que las dos plataformas principales a través de las que los ApostadoresdeWallStreet habían estado ejecutando sus operaciones, Robinhood y TD Ameritrade, les restringieran la compra de más acciones en GameStop. La venta, por otro lado, todavía estaría permitida. El impacto fue nada menos que devastador.

Prohibir todas las nuevas compras mientras se permite la venta era el equivalente a verter todo el océano Atlántico en una pequeña fogata. Al final del día de negociación GameStop había caído a ciento doce dólares, cerrando en el mínimo de la sesión y borrando valores por miles de millones de dólares.

¿Qué razones dieron estas dos empresas para tomar esta acción extrema?

Para Robinhood, que era más pequeña que TD Ameritrade y tenía reservas de capital mucho más bajas, la compra colectiva de sus millones de pequeños clientes había puesto a la empresa en riesgo de romper los requisitos de capital que los reguladores habían establecido para enfrentar este tipo de escenario exactamente, es decir, cuando los clientes de una firma de corretaje crean un riesgo sistémico para todo el sistema de compensación mediante la construcción de una posición concentrada en una acción volátil.

¿Por qué el riesgo sistémico?

Bueno, si lo recuerdas de más atrás en este capítulo, cada transacción tiene dos lados. Cuando alguien compra acciones en bloque, alguien más debe venderlas, y las dos firmas de corretaje en medio, a cada lado de la operación, están garantizando su propio interés, ya sea que su cliente pague por la operación o no. Para Robinhood esto significaba que la empresa era personalmente responsable de los miles de millones de dólares en compras de acciones que realizaba cada día para su ejército de pequeños clientes. Por lo tanto, si una acción de GameStop caía rápidamente y sus clientes que acababan de comprarla no podían o no estaban dispuestos a pagar por lo que de repente se convirtió en una operación perdedora, la empresa tenía que cubrir la pérdida.

Vi desarrollarse precisamente este escenario en mi primer día como corredor de bolsa.

Si recuerdan la película, la fecha fue el 19 de octubre de 1987, más conocida como Lunes Negro (Black Monday). En ese sombrío día de octubre el Dow cayó quinientos ocho puntos en una sola sesión, y la empresa para la que trabajaba, L. F. Rothschild, se vio obligada a cerrar sus puertas. Irónicamente, lo que derribó a la empresa no fueron sus propias transacciones; más bien fueron las transacciones imprudentes de uno de sus clientes institucionales, Haas Securities, que tenía más de quinientos millones en operaciones abiertas que había ejecutado a través de Rothschild, poniendo a la empresa como personalmente responsable. Cuando el mercado se desplomó, Haas perdió tanto dinero que no pudo sostenerse en sus operaciones abiertas, transfiriendo quinientos millones en pasivos al balance general de L. F. Rothschild.

El resto, como dicen, fue historia.

En cuestión de días, L. F. Rothschild incumplió sus requisitos de capital neto y se vio obligado a cerrar sus puertas después de cien años en el negocio. Por muy problemático que fuera este escenario para Robinhood, escasamente capitalizado, éste se enfrentaba a otro gran problema que complicaba aún más las cosas. Específicamente, no sólo era responsable de las compras diarias de acciones de sus clientes, sino que también tenía pasivo en las cuentas de margen de los clientes. En esencia, cualquier cliente que hubiera comprado GameStop con margen (que, por desgracia para Robinhood, eran casi todos sus clientes) era un riesgo potencial enorme, porque si el precio de GameStop colapsaba rápidamente y no pudieran vender las posiciones de sus clientes mientras todavía tenían capital en sus cuentas para cubrir las pérdidas, entonces Robinhood estaría obligado a cubrir las pérdidas en su lugar.

Se estaba preparando un desastre potencial, dejando a Robinhood sin otra opción que restringir inmediatamente todas las nuevas compras de acciones de GameStop. Si no lo hacían, los reguladores los clausurarían al día siguiente por incumplir sus requisitos de capital neto. Cualquier decisión sería de pérdida-pérdida, fuera cual fuera la dirección que tomaran.

De hecho, en el momento en que anunciaron que estaban cerrando la compra de acciones de GameStop, sintieron la ira justiciera de toda la comunidad de ApostadoresdeWallStreet, que los acusó abiertamente de estar en confabulación con los vendedores en corto; el hecho de que no tuvieran otra opción no era una excusa creíble para ocho millones de pequeños inversionistas que vieron con horror cómo su acción favorita colapsó y se llevó sus sueños junto con ella.

La razón de TD Ameritrade de cerrar las compras no fue tanto porque estaban contra la pared, sino debido a una combinación de gestión de riesgos internos (como Robinhood, eran financieramente responsables por cada operación no saldada) y para mantener un mercado ordenado. En opinión de Ameritrade, el precio de GameStop se había desconectado de sus bases de valor. Estaba siendo manipulado hacia la alza por un ejército bien organizado de pequeños inversionistas enojados que estaban dispuestos a echarle la caña a Wall Street, ganaran o no ganaran dinero.

Al final, la mayoría no lo hizo, incluidos los pocos ApostadoresdeWall Street que habían entrado en la operación lo suficientemente pronto como para hacer una matanza.

¿Qué salió mal?

Alimentados por la codicia, la presión de los pares y la creencia tácita de que el partido nunca terminaría, la gran mayoría de ellos no se limitó a rehusarse a vender, sino que siguieron comprando hasta llegar a la cima. Luego, para agregar el insulto al daño, la gran mayoría de ellos había comprado las acciones con margen, lo que causó que fueran completamente aniquilados cuando las acciones colapsaron.

Fue por esta misma razón que el fundador de ApostadoresdeWallStreet, Jaime Rogozinski, también se refirió al ascenso y la caída de GameStop como "un caos de mierda total", que, agregó, "nunca debería haber sucedido". Yendo un poco más allá, dijo: "Era un ejemplo clásico de algo demasiado bueno. El estrangulamiento tenía sentido hasta llegar tal vez a ochenta dólares por acción, pero después de eso se volvió ridículo y casi todos los involucrados perdieron dinero".

Su razonamiento es correcto, especialmente cuando se considera el precio de GameStop hoy.

Actualmente se encuentra en poco más de veintitrés dólares por acción, ya que la compañía todavía trata de encontrar una manera de renovar un viejo modelo de negocio desgastado que se construyó en torno a las ventas en tiendas físicas.

Por último, ¿qué pasó con el joven Robin Hood y su cuenta con Jimbo? Bueno, para decirlo suavemente, el momento de Robin Hood no podría haber sido peor.

A los pocos días de quedarse corto en cuarenta dólares por acción, las acciones de GameStop superaban los cien dólares cada una, aunque Robin Hood había perdido toda su inversión mucho antes de eso. Cuando la acción llegó a los cincuenta dólares recibió una llamada de margen de la firma de Jimbo, diciendo:

A menos que nos envíe inmediatamente otros veinte mil dólares para que su cuenta vuelva a cumplir con los requisitos mínimos de mantenimiento de la empresa, ¡vamos a cerrar la posición por usted!

Obviamente, esto era algo que Robin Hood no podía hacer. Había disparado toda su carga financiera cuando estableció la posición corta inicial, quedándose sin capacidad financiera por si el comercio salía mal.

En respuesta, la firma de Jimbo cubrió el corto de Robin Hood sin pensarlo dos veces, dejando un saldo negativo en su cuenta de poco menos de cinco mil dólares. Saber si Robin Hood alguna vez pagaría esa suma es una cuestión de especulación, aunque si estás familiarizado con el viejo adagio sobre Slim y Nil, creo que es justo decir que Slim dejó la ciudad hace mucho tiempo, dejando a la firma de Jimbo con el paquete en las manos.

Entonces, con todo esto en mente, ¿tiene sentido emprender la puesta de acciones en corto, o es una táctica que es mejor dejarles a los operadores profesionales?

La respuesta debería ser obvia: es mejor dejarla a los profesionales, aunque, francamente, yo también les daría el mismo consejo sobre el lado largo, en términos de tratar de ganar dinero a través de estrategias comerciales a corto plazo o por medio de la selección de acciones individuales.

Pero ahora me estoy adelantando.

Antes de entrar en el tema de cómo hacer dinero *real* en el mercado de valores de manera sostenible, retomemos donde lo dejamos con nuestra breve historia de Wall Street, con la constitución de mi organismo regulador favorito: la SEC.

CAPÍTULO 6

UN POTENTE GOLPE COMBINADO

Para ser justos, como el principal policía de la nación en el mundo financiero, la SEC resultó ser mucho mejor de lo que vino antes. El único problema era que lo que vino antes era básicamente nada, así que en realidad esto no significa gran cosa. De hecho, antes de 1934 invertir en el mercado de valores era como dar un paseo por Tombstone, Arizona, *antes* de que los Earp llegaran a la ciudad.

Si uno tenía suerte, podía tener una tarde agradable y volver a casa sin ser robado o asesinado. Eventualmente, sin embargo, tu suerte se acabaría, y te encontrarías en el lugar equivocado en el momento equivocado, y enfrentándote a la siniestra anarquía del Salvaje Oeste.

Tal fue el caso del mercado de valores estadunidense durante los locos años veinte.

Ya fuera un gerente general corrupto haciendo un falso comunicado de prensa, un corredor sin escrúpulos recomendando una acción sin valor, o un titiritero de Wall Street atando a un inversionista involuntario a un lanzablancos humano y gritando la palabra *disparen*, no había manera posible de esquivar todas las balas. Venían de todas partes, en todas direcciones, y sin ninguna advertencia.

En algún nivel, invertir en el mercado era como hacer una apuesta en un casino corrupto.

No sólo las probabilidades se apilaban naturalmente en su contra, sino que también había una segunda capa de corrupción en cada juego que uno jugaba. Con cada tirada de dados, cada giro de la ruleta y cada mano que se repartía, había trampas mecánicas y tahúres jugando el juego también, que inclinaban las probabilidades aún más en tu contra. La combinación de los dos hacía que fuera imposible ganar.

Ésta era la realidad del mercado de valores de Estados Unidos... Antes de que la sec llegara al escenario.

Poner a un lobo a cuidar las ovejas; permitir que un zorro proteja al galli- nero; dejar que los reclusos gobiernen el manicomio; elegir a un pirómano para que se convierta en el jefe de bomberos.

En retrospectiva, debería haber sido obvio desde el principio que con el viejo Joe Kennedy en la cima de la cadena alimentaria regulatoria no pasaría mucho tiempo antes de que la mierda llegara al ventilador. Des- pués de todo, cuando hay tantas metáforas sobre los riesgos de dar poder a alguien con una historia de *explotación* es que debe haber alguna razón para ello.

Como quiera que sea, a pesar de la moralidad cuestionable de Joe Ken- nedy —era un mentiroso, un tramposo, un mujeriego, un manipulador, un lobotomizador, un contrabandista y un odiador de judíos de clase mundial que adoraba a Adolf Hitler—, era un muy buen administrador que hizo al- gunas cosas muy útiles. Así que empecemos con las cosas positivas.

Con Joe Kennedy al mando, la primera orden de la sec fue frenar las travesuras en los casinos corruptos de Wall Street instituyendo un conjun- to claro de reglas básicas para que todos las siguieran. Todo el mundo, no sólo las personas que trabajaban en Wall Street, sino también las empresas que recaudaban dinero ahí, las personas que invertían en ellas y todos los demás que hacían que todo eso fuera posible.

Por primera vez en la historia hubo un conjunto cohesivo de leyes fe- derales de inversiones que podían ser legalmente aplicadas por encima de las fronteras estatales.

No es posible exagerar la importancia de esta distinción interestatal. Con su amplio mandato federal y su brazo interno de aplicación de la ley, la sec podía presentar casos en todos y cada uno de los estados y dar un cita- torio a cualquier persona o entidad que sospechara de fraude. Esta lista in- cluía banqueros, corredores, comerciantes, analistas, abogados, contadores, cambistas, agencias de calificación y cualquier persona que pudiera tener un efecto en el mercado.

De acuerdo con las leyes federales de valores, *todo el mundo* estaba legalmente obligado a ser justo y honesto al tratar con clientes. Y si bien la capacidad de perseguir el fraude de valores podría darse por sentada hoy en día, fue un cambio tectónico en 1934. De hecho, si le preguntaras a un corredor de bolsa de los años veinte qué pensaba del hecho de tratar de manera honesta y justa a sus clientes, habría inclinado la cabeza hacia un lado y sólo se habría quedado mirándote un momento, tal como lo hace una persona después de haber escuchado algo que desafía completamente la lógica. Entonces se habría reído en tu cara y te habría dicho: "¿Por qué iba yo a hacer eso? Esto es *Wall Street*, no los Boy Scouts. La honestidad y la equidad son fantasías de la infancia más adecuadas para niños en la escuela".

¿Crees que estoy exagerando? Si la historia nos enseña una cosa es que los seres humanos pueden ser extremadamente horribles cuando todos a su alrededor son igual de horribles.

Por ejemplo, en la antigua Roma alimentaban con sus esclavos a los leones mientras sus *morales* ciudadanos aplaudían y echaban porras. Y durante la Inquisición española los cristianos temerosos de Dios destripaban a millones de judíos y musulmanes por no ser creyentes, y luego regresaban a casa con sus familias y se sentían más cerca de Dios. Y luego estaban las atrocidades indescriptibles de la Alemania nazi, con los judíos y otros más que fueron masacrados por millones. El simple hecho es que lo que una sociedad considera moral o aceptable en un momento determinado puede ser un crimen contra la humanidad en otro momento.

Lo mismo ocurre cuando las apuestas son más bajas.

Imagínate ir a un médico en los años treinta y pedirle que apague su cigarrillo mientras lubrica su guante de látex antes de tu examen de próstata. Desde tu perspectiva del siglo XXI tienes todo el derecho de exigir esto, pero desde la perspectiva de *los años treinta* tu exigencia suena ridícula. Después de todo, ¡todo el mundo fuma cigarrillos todo el tiempo! Sus pacientes fuman, al igual que su esposa, sus colegas, sus hijos adultos e incluso su padre, que está en el hospital ahora mismo con oxígeno suplementario con un cigarrillo colgando de la boca.

Así que el médico se siente como la voz de la razón cuando dice: "Relájate, joven. Nunca he sido uno de esos que soplan humo en el culo de un paciente, así que sólo relaja esas mejillas y estarás bien". Diciendo eso, toma una calada lenta y profunda de su marca favorita de varita de cáncer, y sopla un grueso chorro de humo en la dirección del esfínter anal de su paciente.

Del mismo modo, hay otras innumerables normas que ahora damos por sentado que eran ideas revolucionarias cuando se introdujeron por primera vez. Uno de esos principios es que los corredores en Wall Street deben ser justos y honestos y poner los intereses de los clientes por encima de los suyos. Hoy en día consideramos que este comportamiento es moralmente obvio, pero eso *claramente* no era el caso antes de 1934, cuando Wall Street usaba a los inversionistas como carne de cañón humana, y luego todos dormían como bebés cuando apagaban las luces.

El impacto de la SEC en las empresas públicas fue igualmente profundo.

Por primera vez en la historia, ahora había un conjunto claro de reglas para emitir valores y recaudar capital. Se implementó un sistema de registro centralizado para todas las nuevas ofertas de valores, con un formulario de presentación estandarizado para agilizar el proceso de revisión.

Bajo el nuevo sistema, todas las nuevas presentaciones de valores tenían que ser presentadas a la SEC en forma de folleto. Una vez recibido, sería revisado por la división de finanzas corporativas de la agencia, donde pasaría por rondas de comentarios y revisiones, de ida y vuelta entre la agencia y el emisor. Tras la aprobación final, los valores se consideraban "legalmente registrados" y podían venderse al público, siempre que una copia del folleto acompañara la venta.

Fue aquí, durante este proceso de aprobación, que la SEC tomó una de las decisiones más brillantes en sus ochenta y nueve años de historia. En realidad fueron *dos* decisiones en una, un verdadero golpe combinado, que crearon una tormenta perfecta para la formación de capital.

La primera decisión brillante fue basar su proceso de revisión en el concepto de divulgación completa. A modo de definición, la divulgación completa significa que una empresa debe poner toda la información pertinente a disposición del público para que los posibles inversionistas puedan tomar una decisión informada. Entre otras cosas, esto incluye proporcionar una descripción detallada del negocio principal de una empresa, la situación financiera actual, las perspectivas de crecimiento, el equipo de administración y el número de acciones en circulación; los tipos de valores que ofrece; los nombres de los principales accionistas, y cualquier factor de riesgo clave que pueda afectar la inversión.

La manera de ver las cosas de la SEC era que si una empresa quería recaudar dinero del público estadunidense, entonces necesitaba estar dispuesta a decirle al público estadunidense lo bueno, lo malo y *especialmente* lo feo sobre sí misma. Como ves, en términos prácticos, un folleto no está hecho para funcionar como una pieza de marketing sexy que expone el brillo del futuro de una empresa. Está destinado a ser lo *contrario*, lo que lo convierte en el documento más importante que se podría consultar cuando se trata de tomar una decisión de inversión informada. De hecho, sin él, estás volando a ciegas.

Si bien algunas secciones de un folleto pueden ser revisadas brevemente de forma segura, se debe prestar especial atención a los siguientes apartados:

- **El resumen:** sin duda la sección más ampliamente leída, el resumen, se encuentra al principio del folleto y proporciona a los inversionistas una breve reseña de los puntos clave contenidos en el documento. Esto incluye el propósito de la oferta, una descripción sucinta de la empresa, los riesgos involucrados, las finanzas del emisor, el equipo de gestión y cualquier otro detalle que pueda ser de interés para un inversionista.
- **Datos sobre el mercado y el sector industrial:** esta sección se basa principalmente en informes de terceros sobre el sector y proporciona a los inversionistas información sobre el mercado y el sector en el que opera la empresa. Esto incluye características específicas como el tamaño del sector, su tasa de crecimiento, las tendencias clave del sector y el panorama competitivo. También menciona las mediciones clave en las que la empresa se basará para medir el éxito futuro. Ejemplos de esto son el número de usuarios activos diarios, el crecimiento año tras año de las ventas en la misma tienda y las ganancias medias por cliente. Esta sección también puede incluir información sobre el entorno regulatorio actual y cualquier riesgo que el emisor pueda enfrentar como resultado de éste.

- **Finanzas consolidadas:** esta sección proporciona estados financieros personalizados y datos financieros relevantes adicionales sobre el emisor. Entre otras cosas, esto incluirá un balance actualizado, una cuenta de resultados y un análisis de flujo de caja, y luego proyecciones futuras para todo lo anterior. En algunos casos esta sección también incluirá información sobre una próxima transacción, como una fusión o una adquisición, y cómo afectará las finanzas de la compañía desde una perspectiva de flujo de efectivo y ganancias.
- **Discusión y análisis de la gerencia:** escrita en un tono más "conversacional" que el resto del prospecto, esta sección proporciona a los inversionistas una comprensión básica de la posición financiera actual de la compañía y sus perspectivas de crecimiento futuro. Incluye información sobre las operaciones de la compañía, los resultados financieros pasados, la liquidez actual, los recursos de capital y los factores de riesgo claves.
- **Negocios:** esta sección proporciona una descripción detallada de los productos, servicios y operaciones comerciales generales de una empresa, incluida la información sobre la historia de la empresa, su mercado objetivo y cualquier ventaja competitiva que tenga. También puede incluir detalles sobre los clientes clave de la compañía, proveedores, socios estratégicos y cualquier contrato que tengan en vigor que sea importante para el negocio de la compañía. Estos datos pueden ayudar a un inversionista a tomar una decisión informada sobre si invertir en la empresa, proporcionando al inversionista una visión general completa de las operaciones de la empresa y las oportunidades y desafíos a los que se enfrenta.
- **Equipo de gestión:** esta sección proporciona a los inversionistas información clave sobre las personas responsables de dirigir la empresa en el día a día. Por lo general incluye datos sobre los principales ejecutivos y miembros clave del equipo de gestión, incluidos sus nombres, antecedentes, experiencia y calificaciones, así como sus funciones y responsabilidades dentro de la empresa.
- **Accionistas principales:** esta sección ofrece a los lectores una lista de individuos o entidades que poseen una participación significativa en el emisor y proporcionan información clave sobre sus identidades e intereses en la propiedad, junto con cualquier afiliación que puedan

tener con el emisor. Esta información puede ser crucial para los inversionistas, ya que las acciones de los principales accionistas pueden tener un impacto importante en el emisor y el costo de los valores que se ofrecen. Por ejemplo, los accionistas principales pueden tener la capacidad de influir en las decisiones de la junta directiva del emisor o de votar sobre asuntos importantes, como fusiones, adquisiciones y pagos de dividendos. Como resultado, es importante que los inversores comprendan quiénes son los principales accionistas y si sus objetivos de inversión personales coinciden con los de ellos.

- **Algunas relaciones y transacciones de partes relacionadas:** esto se refiere a las transacciones financieras que se han realizado (o se llevarán a cabo) entre el emisor y ciertas partes relacionadas, como funcionarios, directores y accionistas principales del emisor. Estas transacciones pueden incluir préstamos, ventas o compras de activos, servicios prestados o recibidos, o cualquier otro tipo de transacción financiera. Es importante que los inversionistas estén al tanto de estas transacciones, ya que pueden presentar conflictos de interés o la posibilidad de una influencia indebida por parte de las partes relacionadas. El folleto debe proporcionar la divulgación completa de estas transacciones, incluidos los términos y condiciones, el propósito de la transacción y la consideración involucrada. Esta información puede ayudar a los inversionistas a comprender la naturaleza y el alcance de las relaciones entre el emisor y las partes relacionadas y evaluar los riesgos y beneficios potenciales de invertir en los valores que se ofrecen.

- **Factores de riesgo:** esta sección destaca los riesgos e incertidumbres potenciales que puedan afectar el desempeño empresarial y financiero de la empresa. Los factores de riesgo comunes incluyen riesgos de mercado, como cambios en la demanda, la competencia y las condiciones económicas; riesgos operativos, como interrupciones en la cadena de suministro, fallas tecnológicas y cambios regulatorios; riesgos financieros, como cambios en los tipos de interés, los tipos de cambio de divisas y las calificaciones crediticias; riesgos legales, como demandas, investigaciones y cambios en las leyes o regulaciones, y riesgos ambientales, tales como desastres naturales y cuestiones relacionadas con el cambio climático. Además, debido a que la divulgación de los factores de riesgo ayuda a proteger a la empresa de la responsabilidad futura (de factores de riesgo no revelados), las empresas tienden a adoptar un enfoque de "tarja de cocina", enumerando todos los riesgos imaginables, sin importar cuán remotos o inmateriales sean. Por lo tanto, es importante permanecer alerta al leer esta sección y no sucumbir a la "fatiga del factor de riesgo", con la que todo se convierte en un gran manchón, y uno se queda sin poder comprender la importancia de cada factor de riesgo.

En cuanto a qué sección es más importante, en última instancia nunca debe subestimarse lo crucial que es un equipo de gestión para el éxito de una empresa. Por ejemplo, aunque un equipo directivo de primer nivel casi siempre encontrará una manera de hacer que una empresa funcione, incluso si su modelo de negocio inicial resulta decepcionante —en cuyo caso simplemente se orientarán hacia un nuevo modelo y se pondrán en marcha—, un equipo de gestión de mierda puede tomar la mejor idea del mundo y dirigirla directamente al fracaso y llevarse a los accionistas junto con ellos.

Así que ésa fue mi descripción oficial de un folleto de la SEC.

Si me pidieran que describiera un folleto de la SEC en términos más "prácticos", la explicación que les daría sería *ligeramente* diferente. Yo diría:

"Un prospecto es un documento aburrido, feo y horroroso que está hecho para que cualquiera que lo lea se zurre de miedo, a menos que sea el más avezado de los inversionistas. Destaca todos los riesgos posibles, de la peor manera posible, y minimiza cualquier potencial de alza, mediante potentes descargos de responsabilidad.

"En consecuencia, si lees el prospecto promedio de solapa a solapa, hay una probabilidad del noventa y cinco por ciento de que termines huyendo hacia las colinas sin hacer la inversión."

¿Por qué?

"Porque, para el ojo no entrenado, hace que las cosas parezcan demasiado arriesgadas para llegar a cualquier otra conclusión que no sea salir pitando sin mirar atrás."

Entonces, ahí están, dos puntos de vista opuestos sobre cómo leer un folleto.

¿Cuál es correcto y cuál es incorrecto?

Como con la mayoría de las cosas en la vida, la verdad se encuentra en algún lugar intermedio.

Sin embargo, permíteme que te explique algo muy claramente:

No estoy tratando de decir que un folleto ofrece al lector una visión *injusta* de las perspectivas de negocio de una empresa. Más bien estoy diciendo que todas las advertencias y factores de riesgo que encontrarás en el prospecto de una empresa es probable que los halles también en el prospecto de todas las *otras* empresas de tamaño similar en la misma industria. En otras palabras, la gran mayoría de los desafíos y factores de riesgo que destaca el prospecto de una empresa son los mismos desafíos y factores de riesgo que sus competidores se verían obligados a destacar.

En otras palabras, los negocios, en general, son difíciles, para *todos*.

Hay riesgos en cada esquina y peligro en cada vuelta. No importa el negocio que estés buscando, existen innumerables trampas que pueden hacer tropezar a una empresa: podría haber dificultades para recaudar capital, desafíos con la cadena de suministro, problemas con la competencia, clientes volubles, conflictos con las colecciones, una profunda recesión, inflación desenfrenada, posibles demandas, cambios en la tecnología, una pandemia global, y sigue y sigue adelante.

Entonces, dada esa realidad, ¿qué debes tener siempre en cuenta mientras revisas un prospecto?

La respuesta es el *contexto* de lo que estás leyendo.

En otras palabras, desde una perspectiva sobria y sin emociones, ¿cómo se comparan los aspectos positivos y negativos de *este* folleto en particular con los mismos aspectos en los folletos de empresas de tamaño similar en el mismo sector? Esto es, con mucho, lo más importante a considerar al tomar una decisión de inversión.

En esencia, el *tiempo*, como se puede ver, no es lo único que es relativo.

También lo es el riesgo, también lo es la recompensa y también lo es cualquier otro hecho que aparezca en un folleto.

Einstein, creo yo, estaría muy orgulloso.

Como quiera que sea, es por eso que resulta fácil para un inversionista experimentado detectar la inclinación negativa de un prospecto típico.

Sabiendo que la gran mayoría del documento es un lenguaje estandarizado que se encuentra en *cada* folleto, tiene el contexto adecuado para tomar la decisión correcta. Por el contrario, un inversionista novato tenderá a tener dificultades con esto. Al *no* haber obtenido el beneficio de ver un número suficiente de folletos, *carece* del contexto adecuado para tomar la decisión correcta. Entre la manera incendiaria en que se destacan los factores de riesgo y la forma discreta en que se presenta el lado positivo, su opinión sobre la empresa tiende a inclinarse hacia lo negativo y le impide llegar a la conclusión adecuada.

Por ejemplo, supongamos que un inversionista novato está leyendo un prospecto sobre el dólar estadunidense. ¿Qué puede aprender de esto?

Bueno, obviamente, habría *muchos* aspectos positivos en el prospecto, ¿verdad? Después de todo, no sólo el dólar es la moneda de reserva mundial, sino que también Estados Unidos tiene la economía más grande del mundo, es la única superpotencia del mundo y siempre ha pagado sus deudas a lo largo de toda su historia.

Pero ¿qué pasa con los aspectos negativos? *Señor mío.* ¿Dónde comenzaría el prospecto?

Para empezar, hablaría de cómo la Reserva Federal imprimió enormes sumas de dinero mientras mantenía las tasas de interés en cero durante un tiempo increíblemente largo. Estas dos revelaciones no sólo sirven como enormes banderas rojas, sino que también se enumerarían una tras otra, junto con innumerables otros factores de riesgo que son demasiado numerosos para contarlos. Después de todo, ésa es la naturaleza de las monedas nacionales: son un negocio desordenado, incluso las mejores de ellas. Pero, por supuesto, esa distinción no la verá la mayoría de los inversionistas novatos.

De hecho, para cuando terminen de leer el prospecto, estarán en un estado cercano a la conmoción. ¿Qué estaba pensando la Reserva Federal? Se preguntarán. ¿Por qué llevarían el dólar a aguas inexploradas y crearían una incertidumbre masiva en todo el mundo? El prospecto decía que hay muchos economistas que piensan que degradar el dólar de una manera tan extrema podría resultar en un grave deterioro de su valor percibido.

Para cuando un inversionista novato termine de leer esto estará totalmente horrorizado.

A pesar de que estas cosas no son tan escandalosas como suenan, el inversionista se pregunta cómo el prospecto podría incluso insinuar tal cosa.

¡Parece una locura! ¡Irresponsable! Nunca podría suceder, al menos no en esta vida. Desafía la lógica. ¡Somos los Estados Unidos!

Pero aun así, el daño está hecho.

El inversionista nunca mirará el dólar de la misma manera. Las semillas de la duda se han sembrado en su inconsciente, donde se encuentran silenciosas, como un virus latente.

De hecho, dependiendo de lo poco que un inversionista sepa de los mercados de divisas globales, podrían pensar que sólo un loco estaría lo suficientemente loco como para invertir en el dólar estadunidense en este momento.

Pero —*espera*— ¿qué pasa con todos los aspectos positivos que leen al respecto? ¿No son suficientes para compensar los negativos y darles una imagen precisa del dólar estadunidense?

Desafortunadamente no lo son.

Una vez más, un prospecto, por su propia naturaleza, está diseñado para hacer que los positivos parezcan menos positivos y los negativos parezcan más negativos, y, francamente, probablemente sea lo mejor. Después de todo, a pesar de los desafíos que crea para un inversionista poco sofisticado, el hecho de que los corredores están obligados a enviar un folleto a cada inversionista potencial sirve como una poderosa compensación para todos los alardeos y tonterías que tienden a salir de la boca de los corredores en el calor del momento. De hecho, como alguien que ha presenciado esto de primera mano, al más alto nivel, puedo decirte que te sorprenderías de lo que dicen los corredores cuando están lanzando una nueva emisión. Y no estoy hablando sólo de Stratton Oakmont, que descanse en paz; ¡ni siquiera de algo parecido! Estoy hablando de todas las grandes firmas de Wall Street, desde Goldman Sachs hasta Down. En el calor del momento, cuando sus corredores de primera línea están tratando de cerrar una venta, la mierda brota como las cataratas del Niágara.

La conclusión es la siguiente: para obtener la medida completa de una empresa uno debe comenzar con su prospecto y leerlo con mucho cuidado, pero luego hacer investigaciones adicionales para crear el contexto adecuado. Nunca olvidemos que *todas* las empresas se enfrentan a desafíos cuando tratan de hacer crecer sus respectivos negocios. Ya sea una empresa de primera línea que paga un dividendo, una empresa de alta tecnología de rápido crecimiento con tecnología disruptiva, o una empresa emergente que se ve tan mal en el papel que puede hacer vomitar a un inversionista, habrá innumerables factores de riesgo que deben considerarse en su contexto.

Pasemos a la *segunda* brillante decisión de la SEC, que fue no incluir una "revisión de méritos" en el proceso de aprobación de un prospecto. En otras palabras, la SEC no intenta calificar bolas o strikes en cuanto a qué empresas tienen probabilidades de tener éxito y cuáles no. ¡Y gracias a Dios por eso!

Después de todo, los valientes hombres y mujeres que trabajan en la división corporativa de la SEC no tienen la más mínima idea de qué empresas tendrán éxito y cuáles no. ¿Y cómo podrían? La mayoría de ellos están recién salidos de la universidad o recientemente egresados de la escuela de derecho.

Pero déjame llevarte un paso más allá.

¿Cómo podría saberlo *yo*, si decidiera tomar un trabajo ahí —¡ah!— y he estado trabajando en capitales de riesgo por treinta y cinco años?

Aquí está mi planteamiento:

A final de cuentas, incluso los principales capitalistas de riesgo del mundo lo hacen bien sólo tres de cada diez veces, y eso es si tienen suerte. De hecho, si hablas con cualquiera de ellos te contarán innumerables historias de guerra sobre las diferentes transacciones que eligieron aprobar y que terminaron convirtiéndose en una de las compañías más grandes del mundo.

La conclusión es que tratar de elegir ganadores y perdedores es un negocio de éxito y error en cualquier sector, donde incluso lo mejor de lo mejor lo logra sólo una pequeña fracción de las veces. Por ejemplo, ¿sabes cuántas personas rechazaron a Sylvester Stallone cuando les mostró por primera vez el guion de *Rocky*? ¿Quieres adivinar?

¡Qué te parece si digo que todo el mundo en Hollywood! Todos los jefes de estudio, que habían subido a la cima de su profesión debido a su extraño historial en la selección de ganadores, pensaron que era una idea estúpida con poco atractivo comercial, especialmente con un actor desconocido como Sylvester Stallone aferrado a interpretar el papel principal.

Tal vez si Ryan O'Neal jugara como delantero, entonces sería un éxito.

¿Ryan quién?

Sí, exactamente.

Si tienes menos de cincuenta años, probablemente no sepas quién demonios es Ryan O'Neal. Sin embargo, estaba de moda a principios de los setenta, cuando Sylvester Stallone era un don nadie que se esforzaba. Todo el mundo pensaba que Ryan O'Neal estaba destinado a convertirse en el mayor éxito de taquilla en la historia de Hollywood, y que Stallone debería cambiar de trabajo y convertirse en un cadenero o un doble de riesgo. Pero, por supuesto, *Rocky* ganó el Oscar a la Mejor Película, Stallone se convirtió en un nombre familiar y Ryan O'Neal se convirtió en el niño del cartel de los que alguna vez fueron.

Una vez más, elegir ganadores siempre es un negocio difícil, y es aún más complicado de lo habitual cuando se trata de empresas públicas. Simplemente hay demasiadas variables involucradas y demasiadas cosas que fácilmente pueden salir mal. Por no mencionar que nunca se sabe cuándo caerá un rayo y alguien entrará por la puerta con una nueva idea, o una nueva perspectiva, y lo que una vez fue el peor negocio en el mundo, y destinado a la bancarrota, ahora está en camino de convertirse en la próxima Apple o Google.

Es por esta misma razón que la decisión de la SEC de basar su proceso de aprobación en la divulgación completa, en ausencia de una revisión de méritos, resultó ser un golpe combinado imparable para la formación de capital y creó el panorama de inversión moderno del que todos nos beneficiamos.

Sin embargo, esta ausencia de una revisión de méritos crea algunos desafíos para el inversionista promedio. Por ejemplo, no sería mentira que un corredor de lengua suelta dijera que el prospecto que le enviaron recibió la aprobación de la SEC, como si de alguna manera eso fuera equivalente al *sello de aprobación* de la SEC.

La realidad es que es cualquier cosa menos eso.

Por ejemplo, en el peor de los casos, un prospecto "aprobado" simplemente significa que la SEC ha aprobado la forma en que una empresa ha divulgado a qué punto es una mierda total, ¡un pedazo de mierda tan sucio y tan rancio que cualquiera que invierta en ella debe estar totalmente loco! En algunos folletos, incluso la propia firma de contabilidad de la compañía afirma, como una preocupación presente, que la compañía tendrá suerte si consigue mantenerse un año más en el negocio. Tiene una competencia

masiva, ninguna posición en el mercado, patentes cuestionables, una marca comercial sin valor y un equipo de gestión propenso a fracasar con un
historial consistente para llevar a las empresas al derrumbe.

Sin embargo, a pesar de las múltiples banderas rojas de este prospecto, lo que el corredor señala al inversionista novato es el brillante sello de
aprobación que ha recibido de la SEC. Y si bien hay alguna letra pequeña
en la portada que dice que la SEC no está haciendo una manifestación de
juicio sobre los méritos de la compañía, pocas personas se molestan en
leerla, ya que la impresión es demasiado pequeña. E incluso si lo hicieran,
el corredor lo explicaría rápidamente: procedimiento operativo estándar
en todas las empresas de Wall Street.

Déjame contarte una pequeña historia.

Todos saben cómo comenzó mi carrera en Wall Street, ¿verdad?

Como mencioné antes, empezó en una firma de corretaje muy respetada llamada L. F. Rothschild, que vendía acciones de alta calidad en la Bolsa de
Nueva York, al menos *la mayor parte* del tiempo. Tampoco tenían reparo
en ir a rondar las alcantarillas de vez en cuando para ganar unos cuantos
dólares extra.

“¡Después de todo, eso es Wall Street!”, me explicaron.

De todos modos, después de pasar seis meses agotadores en el programa de entrenamiento de Rothschild, acudí a mi examen de corredor y me
presenté a trabajar el lunes por la mañana, listo para conquistar el mundo.

Y de nuevo, por desgracia para mí, esa fecha era el 19 de octubre de
1987, ¡el lunes negro de mierda!

Durante las siguientes seis horas y media, vi en shock y con asombro
cómo el mercado cayó quinientos puntos en un solo día, y así, L. F. Rothschild se vio obligado a cerrar sus puertas, y yo estaba sin trabajo.

Recuerdo ese día como si fuera ayer. Los corredores caminaban con la
cabeza agachada y la cola entre las patas, y todos murmuraban: “¡Mierda!
¡El juego ha terminado! ¡No lo puedo creer! ¡El juego ha terminado!”. Y yo
estaba como: “¿Qué quieren decir con que el juego ha terminado? ¡Nunca
llegué a jugar! ¿Cómo podría haber terminado?”. A partir de ahí, las cosas
sólo empeoraron. Bajé las escaleras, y en la primera página del *New York
Post* vi los titulares:

¡LA MUERTE DE WALL STREET!

Luego, justo debajo: una imagen sombría del piso de la Bolsa de Valores de Nueva York, con algunos hombres en primer plano descuidadamente vestidos y con sobrepeso, con expresiones horrorizadas. Luego, justo debajo de eso, el siguiente subtítulo:

LOS CORREDORES BUSCAN CONVERTIRSE
EN TAXISTAS

En retrospectiva, creo que fue el subtítulo lo que me atrajo.

Sabía en ese momento que el juego realmente había terminado, al igual que mi vida. Yo era un estudiante de odontología de veinticuatro años que acababa de declararse en bancarrota menos de siete meses antes.

La historia resumida fue que después de abandonar la escuela de odontología había comenzado un negocio de carne y mariscos, que desarrollé con rapidez hasta tener veintiséis camiones, y luego igual de rápido me precipité directo al suelo. Básicamente había cometido todos los errores posibles que un joven empresario podía cometer: me había ampliado demasiado, estaba subcapitalizado, crecía a base de crédito. Y *así* el negocio se fue a la quiebra y yo también. Así era como había llegado a Wall Street.

Luego, después de seis largos meses en el programa de entrenamiento de L. F. Rothschild, volvía a la zona cero, es decir, estaba en quiebra y desesperado y no podía pagar el alquiler. Y con Wall Street en pánico y las nuevas contrataciones suspendidas, me vi obligado a tomar un trabajo fuera de Wall Street, en una pequeña firma de corretaje en Long Island llamada Investors Center.

Investors Center, el simple nombre me daba escalofríos.

Estaba acostumbrado a nombres como Lehman Brothers y Goldman Sachs y Merrill Lynch. Nombres que tenían peso que los respaldaba y que resonaban con Wall Street. No me podía imaginar diciendo: "Hola, soy Jordan Belfort, llamo desde Investors Center, en Buttfuck, Long Island. Estoy tan cerca de Wall Street como tú, así que las posibilidades de que yo sepa algo que tú no sepas son Flaca y Nada, y Flaca se fue de la ciudad. ¿Quieres enviarme algo de dinero para administrarlo? Probablemente nunca lo volverás a ver".

Ahora, estoy seguro de que has visto la película *El Lobo de Wall Street* al menos una vez por ahora y probablemente más que eso. Una de las escenas clásicas de la película es cuando entro por primera vez en las oficinas en ruinas de Investors Center y se me cae la mandíbula. Miro a mi alrededor y no hay una sola cosa en ese lugar que resuene con riqueza, éxito o Wall Street.

No hay computadoras en los escritorios, ni asistentes de ventas, ni corredores vestidos con trajes y corbatas. Sólo hay veinte viejos escritorios de madera, la mitad de ellos vacantes, y un grupo de adolescentes crecidos que usan jeans, tenis y expresiones bobas.

Cuando el gerente me entrevistó, había un niño sentado a unos tres metros de distancia de nosotros que sobresalía como un pulgar dolorido. Estaba al teléfono con un cliente, y era alto, desgarbado y tenía una cara más larga que la de un pura sangre. No tenía más de veinte años y parecía que estaba vestido para las vacaciones de primavera. Estaba hablando por teléfono con un cliente, cuando de repente saltó de su asiento y comenzó a gritar en su teléfono y reprender al pobre tipo. El gerente y yo volvimos la cabeza para escuchar.

—¡No me diga! —gritó el corredor de cara de caballo—. ¡No me importa lo que diga el estúpido prospecto! Lo único para lo que sirve un prospecto es para darte un gran susto; ¡eso es todo! Dice todo malo y nada bueno. Así que esto es lo que quiero que hagas: quiero que vayas al baño, cierres la puerta, apagues las luces y luego leas el prospecto en la puta oscuridad. Ésa es la mejor manera de hacerlo, porque estas acciones van directo a la luna, y no quiero que te lo pierdas. ¿Suena bien? —luego se sentó tranquilamente en su silla y esperó una respuesta.

—Ése es Chris Knight —dijo el gerente—. Él es el mejor corredor aquí. Tiene una labia endemoniada, ¿verdad?

—Sí, supongo —respondí—. Sin embargo, definitivamente se está tomando un poco a la ligera las garantías. Pero quiero decir, hey, quién soy yo para juzgar, ¿verdad? También en Rothschild dijeron algunas cosas locas de mierda. Definitivamente no eran niños de un coro.

Le mostré al gerente una especie de sonrisa de camarada en armas, como si dijera: "No te preocupes, sé lo que pasa en un piso de ventas de Wall Street. ¡No voy a dar el pitazo sobre ti!".

En verdad no estaba mintiendo sobre los corredores de Rothschild, que no eran chicos de un coro. Durante los seis meses que había estado por ahí había escuchado exactamente la misma frase sobre ir al baño y leer un folleto en la oscuridad al menos una docena de veces. Debe estar en algún manual secreto de capacitación de ventas en algún lugar, pensé, aunque ciertamente no en uno que la SEC conociera. Después de todo, ésta fue una clara violación de una regla de la SEC, que cubre la distribución de acciones de conformidad con un folleto.

Ésta es la forma en que *se supone* que la ley debe funcionar:

Durante el periodo de distribución, que comienza cuando el prospecto de una empresa se presenta ante la división de finanzas corporativas de la SEC, y termina treinta días después de que las acciones comiencen a operar, la única información que puede transmitirse a los inversionistas es la información contenida en el prospecto. Cualquier otra cosa está estrictamente prohibida. Ni siquiera puedes mencionarlo, ni en un guion de ventas, una plataforma de marketing, un anuncio o una declaración aleatoria hecha por un corredor de bolsa idiota como Chris Knight. Si lo haces, has violado la ley.

El problema es que esta ley funciona mucho mejor en teoría que en la práctica.

En las trincheras así es como se realiza *realmente* la venta de una nueva emisión. Se divide en cuatro fases distintas:

- **La fase de escasez:** el proceso comienza cuando un corredor llama a un cliente y le dice que hay una nueva emisión caliente que va a salir en las próximas dos semanas, y que el corredor definitivamente piensa que el cliente debe comprarla. El corredor pasa los siguientes sesenta segundos proporcionando al cliente una breve descripción de la empresa, centrándose principalmente en el hecho de que hay un suministro limitado, lo que significa que las acciones subirán tan pronto como comience a operar. La única mala noticia es que, dado que la operación está tan caliente, el corredor puede obtener para el cliente sólo unas pocas acciones. Pero la buena noticia es que son tan valiosas como el oro, por lo que el cliente debe agradecer a su estrella de la suerte que el corredor fuera capaz de conseguir incluso esa cantidad. En este momento, el cliente agradece profusamente al corredor y le dice lo agradecido que está.
- **La fase de preencuadre:** aquí es donde el corredor comienza el proceso de tratar de minimizar el impacto negativo que el prospecto

tendrá sobre el cliente, si decide leerlo. El corredor comienza explicando que, dado que se trata de una oferta de nuevos valores, están legalmente obligados a enviar al cliente un prospecto, pero luego agrega: "Sé lo ocupado que está, por lo que no necesita perder el tiempo *leyendo* todo el asunto. Son cosas aburridas, así que probablemente querrá simplemente echarle un vistazo. Eso es lo que la mayoría de la gente hace. Quiero decir, no me malinterprete, es una compañía increíble y todo, así que si le gusta leer este tipo de cosas, ¡entonces hágalo! ¡Adelante!".

- **La fase de la oración:** después de colgar el teléfono, el corredor envía por correo electrónico el prospecto al cliente para cumplir con su obligación legal bajo la ley de la SEC. Luego cierra los ojos y ora a Dios para que el cliente no lo lea. Si lo hace, entonces el corredor espera la llamada de teléfono enojada, o al menos confusa, que debe llegar, y en ese momento ejecutará el paso cuatro.

- **La fase de neutralización:** dado que el corredor ha estado esperando esta llamada, ha preparado una respuesta para neutralizar el efecto de enfriamiento del folleto tóxico. Dependiendo de su nivel de ética, elegirá entre una serie de diferentes refutaciones precocinadas que van desde apenas cruzar la línea, contando algunas historias sobre otras compañías que eran como ésta y que se convirtieron en grandes ganadoras, hasta tirarse un clavado de diez metros y zambullirse en el lado oscuro de la fuerza rompiendo la famosa línea: "Quiero que vayas al baño y leas el prospecto en la oscuridad".

Volviendo a mi entrevista en Investors Center, Chris Knight de repente salió de su silla de nuevo y gritó en su teléfono: "¡Por favor! ¡Jesucristo, Bill! Estás siendo ridículo. El folleto es sólo el peor de los casos. Además, la nueva emisión tiene un precio de sólo diez centavos por acción. ¡Nada más! ¿Cómo podrías equivocarte a diez centavos por acción?".

Me incliné hacia el gerente y susurré:

—¿Él dijo sólo diez centavos por acción?

—Sí, ¿por qué? —respondió el gerente—. ¿Cuál es el problema?

—No hay problema —respondí—. Nunca he oído hablar de acciones tan baratas.

En ese momento Chris Knight aventó su teléfono con ira y murmuró: "¡Ese bastardo de rata! ¡Me colgó! ¡Qué atrevimiento tiene ese tipo! ¡Lo mataré!".

Le lancé al gerente una mirada preocupada.

—Está bien —dijo—. Conseguirá al tipo la próxima vez.

Asentí con la cabeza, pero había algo muy malo que estaba pasando aquí. Lo podía sentir en la boca del estómago. ¿Una empresa que cotiza en bolsa a diez centavos? *Debe ser una verdadera mierda*, pensé.

Por supuesto, a estas alturas ya era muy consciente de que la SEC no llevaba a cabo una revisión de méritos, por lo que las piezas más grandes de mierda se podían vender por medio de un folleto aprobado. Había aprendido todo acerca de la divulgación completa cuando estaba estudiando para mi examen de corredor. Pero aprenderlo en un libro era una cosa: verlo actuar en la vida real, con un corredor como Chris Knight, era una cosa muy diferente. En ese mismo momento, de hecho, no estaba tan seguro de que la ausencia de revisiones de méritos fuera realmente una buena cosa, dado el potencial de abuso.

Sea como sea, toda la situación parecía *equivocada*, como si toda esta operación —Investors Center— ni siquiera existiera. No tenía sentido que algo como esto fuera permitido. Por otro lado, sin embargo, justo detrás del gerente había dos placas en la pared que contaban una historia muy diferente. Una de ellas era grande y rectangular y tenía letras azul claro que indicaban que Investors Center era un orgulloso miembro de la Asociación Nacional de Distribuidores de Valores, la NASD. La otra placa era cuadrada y mostraba que Investors Center era una firma de corretaje debidamente autorizada que había sido aprobada para hacer negocios por la Comisión de Bolsa y de Valores. Me sorprendió. Hice un gesto hacia las dos placas en la pared y dije: "Entonces, ¿ustedes están realmente regulados? *WOW*, ¡eso es increíble!".

El gerente parecía desconcertado. "¿Qué quieres decir? —espetó—. ¡Por supuesto que estamos regulados!". Señaló una fila de cinco cubos de plexiglás colocados sobre su escritorio. Cada uno tenía unos ocho centímetros de alto y tenía un pequeño prospecto miniaturizado en su interior. "Éstas son algunas de las nuevas emisiones que hemos hecho en el pasado". Recogió uno de los cubos y me lo tiró para que lo viera más de cerca. "Todo lo que hacemos aquí es completamente honesto."

"¡Increíble! —pensé—. ¿Quién pensaría que un lugar como éste puede ser legítimo?"

En retrospectiva, resultaría estar muy equivocado al respecto.

No sólo era Investors Center lo más alejado posible de una firma de corretaje legítima, sino que también había cosas que yo aprendería ahí que terminarían allanando el camino para una de las estafas más salvajes en la historia de Wall Street.

Pero aparte de eso, lo que *debería* haber estado pensando ese día, mientras me sentaba en esa silla, admirando ese pequeño cubo de plexiglás, con su pequeño prospecto encogido adentro, era:

¿No hay revisión de méritos? ¡Ésa es una espada de doble filo si alguna vez he visto una!

Antes de que avance, todavía hay algunos fragmentos más de información que necesito compartir contigo sobre el tema de la divulgación, comenzando por el hecho de que el requisito no termina después de que la empresa cotiza en la bolsa. Hay divulgaciones periódicas que las empresas deben presentar para mantener informados a los inversionistas.

Veamos rápidamente las cuatro más comunes:

1. **Formulario 10-K:** éste es un informe completo que todas las empresas públicas deben presentar anualmente. En términos sencillos, es el llamado fregadero de cocina de los formularios de divulgación financiera e incluye todo lo que necesitas saber, y la mejor parte es que está completamente auditado, so pena de perjurio. Tanto el director general como el director financiero tienen que firmar una carta diciendo que, según su conocimiento, todo lo que hay dentro es cien por ciento cierto: sin cuentos chinos, sin exageraciones, sin contabilidad creativa, sin doble inventario. Ésta es una adición reciente de la SEC, en un intento de tomar medidas enérgicas contra los directores ejecutivos y directores financieros mentirosos y tramposos (que en el pasado presentaban números falsos y se salían con la suya con una simple palmada en la muñeca). Ahora bien, si a sabiendas presentan información falsa, hay una excelente posibilidad de que el FBI vaya a llamar a su puerta, ofreciéndoles un boleto de ida al tambo.

2. **Formulario 10-Q:** ésta es una versión reducida de su hermano mayor, el 10-K, y tiene que presentarse una vez cada tres meses, en lugar de una vez al año. La otra particularidad principal entre los dos es que a diferencia de un 10-K, un 10-Q no es auditado, lo que significa que la información en su interior no es tan confiable. Aun así, un 10-Q puede ser muy útil como sistema de alerta temprana, señalando problemas con el flujo de caja de una empresa, la cadena de suministro, la gestión de inventario y otros aspectos del negocio que eventualmente aparecerán en su 10-K.

3. **Formulario 8-K:** este formulario se utiliza para anunciar cualquier cambio importante en una empresa, y se puede presentar en cualquier momento. Son ejemplos comunes de presentaciones 8-K el anuncio de una adquisición, una declaración de quiebra, un cambio en un puesto clave de gestión, un cambio en la junta directiva o la emisión de nuevas acciones. En términos prácticos, una presentación 8-K puede ser el mejor amigo de un operador de corto plazo, o la peor pesadilla, dependiendo de cómo se perciban las noticias y cómo él se posicione en el mercado.

4. **Formulario 13-D:** a menudo llamado "formulario de propiedad beneficiosa", un 13-D se utiliza para anunciar públicamente que una persona o un grupo ha acumulado más de cinco por ciento de las acciones en circulación de una compañía. Como parte de la presentación, el inversionista está obligado a revelar cualquier intención que tenga más allá de simplemente ganar dinero de forma pasiva como inversionista. (Si no tienen intenciones activas, pueden presentar una versión reducida de este formulario llamada 13-G.) Las intenciones *activas* más comunes son tomar el control de la compañía a través de una oferta de licitación, como Elon Musk hizo con Twitter, o convertirse en un inversionista activista, con el objetivo de forzar cambios clave en las operaciones en curso de la compañía o su estructura de capital para aumentar el valor para los accionistas.

Además de los Cuatro Grandes, también hay un puñado de otros formularios de divulgación, pero éstos son los que escucharás más a menudo y que orientan las decisiones de inversión de la gran mayoría de las personas.

Antes de seguir adelante, hay un punto crucial que necesito aclarar, es decir, que la única ventaja mayor que Wall Street tiene sobre Main Street es la percepción de que *saben* algo que Main Street no *sabe*. Es una percepción que se ha pulido casi a la perfección en los últimos cien años, a expensas de incontables miles de millones de dólares en publicidad por parte de las contrapartes igualmente desalmadas de Wall Street en Madison Avenue.

Mediante una combinación de correo directo, anuncios en vallas publicitarias, anuncios de radio, comerciales de televisión y, en los últimos veinte años, suficiente publicidad en línea para asfixiar a un caballo, Madison Avenue ha logrado con éxito su misión de poner el tono más atractivo de lápiz labial de color rojo prostituta en el cerdo más oloroso, feo y maloliente, y el más codicioso: Wall Street.

¿Confundido? Déjame explicarte:

El simple hecho es que no necesitas a Wall Street para administrar tu dinero.

Simplemente *no lo necesitas*; podrías hacer un trabajo mucho mejor manejándolo tú mismo.

¿Crees que estoy exagerando?

Está bien, es justo. Pero ¿qué hay de Warren Buffett? ¿Se te antoja como el tipo de chico al que le gusta exagerar?

Definitivamente no, ¿verdad? Simplemente no es su naturaleza.

Es un hombre de voz suave de gran sabiduría, un hombre en el que seguramente se puede confiar.

De hecho, creo que todos podemos estar de acuerdo en que Warren Buffett es una fuente confiable de asesoramiento de inversión, ¿correcto?

Sí. De hecho, lo es.

Así que, con eso en mente, aquí está una de las citas más recientes de Warren Buffett sobre la comunidad financiera. Vale la pena el precio de admisión:

"Preferiría darle mi dinero a un montón de monos lanzando dardos en el S&P 500 que a un corredor de Wall Street o administrador de fondos de cobertura. Nada personal, pero los monos van a vencer a los de Wall Street nueve de diez veces."

Sin embargo, las cosas eran muy diferentes hace tan sólo treinta años.

Cuando fui a Wall Street por primera vez en 1987, realmente necesitabas un corredor de bolsa si querías saber lo que estaba pasando en el mundo financiero, fuera de lo que podías leer en la edición matutina del *Wall Street Journal*, que era, por definición, la noticia de ayer.

Con ese fin, uno de los mensajes de venta clásicos que escribí en mi primer guion de mi firma de corretaje, Stratton Oakmont, tenía que ver con este mismo tema: cómo la disparidad de la información pone al inversionista promedio en una *gran* desventaja en comparación con un corredor de Wall Street que tiene el dedo en el pulso del mercado. El guion era para Eastman Kodak, que, en ese momento, era una compañía de primera línea en la Bolsa de Nueva York. Kodak había sido demandada recientemente por Polaroid por infracción de patentes, lo que provocó que las acciones cayeran como una roca de más de cien dólares por acción a cuarenta dólares por acción, como resultado de la nube de litigios que se cernía sobre la cabeza de la empresa.

La tesis del guion era simple.

Muchas instituciones tienen cláusulas restrictivas en sus estatutos corporativos que les impiden involucrarse en compañías que enfrentan litigios importantes. Así que, una vez que el litigio se haya resuelto, se derramarán de nuevo en la acción y la enviarán de nuevo hasta la luna. Para ello incluí ejemplos de otras tres empresas que, al igual que Kodak, habían estado en situaciones similares. Tan pronto como se resolvía el litigio, las acciones volvían a la vida y rápidamente alcanzaban nuevos máximos. Era un guion poderoso, sin duda, que tenía perfecto sentido en todos los niveles, tanto lógica *como* emocionalmente. Pero había una frase clave al final que hizo que todo funcionara.

La frase era tan poderosa que cuando uno se la decía al cliente había una posibilidad de cincuenta/cincuenta de que te *interrumpiera* justo en medio de tu discurso y dijera: "No *puede ser* verdad", o "No cabe duda", o que te ofreciera un gruñido de conocimiento que quería decir: "¡Ustedes tienen un chanchullo del infierno ahí!".

En esencia, esta frase clave no sólo dejaba claro al cliente que necesitaba comprar las acciones ahora, *antes* de leer sobre el acuerdo en el periódico, sino que también destacó la importancia de tener en su vida un corredor de bolsa en Wall Street, a pesar de la comisión adicional que éste podía cobrar. A fin de cuentas, el corredor valía más que la pena.

La línea clave llegaba al final del discurso, justo antes de que pidieras la orden.

Tú dirías: "Ahora, Jim, la clave para ganar dinero en una situación como ésta es posicionarse *ahora*, antes del acuerdo del litigio, porque para cuando leas sobre esto en el *Wall Street Journal* ya será demasiado tarde".

Y así, el mensaje era claro:

Si no estás en Wall Street, entonces básicamente *no* tienes oportunidad de ganar dinero en el mercado de valores. La información viaja demasiado despacio como para valer ni un centavo partido por la mitad para cuando llegue al *Wall Street Journal* o a cualquier otra fuente de noticias a la que uno pueda tener acceso. Para entonces todos los comerciantes, analistas y corredores de bolsa de Wall Street ya han visto las noticias y actuado en consecuencia, comprando, vendiendo o quedándose quietos. Para asegurar esa ventaja, los corredores de Wall Street tenían computadoras especiales en sus escritorios llamadas Quotrons, que les daban acceso a cotizaciones de acciones en tiempo real y también un servicio de noticias patentado llamado Bloomberg que llevaba noticias financieras importantes directamente a sus escritorios en el momento en que se ponían en línea.

Y para inclinar la balanza aún más, todas las grandes empresas de Wall Street tenían mensajeros acampados en la sede de la SEC en Washington, D. C., esperando que las empresas públicas presentaran su información. En el momento en que llegaban, los mensajeros se ponían en acción, montando en bicicleta, corriendo, conduciendo y enviando por fax estas revelaciones sensibles a los analistas financieros de sus respectivas firmas, quienes las analizaban, las diseccionaban y luego las reunían de nuevo en informes de investigación patentados, que luego eran compartidos con los comerciantes de las firmas, corredores y, en última instancia, sus clientes.

Todas esas ventajas estaban sutilmente implícitas en esa poderosa frase para vender al final de su mensaje de ventas. Y en esas raras ocasiones cuando el cliente todavía era escéptico, o decía que prefería hacer operaciones a través de un corredor local, añadirías: "Jim, no estoy buscando interferir con la relación que tienes con tu corredor local en Oklahoma. Estoy seguro de que hace un trabajo muy bueno para ti, cuando se trata de cosas como futuros de ganado y reportes de cultivos, pero cuando se trata de acciones estoy aquí en Wall Street, y tengo el dedo en el pulso del mercado. Mientras que tu corredor local está ocupado leyendo el *Wall Street Journal* de ayer, tengo la pista interna de las noticias de mañana…", y seguía y seguía. No había manera de que un inversionista en una granja en Oklahoma o una línea de ensamblaje en Michigan pudiera competir con un corredor en Wall Street. Entre la brecha de información, la brecha tecnológica y la incapacidad de los clientes para comprar una acción sin levantar el teléfono y llamar a un corredor de bolsa, no tenían otra posibilidad.

Pero ¿qué pasa ahora?

¿Algo de lo que acabo de describir se parece aunque sea remotamente al mundo digital de hoy, un mundo donde la información fluye a todos los teléfonos inteligentes, computadoras portátiles y de escritorio en cualquier parte del mundo, a la velocidad de la luz?

Por supuesto que no. Ni siquiera se acerca.

Este viejo rollo desgastado que Wall Street todavía está tratando desesperadamente de transmitir al público inversionista —de que posee información que el público no tiene— son puras pamplinas sin adulterar de la más extrema variedad.

Sí, hubo un tiempo en que era verdad. Pero ese tiempo pasó hace mucho.

Desde 2001 todas las compañías públicas están legalmente obligadas a presentar sus divulgaciones en la base de datos en línea de la SEC, EDGAR, lo que hace que cada 10-K, 10-Q, 8-K y 13-D esté disponible instantáneamente para cualquier inversionista en el mundo que tenga acceso a internet.

En pocas palabras, la brecha de la información se ha cerrado.

Para obtener la información actualizada sobre cualquier empresa pública, todo lo que tienes que hacer es ir en línea y escribir www.edgar.com, y, *voilà!*, tendrás toda la información que necesitas a tu alcance.

Así que ahí lo tienen: el poder de la divulgación completa, en ausencia de una revisión de méritos.

Eso creó un imparable golpe combinado para la formación de capital y sentó las bases para que el mercado de valores de Estados Unidos se convirtiera en la envidia del mundo.

Pero, por supuesto, eso llevaría tiempo.

En 1934 el país todavía estaba en caos.

La Gran Depresión fue diferente a cualquier cosa que Estados Unidos haya experimentado. Hubo muchas alzas y descalabros, y algún pánico ocasional, pero lo que estaba sucediendo ahora era muy diferente. La gente estaba enojada. Amargada. Exigía un cambio. La sec fue fundada para *darles* ese cambio. Para lograrlo, la agencia tenía dos misiones principales:

1. Restaurar la confianza de los inversionistas.
2. Hacer que Estados Unidos invirtiera de nuevo.

Fue una misión noble, y el éxito de la primera parte allanaría el camino para la segunda. En esencia, si podían convencer al público estadunidense de que el campo de juego había sido nivelado, entonces se sentirían más cómodos para comenzar a invertir de nuevo.

Era un plan brillante, en *teoría*.

El único problema fue que era más fácil decirlo que hacerlo.

Para descongelar los mercados de capitales, ambas partes tenían que comprar: Wall Street y el público inversionista. Ambos tenían que estar de acuerdo en que el campo de juego había sido nivelado y que el nuevo conjunto de leyes de valores era justo para todos. De lo contrario, sería más de lo mismo, y aunque estoy seguro de que Wall Street hubiera aceptado con mucho gusto eso, el público estadunidense no lo haría. Ya estaban hartos. Ya habían tenido suficiente. Habían sido esquilmados demasiadas veces, y no regresarían a la mesa sin un cambio real.

Por su parte, Wall Street estaba nervioso, en realidad, no; estaba *aterrorizado*.

Más de cien años de avaricia y exceso fueron finalmente frenados, y este nuevo conjunto de leyes de valores no era nada que pudiera tomarse a la ligera. La divulgación completa, el registro de nuevos valores, justos y honestos y el comercio, poniendo al cliente en primer lugar, éstas eran nociones radicales en los años treinta, y nunca antes se había intentado nada remotamente parecido.

Pero de nuevo, ¿qué opción tenía Wall Street?

Por impactante que parezca, el pueblo estadunidense iba realmente en serio esta vez. Los días de gloria de violar y saquear la aldea financiera estaban llegando a su fin.

Así fue como Wall Street decidió hacer lo correcto y morder la bala.

Los líderes de los bancos y firmas de corretaje más grandes de Wall Street se reunieron y acordaron aceptar este nuevo conjunto de reglas.

A partir de ese momento los honrarían, los respetarían y convertirían a la Bolsa de Valores de Nueva York en un lugar más amable, suave y justo, donde las necesidades de los inversionistas siempre serían lo primero. Después de todo, esto era para Estados Unidos, y Estados Unidos había sido increíblemente bueno con ellos. Los había hecho ricos y poderosos más allá de sus sueños más salvajes, y ahora era el momento de que ellos devolvieran un poco. Sería una especie de renacimiento, una nueva era, si se quiere, una era de un Wall Street brillante, esperanzador y ético.

Increíble, ¿verdad?

Y si tú crees en todas esas tonterías —que en un momento de crisis nacional Wall Street encontró su centro moral y aceptó sacrificar ganancias para el bien mayor— entonces tengo algo de tierra que venderte en el centro de Wakanda.

Quiero decir, honestamente, ¿en realidad crees que esos codiciosos bastardos caerían sin pelear? ¡Por supuesto que no! Lo que vino después fue una versión financiera del berrinche de un niño de diez años, en la forma de: "A menos que sigamos jugando según las viejas reglas, vamos a llevar nuestra pelota a casa con nosotros y nadie puede jugar. ¡Así que *tengan*!". Y eso es precisamente lo que hizo Wall Street.

Las grandes empresas simplemente se negaron a cooperar.

"Es injusto —afirmaron—. ¡Es antiestadunidense! ¡Es un complot comunista! No vamos a aceptar estas nuevas normas, ni tenemos la intención de cumplirlas. No registraremos valores. No vamos a presentar folletos. No lo divulgaremos todo. Y ciertamente no pondremos las necesidades de nuestros clientes por encima de las nuestras. ¿Por qué diablos lo haríamos? ¿Creen que estamos locos o algo así? ¿Cómo vamos a ganar dinero siendo honestos?"

Y así, comenzó un boicot.

Se plantaron artículos en periódicos clave. Los miembros de la oposición fueron difamados públicamente. Se presentaron demandas en la Suprema Corte de Estados Unidos. En lo que fue el mayor esfuerzo de cabildeo en la historia de Estados Unidos, los títeres de Wall Street fueron a la guerra contra el Congreso, insistiendo en que modificaran estas ridículas nuevas leyes de valores. Hasta que lo hicieran, el mercado de valores permanecería cerrado. No habría nuevos acuerdos listados, no habría capital nuevo recaudado y no se daría ningún crédito nuevo.

El mensaje era claro: hasta que ustedes cooperen, Estados Unidos será tomado como rehén.

Funcionó.

Bajo la intensa presión del monopolio casi total de Wall Street para recaudar capital y extender crédito, el Congreso diluyó las leyes de valores a una versión más fácil de usar, creando exenciones masivas para la Bolsa de Valores de Nueva York. El intercambio, en su mayor parte, podría regularse a sí mismo, y las acciones de cumplimiento carecerían de la misma fuerza cuando se trataba de tomar medidas enérgicas contra los titiriteros.

No es sorprendente que los arquitectos del conjunto *original* de leyes de la SEC estuvieran completamente devastados, aunque no tan devastados como estuvieron por la siguiente decisión del presidente FDR.

Como ven, Roosevelt todavía tenía otro problema. Wall Street no confiaba en él.

Desde su perspectiva, FDR era un forastero, un idealista acérrimo con inclinaciones comunistas, al que se consideraba abiertamente hostil a los negocios estadunidenses. En consecuencia, incluso esta versión diluida de las leyes federales de valores seguía estando más allá de un puente para los titiriteros de Wall Street. Para su forma de pensar, si le daban a FDR un centímetro, tomaría un metro, y antes de que lo supieran, estarían bajo su yugo.

Así que continuaron en un callejón sin salida.

Para romper el atasco, FDR necesitaba a alguien que le *vendiera* el plan a Wall Street, alguien de dentro, que conocieran y en quien podían confiar. De lo contrario, los mercados permanecerían cerrados, la gente sufriría y la Gran Depresión seguiría atacando.

Fue por eso que Roosevelt eligió al viejo Joe Kennedy, para disgusto de sus asesores clave y los autores de la primera ronda de las leyes de valores más estrictas.

Estaban conmocionados e indignados, y también lo estaba la prensa. Los titulares decían: *¡Di que no es así, Joe! Han puesto al lobo para que cuide las ovejas. ¿Qué pasará ahora?*

Pero Roosevelt tenía sus razones.

Sabía que Kennedy era sólo el tipo de vendedor de habla ágil que, con un guiño y un gesto, podía hacer que Wall Street jugara a la pelota. Y eso es exactamente lo que hizo.

Su plan era diabólicamente simple:

El pretexto fue: "Nunca tendremos los recursos para vigilar todo Wall Street, todo el tiempo, por lo que necesitamos ser prácticos cuando se trata de la aplicación de la ley, en términos de a quién vigilamos de cerca y a quién no. En esencia, hay ciertas personas en las que sabemos que podemos confiar para obedecer todas estas nuevas leyes, y luego están todos los demás, en quienes *no* confiamos.

"Para las personas en las que confiamos, la regulación es sencilla. Simplemente les entregaremos un conjunto de leyes que están obligadas a seguir, y sus brújulas morales internas se encargarán del resto. Y por lo que toca a todos los demás, los vigilaremos como malditos halcones."

Y así fue como lo hizo el viejo Joe.

Convenció a sus exsocios en el crimen de aceptar estrictos requisitos de divulgación en el lado de la ecuación de las finanzas corporativas prometiendo un sistema de justicia de dos niveles en el lado de la ecuación de la aplicación de la ley.

"Será incluso *mejor* que antes —explicó a sus compañeros titiriteros—. Restaurar la confianza de los inversionistas creará más dinero para que robemos, y cuando te atrapen con la mano en el frasco de galletas regulatorias, me aseguraré de que la SEC vea hacia otro lado o te dé una palmada en la muñeca. Será fácil de hacer, sin alzar las cejas.

"Estableceremos una norma inusualmente alta para abrir nuevas investigaciones, y les daremos el beneficio de la duda cuando interpretemos los resultados. Y en esas raras ocasiones en que una de nuestras estafas salga *tan* fuera de control que el público termine perdiendo tanto dinero que incluso la prensa se involucre, entonces me aseguraré de que la SEC nos permita señalar a algún bobo de nivel bajo, de quien diremos que se puso codicioso y actuó por su cuenta, y lo convertiremos en el tipo que ocasionó la caída, y dejaremos que la institución haga lo suyo. Va a ser increíble, caballeros. Tienen mi palabra. ¿De acuerdo?"

No es sorprendente que todos estuvieran de acuerdo.

Después de todo, era un plan de verdad brillante ideado por un antiguo lobo de Wall Street, que se había transformado mágicamente en un lobo vestido de oveja.

El viejo Joe rápido se puso a trabajar.

Su primer paso fue dividir a la comunidad financiera en dos grupos separados, los buenos y los malos. En el primer grupo puso a las personas e instituciones que consideraba confiables. Los miembros incluyeron a los jefes de los bancos más grandes de Wall Street, firmas de corretaje, fondos mutuos, fideicomisos de inversión, agencias de calificación, bufetes de abogados y despachos de contabilidad, y los ejecutivos de las treinta compañías públicas del Dow. Básicamente era un quién es quién de todos los responsables de desencadenar el accidente.

Pero no es así como el viejo Joe veía a sus exsocios en el crimen.

Para él eran hombres de honor, y como todos los hombres de honor, podían ser regulados mediante el sistema de honor. Después de todo, estos hombres provenían de las familias adecuadas, habían asistido a los internados correctos, ido a las universidades indicadas y pertenecían a los clubes de campo adecuados. Habían crecido con el sistema de honor y comprendido su importancia. Para ellos el código de honor era una tradición sagrada que debe ser respetada y protegida a toda costa, o al menos eso era lo que se decían a sí mismos, y a otros, mientras iban violándolo.

Luego, en el segundo grupo, los llamados malos, el viejo Joe puso a todos los demás, es decir, a las personas e instituciones que no formaban parte del *establishment*. Y si bien sería injusto decir que los consideraba *poco confiables*, el hecho de que estuvieran *fuera* del *establishment* los hacía desconocidos, por lo que había que vigilarlos como halcones para evitar que causaran daños.

Ahora, por supuesto, estos dos conjuntos de reglas no existían en el papel. El viejo Joe era demasiado inteligente para eso. Sabía que eso violaría uno de los principios más básicos de la Constitución, a saber, la igualdad de protección bajo la ley, y sería inmediatamente derribado por la Suprema Corte de Estados Unidos. Así que, *oficialmente*, sólo había *un* conjunto de reglas que se aplicaban a todos.

En la práctica, sin embargo, fue una historia muy diferente.

Gracias a una combinación de aplicación selectiva y de palmadas en las muñecas a los miembros del *establishment* en esas raras ocasiones en que habían hecho algo tan atroz que simplemente no podía ser ignorado, no había novedad en los asuntos de las empresas más grandes de Wall Street, y el reinado de los titiriteros continuó.

Ahora, antes de ir más lejos, hay un pequeño punto que quiero plantearte rápidamente. Ya ves, sé lo que podrías estar pensando en este momento.

Podrías estar pensando: *Vamos, Jordan, todo este ataque de la* SEC *suena un poco egoísta proveniente de un tipo como tú, que fue demandado por la* SEC *por manipulación de acciones y terminó pagando una multa de tres millones de dólares. Tal vez piensas que fuiste perseguido de manera injusta por un sistema que está moralmente en bancarrota y podrido hasta el fondo.*

Si eso es lo que estás pensando, lo entiendo por completo. Puedo entender cómo podría verse de esa manera, si no se conoce la historia completa. Parecería que todavía tengo rencor y estoy en camino a acabar con la SEC.

Así que déjame tomarme un momento para aclarar las cosas: nada podría estar más lejos de la verdad. No tengo ni siquiera la menor cuenta que saldar con la SEC, y desde luego nunca sentí que fuera perseguido en lo más mínimo. Incluso en la cárcel, donde los presos constantemente juran su inocencia absoluta, solía decir: "¡Soy el único culpable en Shawshank!".

¿Lo entiendes?

Nunca he tenido ninguna ilusión de ser un hombre inocente acusado por error a causa de ciertos investigadores deshonestos, y luego arrastrado por un sistema de justicia que estaba dispuesto a atraparme. Yo era culpable como acusado, ¡simple y llanamente! Violé la ley, y obtuve lo que me tocaba. Nunca he tratado de minimizar o racionalizar eso.

De hecho, en retrospectiva, ser atrapado por la SEC resultó ser una de las mejores cosas que me han pasado. Mi caída de la gracia me enseñó lecciones invaluables que de otra manera nunca habría aprendido, lecciones que sirvieron como la base misma para la increíble vida que ahora tengo.

Así que, de nuevo, mi problema con la SEC *no* tiene *nada* que ver con las interacciones pasadas o con la manera en que me trataron. Más bien, tiene que ver con el hecho de que *ellos*, la SEC, saben *exactamente* lo que está pasando en las grandes empresas de Wall Street —toda la dirección, la manipulación de acciones, las burbujas, el fraude, la malversación— y *no* hacen *nada* para detenerlos, excepto golpearlos con multas *ridículamente* pequeñas que tienen el impacto de una multa por exceso de velocidad.

Volviendo al viejo Joe, su plan funcionó perfectamente, y la SEC se lanzó con el apoyo de Wall Street. Como se prometió, la Bolsa de Nueva York reanudó sus operaciones, aunque las cosas aún fueron lentas durante los diez años siguientes. Con la tasa de desempleo rondando el treinta y tres por ciento y el mundo al borde de otra Gran Guerra, el poco dinero que la gente *llegaba a tener* se destinaba a los bonos de guerra de Estados Unidos, a medida que la producción se aceleraba para derrotar a la máquina de guerra de Hitler.

La economía de tiempos de guerra comenzó lentamente al principio, y luego con rapidez cobró fuerza, y para cuando terminó la guerra estaba creciendo de una manera en que nunca antes había crecido.

Al final, la Segunda Guerra Mundial lo cambió todo.

Desató un gigante económico como ningún otro en la historia, con Wall Street reemplazando a Londres como epicentro financiero del mundo. Bendecido con vastos recursos naturales y un océano para protegerlo en ambas costas, Estados Unidos salió de la guerra casi completamente ileso. Sus fábricas estaban en auge, el capital fluía, la gente trabajaba y el mercado de valores estaba preparado para una corrida alcista masiva. Aun así, le tomó al Dow otros nueve años recuperar por completo todo el terreno perdido por la caída del 29.

Cuando finalmente lo hizo, sin embargo, no sería sin ironía.

Había rumores sobre un nuevo juego en la ciudad, haciendo algunas afirmaciones muy audaces. Hubo afirmaciones de que todo cambiaría.

Para mejor.

CAPÍTULO 7

LA VERDAD SOBRE EL GRAN CRASH Y OTRAS COSAS IMPORTANTES

¿Estás preparado para una estadística sorprendentemente sombría? Aquí está: le llevó al Dow más de veinticinco años recuperarse por completo.

El crash de 1929 y la Gran Depresión que siguió. Eso son veinticinco años oscuros, sombríos, miserables.

Específicamente, el Dow alcanzó un máximo histórico de 381.76 dólares el 3 de septiembre de 1929, y no pudo superar ese nivel hasta el 23 de noviembre de 1954, un total de veinticinco años y casi tres meses después.

La primera vez que escuché esta estadística fue en 1987, cuando estaba estudiando para el examen de corredor. Recuerdo estar totalmente sorprendido por ello. En ese momento estaba leyendo sobre los peligros de las posiciones apalancadas durante los rugientes años veinte, y cómo crearon una bomba de tiempo que detonó el Lunes Negro. También aprendí cómo tanto el gobierno federal como la Reserva Federal cometieron algunos errores graves durante esos primeros años: subir las tasas cuando deberían haberlas bajado, aumentar los impuestos cuando deberían haberlos reducido, endurecer la oferta monetaria cuando deberían haberla flexibilizado y aplicar aranceles a las importaciones, haciendo que el comercio se detuviera.

Al final, fue una espiral viciosa a la baja que haría que el Dow Jones cayera noventa por ciento, alcanzando un mínimo histórico de 41.22 dólares el 8 de julio de 1932, un año muy malo, por decir lo menos. Luego comenzó a recuperarse, lenta, dolorosamente, durante los siguientes veinticinco años.

En retrospectiva, parece bastante extraño que, a pesar del auge económico masivo de la Segunda Guerra Mundial, Wall Street *todavía* no pudo hacer que el Dow volviera a ponerse en marcha. Después de todo, al final de la guerra Estados Unidos se había convertido en una superpotencia económica con fábricas en auge en todo el país. El desempleo era bajo, los ánimos estaban por lo alto, y la producción industrial subió trescientos por ciento desde su máximo anterior a la crisis. Pero por alguna razón inexplicable *todavía* no era suficiente. Pasarían otros nueve años, después del final de la Segunda Guerra Mundial, para que el Dow finalmente superara su máximo anterior al desplome.

Impactante, ¿verdad? Quiero decir, tú debes estar casi impresionado por la gran *audacia* de estos banqueros y corredores de los locos años veinte por haber inflado el mercado a un nivel tan alto por encima de su valor intrínseco. Es un hecho absolutamente asombroso que incluso una guerra mundial y el gigante industrial que surgió como resultado de ella *siguieran* siendo insuficientes para lograr que ese obstinado Dow superara su máximo anterior al desplome.

Se supone que el mercado de valores sirve como un indicador líder para la economía subyacente, con una perspectiva prospectiva de entre seis y nueve meses. Entonces, ¿cómo es posible que al final de la Segunda Guerra Mundial, con la economía en auge a niveles sin precedentes y el futuro de Estados Unidos luciendo tan brillante como era posible, el Dow todavía estuviera en depresión, en 181.43 dólares, que era un cincuenta por ciento más bajo que su máximo anterior al desplome?

¿Qué salió mal con el mercado de valores, y por qué no se recuperó con el resto de la economía? Resulta que hay una excelente razón para ello: ¡esto ni siquiera está *cerca* de ser verdad!

Es una estadística falsa basada en suposiciones erróneas y falta de información. En realidad le tomó al Dow sólo *siete años y dos meses* recuperarse por completo. Específicamente, el 5 de noviembre de 1936, mientras el país *todavía* estaba en medio de la Gran Depresión, el Dow logró alcanzar un nuevo máximo histórico de 184.12 dólares, superando su anterior máximo histórico de 381.15 dólares en 1929. Sé que parece un error tipográfico, pero no lo es.

¿Cómo podrían 184.12 dólares ser un nuevo máximo histórico cuando es considerablemente *más bajo* que el máximo histórico anterior de 384.15 dólares?

Primero, tus habilidades matemáticas son intocables: 381 es definitivamente más alto que 184. Segundo, tienes razón acerca de "no entender algo". De hecho, tres cosas:

1. El impacto de la deflación
2. Los dividendos pagados
3. La composición del Dow

Esas tres cosas deben considerarse para obtener una lectura precisa sobre cómo se desempeñó realmente el Dow. De lo contrario, la imagen que se obtendrá estará drásticamente sesgada. Ahora, si se está mirando el Dow dentro de un plazo muy corto (tal vez dos o tres meses), aún es posible obtener una lectura precisa sin tener en cuenta estos tres factores. Pero más allá de eso, la imagen se torcerá cada vez más con cada día que pasa, hasta que esté completamente mal. ¿Por qué? Bueno, empecemos primero con el número uno:

1. El impacto de la deflación

Durante los últimos ochenta y cinco años la economía estadunidense ha estado experimentando una *inflación* estable en general, con precios que suben lentamente año tras año. Algunos años se elevan más, otros menos, pero en general siguen aumentando.

Sin embargo, ése *no* fue el caso durante la Gran Depresión. Entre 1930 y 1935 ocurrió exactamente lo contrario. Por primera vez en la historia la economía estadunidense sufrió una *deflación* masiva, con una caída en los precios de bienes y servicios. El precio de todo, desde autos hasta hogares, alimentos, gasóleo para calefacción, gasolina, tomar el autobús y cortarse el pelo, cayó treinta y tres por ciento en todos los ámbitos.

Entonces, ¿cómo afectó esto al precio del Dow? Como todo lo demás, el *valor* real del Dow (y para el caso, cualquier índice bursátil) siempre será relativo a la economía subyacente. Por ejemplo, supongamos que el Dow se cotiza actualmente en quinientos puntos, y en este momento el precio de una casa promedio es de tres mil dólares, el precio de un automóvil promedio es de cien dólares, los servicios públicos están costando tres dólares al mes, y un litro de leche, una docena de huevos y un kilo de carne molida cuestan, en conjunto, cinco dólares.

Entonces sobreviene el desastre.

Acaece una Gran Depresión, y a la vez los precios de bienes y servicios comienzan a bajar y todo a su alrededor se vuelve treinta y tres por ciento más barato. El precio de una casa nueva cae a dos mil dólares, el auto nuevo cae a sesenta y seis dólares, los servicios mensuales caen a dos dólares, y un litro de leche, una docena de huevos, una barra de pan y un kilo de carne molida caen de diez a 3.50 dólares. Mientras tanto, el Dow no se mueve ni un centímetro.

Así que, con esto en mente, permíteme hacerte una pregunta: a la luz de esta deflación de treinta y tres por ciento, ¿cuál es el valor *real* del Dow en términos de su poder adquisitivo económico? ¿Es el poder adquisitivo el mismo que el viejo Dow de quinientos puntos, o ha subido el poder adquisitivo?

La respuesta es clara: ha *subido*.

¿Cuánto? Treinta y tres por ciento en términos económicos reales, dando a un Dow de quinientos puntos el poder adquisitivo del Dow de seiscientos sesenta y siete puntos si el dólar se hubiera mantenido igual. Para que quede claro, esto no es una construcción teórica, es una realidad económica que impactará tu bolsillo de una manera muy profunda. Por esta razón, las estadísticas económicas se reportan de dos maneras distintas:

1. Términos nominales
2. Términos reales

Cuando una estadística está siendo reportada en "términos nominales", significa que no ha sido ajustada por factores externos para crear más contexto. Estás viendo el número tal como aparece en la naturaleza. Por el contrario, cuando una estadística se informa en "términos reales", significa que se ha ajustado de acuerdo con factores externos para crear más contexto. Algunos ejemplos de esto son los ajustes por inflación, deflación, fluctuaciones monetarias, fluctuaciones estacionales y cambios en el tamaño de la población, por nombrar sólo algunos. Cuando comparas el valor de un activo durante un periodo prolongado, si no haces ajustes, tus resultados pueden llegar a carecer de sentido.

En 1936 el Dow de ciento ochenta y cinco sólo parecía estar más de cincuenta por ciento por debajo de su máximo histórico en términos nominales. En términos reales, en realidad era treinta y tres por ciento más valioso de lo que parecía y sólo veinte por ciento por debajo de su máximo histórico. Y eso me lleva al punto número dos.

2. El impacto de los dividendos

Aquí hay una historia loca:

Confío en que hayas oído hablar de IBM, International Business Machines, ¿verdad?

Bueno, en los viejos tiempos, en los años setenta cuando yo era niño, IBM era una de las empresas más grandes y conocidas del mundo entero. Apodada "Big Blue" por sus computadoras de color azul, logotipo azul y blanco, y porque los inversionistas la veían como la más azul de las fichas azules, la compañía empleó a más de trescientas cincuenta mil personas en ciento setenta países y tuvo ventas anuales de más de quince mil millones (cuando quince mil millones en realidad significaban algo). Y aunque la administración de IBM comenzó a joder las cosas a principios de los años ochenta —primero se perdieron el boom de la PC, luego el boom de los servidores y luego el boom de internet—, sigue siendo una empresa enorme hasta el día de hoy. Actualmente cuenta con más de doscientos ochenta mil empleados, ingresos anuales superiores a cincuenta y nueve millones de dólares, y una acción que cotiza a ciento veinte dólares en la Bolsa de Nueva York y forma parte del Dow.

Pero, por supuesto, tan grande como es, como todas las empresas gigantes, no comenzó de esa manera. Incluso IBM tuvo comienzos humildes, que se remontan a finales del siglo XIX, cuando a un inteligente alemán-estadunidense llamado Herman Hollerith se le ocurrió la idea de utilizar "tarjetas perforadas" de cartón para reemplazar el conteo manual a fin de completar la abrumadora tarea del censo de 1890. En esencia, estaba tratando de construir una computadora antes de que Edison inventara la bombilla y antes de que la gente usara electricidad.

Sorprendentemente, las tarjetas perforadas funcionaron de maravilla, el negocio floreció, y llevaron a la compañía a la bolsa en 1910. Dos décadas más tarde se convirtió en parte del Dow. Así que con esa increíble historia de éxito en mente, ¿tienes una conjetura descabellada de cuánto dinero tendrías en este momento si hubieras invertido cien dólares en IBM cuando ingresó a la bolsa por primera vez en 1910?

Ahora, asumo que estás pensando que es un número bastante grande, ¿verdad?

Quiero decir, ¿cómo podría no ser así, con una historia de éxito como ésa?

Bueno, si eso es realmente lo que estás pensando, entonces tienes cien por ciento la razón.

Una inversión de cien dólares en IBM en 1911 valdría actualmente un poco más de cuatro millones de dólares. Es bastante impresionante, ¿verdad?

Hmmm... No tan seguro.

Quiero decir, para ser honesto, la primera vez que vi ese número no me dejó sin habla. No estoy diciendo que no estaría *contento* con una inversión de cien dólares que se convirtiera en cuatro millones de dólares. Eso sería completamente ridículo. Lo que estoy diciendo es que esperaba que el número fuera un poco más alto, como tal vez diez o veinte millones. Después de todo, estamos hablando de lo que era una empresa relativamente pequeña en 1910, que setenta y cinco años más tarde se convirtió en la empresa más rentable del mundo ¡por un factor de casi dos veces y medio! No lo sé... Sólo pensé que teniendo en cuenta lo increíblemente *masiva* que la empresa finalmente se volvió, una inversión de cien dólares valdría aún más.

Bueno, resulta que mis instintos eran correctos.

Hubo un factor crucial que se omitió del cálculo, y ese factor cambia el resultado de una manera asombrosa: IBM ha estado pagando dividendos desde los años treinta.

¿Ves?, en realidad hay *dos* maneras de ganar dinero al tener las acciones de una empresa. La primera forma es a través de la apreciación del capital, que es una manera elegante de decir que siguió el viejo adagio de inversión de comprar bajo y vender alto. En el lenguaje de Wall Street, el beneficio resultante se conoce como una "ganancia de capital", que en Estados Unidos se divide en dos categorías:

1. **Ganancias de capital a corto plazo:** esto incluye las ganancias de todas las inversiones que se mantuvieron por menos de un año, y se gravan de la misma manera que los ingresos ordinarios.
2. **Ganancias de capital a largo plazo:** esto incluye las ganancias de cualquier inversión que se mantuvo durante más de un año, y que actualmente están gravadas a una tasa de quince por ciento, lo que, exceptuando a los inversionistas de bajos ingresos, es sustancialmente menor de lo que la gente paga por ingresos ordinarios. (Los ahorros para cada categoría de impuestos se encuentran en el siguiente cuadro.)

Categorías de impuestos federales, 2023

Tasa impositiva (%)	Soltero (dólares)	Casado que presenta una declaración conjunta (dólares)	Ahorro (%)
10	Entre 0 y 11,000	Entre 0 y 22, 000	0
12	Entre 11,001 y 44,725	Entre 22,001 y 89,450	3
22	Entre 44,726 y 95,375	Entre 89,451 y 190,750	7
24	Entre 95,376 y 182,100	Entre 190,751 y 364,200	9
32	Entre 182,101 y 231,250	Entre 364,201 y 462,500	17
35	Entre 231,251 y 578,125	Entre 462,501 y 693,750	20
37	Más de 578,126	Más de 693,751	22

Además, es importante recordar que las tasas de impuestos pueden cambiar con el tiempo, por lo que es esencial mantenerte informado y consultar con un profesional de impuestos para entender cómo se gravarán tus inversiones específicas en un año determinado.

La segunda forma de ganar dinero con una acción es si la compañía paga un dividendo. Un dividendo es una distribución de una parte de las ganancias de la compañía a todos sus accionistas, incluidos sus accionistas públicos. Es decir, si posees acciones de una compañía que paga un dividendo, entonces cuando ese dividendo se distribuye obtendrás tu parte justa. Por ejemplo, IBM paga un dividendo trimestral de 1.50 dólares por acción, por lo que por cada acción que poseas, recibirás 1.50 dólares al final de cada trimestre, o un total de seis dólares al año.

A partir de ahí, se puede deducir *otro* número importante, llamado "rendimiento de dividendos". Siguiendo con el ejemplo de IBM, se divide el dividendo anual de seis dólares por acción por su precio actual de ciento veinte dólares, y el resultado es un número que se expresa como un porcentaje, que, en este caso, es de cinco por ciento. En otras palabras, si simplemente se compra IBM y se lo mantiene, y las acciones se mantienen exactamente donde están, todavía se terminará con un rendimiento de la inversión (ROI, por sus siglas en inglés) de cinco por ciento anual.

Así es como se ve en el papel:

Rentabilidad de dividendos = dividendo anual ÷ precio actual de las acciones

Acciones A:
Precio de compra (t - 1 año) = $120
Precio (hoy) = $120
Dividendo = $6 por acción

ROI = (rendimiento neto de la inversión ÷ costo total) × 100%
Rendimiento neto de la inversión = (precio - precio de compra) + dividendo

ROI = (($120 - $120) + $6) / $120 = 0.05 × 100% = 5%
ROI = 5%

En términos generales, hay dos tipos de dividendos:

1. **Dividendos regulares:** éstos se pagan trimestralmente en su mayor parte y pueden venir en forma de efectivo o acciones adicionales.

2. **Dividendos especiales:** éstos son pagos únicos que pueden ser declarados en cualquier momento y también pueden venir en forma de efectivo o acciones adicionales. Las compañías pueden declarar un dividendo especial por una variedad de razones, entre otras:

- **Dinero extra disponible:** una empresa puede tener a la mano una cantidad importante de dinero extra que no necesita para operaciones inmediatas o expansión. En este caso, la compañía puede optar por distribuir un dividendo especial a los accionistas como una forma de devolverles parte de ese efectivo.
- **Un evento de una sola vez:** si una empresa vende un activo importante u obtiene un acuerdo legal cuantioso, puede optar por distribuir un dividendo especial como una manera de devolver parte de ese dinero extra a los accionistas.
- **Cambio en la estrategia de negocio:** una empresa puede estar cambiando su estrategia de negocio y ya no necesita retener tanto dinero en efectivo disponible. En este caso, la empresa puede optar por distribuir un dividendo especial a los accionistas.
- **Para sofocar la presión de los accionistas:** los accionistas activistas pueden presionar a una compañía para que distribuya un dividendo especial, sobre todo si la compañía tiene un historial de pago de dividendos regulares y tiene una cantidad importante de efectivo disponible.

Cuando una empresa es joven y experimenta un rápido crecimiento, es muy raro que pague dividendos, porque necesita cada dólar que tiene para financiar el crecimiento futuro. Sin embargo, si la compañía llega al punto en que está generando suficiente flujo de efectivo para financiar todas sus operaciones y su crecimiento futuro, entonces la junta directiva podría declarar un dividendo, que se distribuiría a todos los accionistas de la compañía en función de su porcentaje de propiedad.

Desde una perspectiva histórica, hay ciertas industrias que tienen rendimientos de dividendos muy altos, lo que las hace extremadamente atractivas para los inversionistas mayores que buscan ingresos adicionales para complementar sus ingresos de jubilación. Por ejemplo, los servicios públicos, las compañías de petróleo y gas y las compañías de la industria de servicios financieros tienden a tener rendimientos de dividendos muy altos y hacer pagos a los accionistas trimestralmente. Para un jubilado cuya única otra fuente de ingresos es su cheque mensual del Seguro Social, una cartera compuesta por acciones de alto rendimiento puede ser la diferencia entre apenas llegar a fin de mes y llevar una vida de lujo.

Para ese fin, hay dos maneras de manejar tus ingresos trimestrales de dividendos:

1. **Puedes gastarlo:** mientras que algunos inversionistas viven de sus ingresos de dividendos, no hay ninguna ley que diga que tú no puedes tomar tu último cheque de dividendos y simplemente ir a Las Vegas a pasar unos días salvajes. Mi punto es que es *tu* dinero y puedes hacer cualquier cosa que quieras. Sin embargo, mejor aún, podrías hacer algo *responsable* y probar la opción número dos.

2. **Puedes reinvertirlo:** asumiendo que no necesitas los ingresos para los gastos de vida, ésta es definitivamente la opción preferida. La mayoría de las compañías que pagan un dividendo ofrecen un programa de reinversión de dividendos, lo que te permitirá transferir automáticamente tus dividendos a compras de acciones adicionales. Voy a ocuparme de esto con mucho más detalle en un capítulo posterior, cuando explico cómo utilizar el interés compuesto a largo plazo para maximizar los rendimientos de tu inversión.

Para recibir un dividendo por venir, debes estar en los libros de la compañía antes de una fecha determinada, conocida como fecha de registro. Si compras una acción después de la fecha de registro, *no* serás elegible para recibir el próximo dividendo.

La fecha ex-dividendo es la fecha en la que la acción comienza a operar sin el dividendo y generalmente se establece dos días hábiles *antes* de la fecha de registro.

Cuando una acción sale ex-dividendo, el precio de la acción normalmente bajará por la cantidad exacta del dividendo, porque el valor de cada acción se reduce por la cantidad del dividendo que se pagó. Por ejemplo, si las acciones de una empresa cotizan a cien dólares por acción y la empresa declara un dividendo de un dólar por acción, en la fecha ex-dividendo, el precio de las acciones normalmente bajará a noventa y nueve dólares por acción para reflejar el hecho de que la acción ahora se negocia sin el dividendo de un dólar.

Para calcular el impacto que tuvieron los dividendos en el periodo de recuperación de veinticinco años del Dow, hay dos puntos importantes que deben considerarse:

1. En primer lugar, existe una relación inversa entre el tamaño del rendimiento de dividendos de una empresa y el precio de sus acciones. Específicamente, a medida que el precio de las acciones baja, el rendimiento de dividendos aumenta. Por el contrario, a medida que el precio de las acciones de una empresa sube, el rendimiento de dividendos baja. Es simple matemática, pero usemos las acciones de IBM como ejemplo para entender el punto. Si las acciones de IBM cayeran cincuenta por ciento, de ciento veinte a sesenta dólares por acción, entonces su rendimiento de dividendos de cinco por ciento se duplicaría automáticamente a diez por ciento. Por el contrario, si el precio de IBM aumentara cincuenta por ciento, de ciento veinte a doscientos cuarenta dólares por acción, entonces su rendimiento de dividendos de cinco por ciento se reduciría automáticamente a la mitad, a 2.5 por ciento. Una vez más, son sólo simples matemáticas.

2. En segundo lugar, mientras que el *precio* de las acciones de una empresa tiende a fluctuar constantemente, el tamaño de su *dividendo* tiende a permanecer obstinadamente constante. La razón de esto es que las empresas harán casi todo lo posible para mantener el dividendo que pagan a los accionistas, ya que incluso la más mínima reducción puede conducir a consecuencias desastrosas para las acciones. Si lo piensas bien, tiene perfecto sentido. ¿Por qué? Porque si una compañía sintió que era necesario reducir su dividendo trimestral, entonces ésa es una señal reveladora de que están experimentando problemas de flujo de efectivo. Además, los precios de muchas acciones se ven favorecidos por su dividendo, debido a los inversionistas hambrientos de rentabilidad que se sienten atraídos

por los ingresos. Por lo tanto, incluso la más mínima reducción tiende a ejercer una presión masiva sobre el precio de las acciones, ya que estos mismos inversionistas hambrientos de rentabilidad comienzan a vender sus acciones a favor de otra empresa que tiene un rendimiento de dividendos más alto. Por estas mismas razones, la junta directiva de una empresa tenderá a autorizar un recorte de dividendos sólo como último recurso.

Así que, teniendo esto en cuenta, cuando el Dow cayó noventa por ciento durante la Gran Depresión, ¿qué impacto tuvo en los rendimientos de los dividendos de las treinta compañías que componían el Dow? Antes de responder, recuerda: la distinción clave aquí es que no estoy hablando de ningún cambio en la cantidad real en dólares del dividendo de cada compañía, que, para la mayoría, se mantuvo constante. A lo que me refiero aquí es al impacto que tuvo la caída de noventa por ciento en el rendimiento de los dividendos de cada una de las treinta compañías y, colectivamente, en el rendimiento promedio de los dividendos del Dow. Y por supuesto, la *respuesta* es que el rendimiento de los dividendos de cada compañía subió en paralelo con la caída de noventa por ciento, al igual que el rendimiento promedio de los dividendos del Dow.

Específicamente, entre 1930 y 1945 el rendimiento por dividendo promedio de las treinta acciones del Dow fue de catorce por ciento, un número *verdaderamente asombroso* en términos históricos (hoy, el rendimiento por dividendo promedio del Dow es de sólo 1.9 por ciento).

En términos prácticos, esto significaba que cualquier inversionista durante este periodo que se aferrara al Dow y reinvirtiera sus dividendos duplicaba su inversión cada cinco años, incluso si el Dow no se inclinaba ni un centímetro. Los dividendos por sí solos fueron suficientes para hacer el truco.

Para entender este punto volvamos a mi cálculo original sobre el valor actual de una inversión de cien dólares realizada en IBM cuando se hizo pública por primera vez en 1910.

Sin dividendos, si recuerdas, el valor actual era de cuatro millones de dólares. Y aunque convertir cien dólares en cuatro millones de dólares no es ciertamente poca cosa, realmente no me voló la cabeza, dada la extensión del periodo. Bueno, haz una conjetura salvaje acerca de lo que valdría esa *misma* inversión hoy si hubieras reinvertido todos los dividendos que IBM pagó a los accionistas en los últimos cien años. Creo que te sorprenderá *mucho* la respuesta.

¿Estás listo?

El número salta a *ciento cuarenta millones de dólares*.

Así es: ¡*ciento cuarenta millones de jodidos dólares*, que es más de un millón de veces el dinero que invertiste inicialmente!

Ahora, no sé tú, pero no sólo ese número me vuela la cabeza muy seriamente, sino que también explica por qué, en términos reales, no le llevó al Dow cerca de veinticinco años recuperarse por completo de la Gran Depresión y superar su máximo previo al crash de trescientos ochenta y tres.

De hecho, cuando se ajusta a la deflación y se incluye el extraordinariamente alto dividendo del Dow durante ese tiempo, el índice alcanzó un nuevo máximo sólo siete años después, cuando llegó a ciento ochenta y cinco el 5 de noviembre de 1936.

Vamos a pasar por las matemáticas. Ya ajustamos la deflación, lo que hizo que cada punto del Dow tuviera treinta y tres por ciento más valor (en términos reales), lo que es sesenta y dos puntos adicionales. Esto lleva el valor real del Dow de ciento ochenta y cinco a doscientos cuarenta y siete. Luego, para ajustar el rendimiento por dividendos del Dow de catorce por ciento, se usa lo que se llama la Regla de 72,* que establece que, a una tasa de catorce por ciento, duplicarás tu dinero cada cinco años, y revela una circunstancia que de otra manera quedó camuflada: que el Dow había regresado completamente a su posición a finales de 1936, lo que era diecinueve años antes de lo que la mayoría de la gente piensa y mientras estábamos todavía en el corazón de la Gran Depresión.

Pero luego se tomó una decisión casi cómicamente mala en 1939 que resultó en una caída masiva del valor *real* del Dow. Esto nos lleva a la variable número tres:

---

* La Regla de 72 es una forma sencilla de calcular el interés compuesto. Tan sólo se toma el número 72 y se divide por la tasa actual de rendimiento para saber cuántos años te lleva duplicar tu dinero.

3. El maquillaje del Dow

Permíteme volver a la historia de IBM una última vez.

Entre el momento en que la compañía cotizó en la bolsa por primera vez en 1911 y el Gran Crash de octubre de 1929, aunque IBM se había convertido en una compañía razonablemente exitosa, ni siquiera estaba todavía cerca de ser un nombre familiar. El problema era que el *principal* negocio de la empresa era el procesamiento de datos, y estaba operando en una era en la que el término "procesamiento de datos" aún no existía.

De hecho, cuando llegó el Lunes Negro, IBM ni siquiera había llegado al Dow todavía.

No sería sino hasta 1932 que Dow Jones & Company finalmente decidiría incluir a IBM en su índice insignia, a pesar de que la compañía todavía era relativamente desconocida para el público en general.

Ahora, en ese momento, el Dow había caído más de noventa por ciento desde su máximo anterior al desplome en 1929, y a IBM no le había ido mucho mejor, cayendo casi al unísono con el Dow. En ese entonces cotizaba a nueve dólares por acción, por debajo de un máximo previo al desplome de doscientos treinta y cuatro dólares en septiembre de 1929.

En resumen, esos últimos tres años habían sido un espectáculo de mierda para todos. Afortunadamente, las cosas comenzaron a mejorar con rapidez, en especial para IBM.

Ya sea un golpe de puro genio o tan sólo una tonta suerte de mierda, quien fuera responsable de hacer que IBM se convirtiera en parte del Dow debería ser galardonado de manera póstuma con un premio Nobel por la selección de valores. Literalmente tres semanas después de que se convirtiera en parte del índice, FDR ganó las elecciones presidenciales al prometer un "New Deal" para América, que tuvo la consecuencia involuntaria de crear la mayor pesadilla contable en la historia de todas las pesadillas de contabilidad: la Ley del Seguro Social.

De repente todas las empresas en Estados Unidos estaban legalmente obligadas a hacer un seguimiento de cada hora que cada uno de sus empleados trabajaba, y luego pagar una parte de sus salarios al gobierno federal, que tenía que averiguar a quién, cuándo, dónde y cuánto enviar *de vuelta* a cada uno de estos empleados cuando cumplieran sesenta y cinco años y calificaran para los beneficios. Al final sólo había una solución:

Máquinas de Negocios Internacionales (International Business Machines, IBM).

Con sus tabuladores de última generación y tarjetas perforadas protegidas por patentes, IBM tenía la única solución al mayor problema del país: el procesamiento de datos.

Así comenzó el mayor impulso de crecimiento en la historia corporativa. IBM pasó de ser un fabricante de máquinas y tarjetas perforadoras que sólo se necesitaban una vez cada diez años, cuando Estados Unidos hacía su censo, a ser la empresa más grande y valiosa del mundo, eclipsando a su competidor más cercano, Exxon, por más de doscientos cincuenta por ciento.

Es una historia de éxito realmente increíble, ¿verdad?

No sólo para IBM, sino también para aquellas personas astutas de Dow Jones & Company, que habían tenido la sabiduría y la previsión de agregar IBM al Dow justo antes de que comenzara su legendario crecimiento que duró cuarenta y siete años —*cuarenta y siete años de crecimiento meteórico, precios de las acciones a la alza y dividendos por las nubes hasta lo descarado*—. Los accionistas de Big Blue disfrutaron de un rendimiento tan asombroso que si un inversionista hubiera comprado una *mísera* acción cuando IBM se convirtió por primera vez en parte del Dow a nueve dólares, habría valido cuarenta y un mil doscientos setenta y dos dólares en 1979. Dicho de otra manera, durante ese impulso de crecimiento de cuarenta y siete años IBM tuvo un ROI del cuatrocientos cincuenta y ocho mil seiscientos por ciento.

Realmente increíble, ¿verdad?

Quiero decir, ¡tanta sabiduría! ¡Tanta previsión! ¡Tal astucia de los geniales cazadores de valores de Dow Jones & Company! Uno sólo puede imaginar el *impacto* que IBM debe haber tenido en el índice a lo largo de todos esos años. Tenía que haberlo impulsado por sí solo a alturas que nadie había *imaginado* antes, ¿verdad?

En realidad, no tanto.

Había un pequeño problema:

En 1939 algún idiota de clase mundial en Dow Jones & Company (o tal vez fue un grupo de idiotas, porque parece demasiado idiota para una decisión que una sola persona puede tomar) decidió eliminar a IBM del índice mientras estaba justo en vías de convertirse en la empresa más valiosa del mundo. Así es: siete años después de llegar al Dow, IBM fue eliminado.

La razón por la que Dow Jones & Company decidió hacer esto no importa realmente, aunque la versión corta es que estaban haciendo cambios estructurales a *otro* de sus índices, el *Dow Jones Utility Index*,* e IBM quedó atrapado en el fuego cruzado. Al final, se sustituyó por AT&T, que era una empresa mucho más grande que IBM en ese momento.

De cualquier manera, terminó siendo una decisión horriblemente mala.

En los cuarenta años siguientes IBM superaría a AT&T en todas las métricas imaginables, excepto por el hecho de que sus clientes se quedaron con un servicio al cliente de mierda. En esa área AT&T era el rey sin igual. En todas las demás áreas, especialmente en la rentabilidad de las acciones, la diferencia entre las dos compañías era absolutamente asombrosa.

En concreto, entre 1939 y 1979, que fue cuando IBM finalmente se colocó de nuevo en el Dow, una inversión de mil dólares en AT&T habría valido sólo *dos mil quinientos* dólares, mientras que una inversión de mil dólares en IBM habría valido más de cuatro millones de dólares.

La fecha exacta en que IBM fue agregado nuevamente al índice fue el 16 de marzo de 1979.

En ese momento el Dow cotizaba a 841.18 dólares.

La pregunta del millón de dólares es: ¿en qué punto habría estado el Dow el 16 de marzo de 1979, si IBM nunca hubiera sido expulsado en primer lugar?

¿Quieres hacer una suposición? ¿Qué tal si te ahorro el problema?

La respuesta es veintidós mil setecientos cuarenta.

Impactante, ¿verdad?

De hecho lo es, pero ése es el profundo impacto que IBM o, en ese caso, cualquier acción puede tener en el Dow durante un periodo sostenido. Por supuesto, el impacto puede darse en uno u otro sentido. Por mucho que la decisión correcta pueda tener un impacto positivo en el Dow, la decisión equivocada puede tener un impacto negativo en el Dow.

¿Por qué es esto importante?

---

* Creado en 1929, el Dow Jones Utility Index (DJU) sigue el rendimiento de quince compañías de servicios públicos que cotizan en bolsa en Estados Unidos. Las empresas se seleccionan en función de su capitalización de mercado, liquidez y representación del grupo industrial. El DJU se considera un indicador líder del rendimiento general del sector de servicios públicos en el mercado de valores.

Por tres razones:

En primer lugar, ésta es la tercera variable que hace que la narrativa predominante —que el Dow tardó veinticinco años en recuperarse del desplome— sea claramente falsa. En términos reales, sólo tomó siete años recuperarse, y ocurrió mientras el país todavía estaba en medio de la Gran Depresión.

En segundo lugar, sirve como un claro recordatorio del valor de ser un inversionista paciente a largo plazo y no asustarse por un feroz mercado bajista y vender en lo más bajo, sólo porque todos a su alrededor le dicen que el mercado tardará décadas en recuperarse.

Desde el punto de vista histórico, simplemente no es cierto.

Si retrocedemos y observamos los últimos ciento cincuenta años, veremos que el mercado bajista promedio dura menos de dos años, e incluso el peor de la historia, que incluyó un colapso total de la economía estadunidense, duró sólo siete años. En otras palabras, no escuches a los idiotas, ¡y sé endiabladamente paciente!

Y en tercer lugar, deja claro que un índice de treinta acciones, como el Dow, no sirve como punto de referencia preciso para el mercado bursátil más amplio de Estados Unidos, sin importar cuán cuidadosamente se seleccionen las compañías. No sólo es un tamaño de muestra demasiado pequeño, sino que un índice como el Dow ignora la importancia de las empresas más pequeñas y de rápido crecimiento, que han desempeñado un papel fundamental en la economía desde sus primeros días.

Ahora, obviamente, no soy la primera persona en darse cuenta de esto.

La inexactitud del Dow como referencia para el mercado de valores (y la economía subyacente) ha sido un motivo de discordia durante más de cien años. Desde principios del siglo xx cada presidente, secretario del Tesoro y presidente de la Reserva Federal de Estados Unidos ha tenido que luchar contra la idea errónea del público de que el Dow es igual al mercado y que un Dow en caída significa que la economía se está desacelerando. En realidad, simplemente no es cierto; al público se le ha lavado el cerebro para que piense que es cierto por la forma demasiado simplista en que se dan a conocer las noticias financieras, en una serie de bocadillos sonoros diarios que mencionan la dirección del Dow, algunos hechos extraños y luego lo que podría estar sucediendo con la economía estadunidense. Al final, todos se mezclan en la mente de un laico, y después de escucharlo todas las veces que haga falta... ¡bum!... se establecen los vínculos.

De hecho, ya en 1923 una empresa en particular, Standard Statistics, había estado tratando de crear un índice que sirviera como un punto de referencia más preciso que el Dow altamente imperfecto. Sólo había un pequeño problema: en una época anterior a las computadoras, era más fácil decirlo que hacerlo.

¿Alguna vez has escuchado el dicho "la tercera es la vencida"?

Bueno, tal fue el caso de Standard Statistics y su intento de varias décadas de crear un punto de referencia más preciso para el mercado de valores de Estados Unidos y la economía subyacente. Para tener éxito, el índice tendría que ser considerablemente mejor que el bien arraigado Dow, que se había convertido en sinónimo del mercado de valores.

De hecho, a principios de los años veinte todos los periódicos del país publicaban el cierre del Dow del día anterior en la primera página de su sección de negocios, y la última moda mediática del país —la radio de noticias— resumía rápidamente los acontecimientos del día anterior con una simple frase: "En Wall Street, el promedio industrial Dow Jones cerró ayer tres puntos al alza con operaciones rápidas, ya que los inversionistas subieron las acciones en respuesta a cifras de empleo más fuertes que las esperadas publicadas por el Departamento del Trabajo", o "En Wall Street, el promedio industrial Dow Jones cerró ayer seis puntos a la baja por las operaciones fuertes, ya que los inversionistas buscaron ponerse a cubierto después de que el gobierno reportó una desaceleración del crecimiento económico en el tercer trimestre, lo que apunta a señales de que Estados Unidos está al borde de una recesión...", y así eran las cosas.

Una vez más, el mensaje era claro: el Dow es igual al mercado de valores, y la economía y el Dow están inextricablemente vinculados.

Mientras tanto, las deficiencias del Dow eran claramente obvias para todos en Wall Street.

Había tres que destacaban en particular:

1. El Dow utilizaba un tamaño de muestra demasiado pequeño para representar con precisión el mercado bursátil en su conjunto. Por ejemplo, la Bolsa de Nueva York ya tenía más de setecientos enlistados en ese momento, y el número estaba creciendo con rapidez.

2. El Dow se centraba en empresas muy industrializadas, y la economía estadunidense se estaba volviendo más diversa cada día que pasaba. Eventualmente, para mantener su relevancia, el Dow comenzaría a incluir también a empresas no industriales, pero eso no sucedería hasta mucho más tarde, en los años sesenta.

3. Para simplificar las matemáticas, el Dow se calculó *valorando* cada acción. Esto da a las acciones de mayor precio un impacto mucho mayor que las de menor precio, independientemente de cuántas acciones tenga la compañía en circulación. En consecuencia, en un día cualquiera, las dos acciones de mayor precio en el Dow a menudo orientan la dirección del promedio.

Por supuesto, la solución a estas deficiencias era obvia:

Desarrollar un índice que incluyera un mayor número de acciones, de un grupo más amplio de industrias, y calcular el índice utilizando la capitalización de mercado de cada empresa, es decir, el valor de mercado actual total de cada una en relación con el resto de las acciones del índice, y luego publicar el resultado diariamente como un número simple.

Las ventajas de utilizar la capitalización de mercado sobre la ponderación de precios son tres:

1. La ponderación de la capitalización de mercado hace que un índice se vea más afectado por los movimientos de precios de las empresas más grandes, lo que crea una representación más precisa del mercado bursátil más amplio y de la economía subyacente.

2. La ponderación de capitalización de mercado refleja el valor real de cada empresa, mientras que la ponderación de precios refleja qué tan alto está el precio de las acciones de una empresa, independientemente de su capitalización de mercado.

3. La ponderación de capitalización de mercado reduce el impacto de las divisiones de acciones y otras acciones corporativas que conducen a aumentos en el precio de las acciones de una empresa sin un incremento proporcional en su capitalización de mercado.

Desafortunadamente, estas tres soluciones —más acciones, más industrias, ponderación de capitalización de mercado— resultaban ser extremadamente desafiantes en ausencia de computadoras. Por ejemplo, incluso para calcular un índice de treinta acciones, ponderado en precio, como el del Dow, se requería de un pequeño ejército de contadores y estadísticos para comprimir los números cada día.

Sin embargo, Standard Statistics seguía incólume, e hizo su primer intento en 1923. El primer índice de Standard, que publicaba una vez a la semana para hacer frente a los desafíos matemáticos, consistía en doscientas treinta y tres acciones de un amplio grupo de industrias y se comercializó como una herramienta para identificar tendencias generales. Pero por desgracia la acogida por parte de Wall Street fue tibia en el mejor de los casos. Resultaba que un índice bursátil semanal no era muy útil para identificar nada, y después de unos pocos años Standard abandonó el índice y volvió al punto de partida.

Su segundo intento vino en 1926.

Aprendiendo de su error pasado, esta vez se le ocurrió un índice diario. Compuesto por noventa acciones de gran capitalización* de una amplia gama de industrias, estaba destinado a ser una nueva y mejorada versión del viejo Dow. Standard incluso le dio a su nuevo producto un nombre pegadizo, el Índice Compuesto, en un esfuerzo por hacerlo más comercializable tanto para Wall Street como para el público.

Pero por desgracia, una vez más fracasó.

A pesar de ser un indicador mucho mejor que su competidor de treinta acciones, el Índice Compuesto no logró ganar tracción en la misma medida que el Dow, y durante los siguientes treinta años sirvió como un punto de referencia para nada. Sin embargo, aun así, Standard Statistics permanecía impávido. Lenta pero seguramente, siguió añadiendo más y

---

* El término "acciones de gran capitalización" se refiere a una empresa que cotiza en bolsa con una capitalización de mercado de más de diez mil millones de dólares. El término "capitalización de mercado" se refiere al valor total de las acciones en circulación de una empresa, que se calcula multiplicando el número de acciones por el precio actual de ellas. Las acciones de gran capitalización suelen considerarse empresas bien establecidas con un historial de crecimiento constante y se estiman menos riesgosas que las acciones de pequeña o mediana capitalización.

más acciones al Índice Compuesto, y continuó publicándolo durante la Gran Depresión.

Luego llegó la fusión que sacudiría a la industria de las calificaciones hasta su centro.

En 1941 Standard Statistics se fusionó con uno de sus principales competidores, Poor's Publishing, para formar la Standard & Poor's Corporation, que finalmente se convertiría en la agencia de calificación más grande del mundo. Eventualmente, incluso tomaría el control de su principal rival, el Dow Jones Industrial Average, del que asumió el control operativo en 2011, convirtiendo a Standard & Poor's en el líder mundial indiscutible para todos los índices financieros.

Mientras tanto, a finales de los años cuarenta, una versión moderna del actual complejo de Máquinas de Tarifas de Wall Street había comenzado a afianzarse. Liderada por una prometedora firma de corretaje llamada Merrill Lynch, la relación simbiótica entre Wall Street y Madison Avenue surgió a la escena, con una campaña de marketing de costa a costa dirigida a inversionistas promedio. A los cinco años de lanzar la campaña, Merrill Lynch había pasado de ser una empresa relativamente desconocida a ser una de las firmas más grandes de Estados Unidos y de nombre familiar.

El resto de Wall Street rápidamente se dio cuenta.

En poco tiempo todas las grandes empresas estaban cubriendo los medios con campañas publicitarias multimillonarias que destacaban su compromiso con la ética y sus antecedentes sin precedentes.

Por supuesto, ambas afirmaciones eran grandes y gordas mentiras, pero bueno, la publicidad puede ser algo poderoso, ¿verdad? En especial cuando exactamente el mismo mensaje se reproduce una y otra vez como un disco rayado, sin importar a dónde voltees.

¿Y cuál fue ese mensaje fatídico?

Irónicamente, es el mismo mensaje que todavía se sigue reproduciendo hoy en día.

Trabajando las veinticuatro horas del día, los siete días de la semana, los trescientos sesenta y cinco días del año, el complejo de Máquinas de Tarifas de Wall Street participa en una campaña publicitaria sin pausa para convencer a los inversionistas promedio de un punto crucial:

Que los expertos en Wall Street pueden hacer un mejor trabajo en la gestión de su dinero que ellos. ¡Eso es todo! De eso se trata todo el asunto.

Ya sea a través del acceso a su investigación patentada, estrategias de negociación de vanguardia, productos financieros exóticos o plataformas de negociación en línea, Wall Street confía en su creencia errónea de que estarías perdido financieramente sin ellos.

Mientras tanto, nada podría estar más lejos de la verdad. ¿Crees que estoy exagerando?

Bueno, ¿recuerdas ese comentario que Warren Buffett hizo sobre los monos ciegos que lanzaban dardos al S&P 500?

¿Adivina qué?

Tenía cien por ciento de razón.

A pesar de sus diplomas de Ivy League y estrategias "vanguardistas", los mejores y más brillantes de Wall Street no pueden estar a la altura de los monos. Esos malditos simios vencieron a los de Wall Street del Ivy League nueve de diez veces.

Bastante increíble, ¿verdad?

Quiero decir, ¿quién pensaría que los monos ciegos podrían ser *tan* sorprendentes buscadores de valores?

Por supuesto, el único problema es que nunca hay un montón de monos ciegos ahí cuando los necesitas, sin mencionar que los monos no son exactamente lo que yo llamaría fáciles de usar. Pueden ser pequeñas criaturas viciosas, y son tan inteligentes como el demonio. De hecho, es tan probable que te lancen su propia mierda como lo es que lancen dardos a una diana.

Afortunadamente, sin embargo, ése no era el punto que Buffett estaba tratando de decir: que debería ir al zoológico local, secuestrar a un grupo de monos, vendarles los ojos y enseñarles a lanzar dardos al S&P 500.

De hecho, estoy seguro de que si alguien en la audiencia hubiera presionado un poco más al Oráculo, éste habría dicho algo así como: "Si estás dispuesto a seguir una estrategia muy simple, entonces no tienes que conformarte con simplemente *vencer* a Wall Street nueve de cada diez veces; puedes *aplastarlos todo el tiempo*".

Entonces, ¿cuál es esta increíble estrategia?

Para entenderlo en su totalidad, necesitamos retroceder un poco en el tiempo, al 6 de marzo de 1957. Fue en este fatídico día, un miércoles, que

Standard & Poor's lanzó el primer índice bursátil generado por computadora del mundo: el S&P 500.

Este nuevo índice de acciones, que consiste en quinientas acciones de alta capitalización de una amplia gama de industrias, se transformaría en última instancia en el mayor truco de inversión del mundo, beneficiando al grupo de inversionistas que menos le importaba a Wall Street: los inversionistas promedio.

Para ser claros, este beneficio masivo no se produjo de una sola vez. Se fue dando poco a poco, comenzando con la creación inicial del S&P 500.

Ése fue el primer paso.

Había tardado treinta y cuatro años, pero la tecnología finalmente había alcanzado el sueño de dos hombres muy perspicaces en la Standard & Poor's Corporation. Irónicamente, no tenían idea del arma que estaban a punto de lanzar contra el complejo de Máquinas de Tarifas de Wall Street.

En su defensa, sin embargo, hay que decir que habría una brecha de veinte años entre el momento en que lanzaron el índice y el momento en que se transformó en el mayor truco de inversión del mundo. Además, esa misma transformación no vendría de alguien dentro de Standard & Poor's, sino más bien de un prometedor miembro de Wall Street con una disposición malgeniosa y de desprecio hacia el *establishment*.

Su nombre era Jack Bogle.

El nombre de la empresa que fundó: Vanguard.

En una escena que podría haber salido directamente de *El Coyote y el Correcaminos* —donde Wile E. Coyote intenta matar al Correcaminos con un misil guiado que termina desviándose de rumbo y explotándole a él—, en 1976 John Bogle convirtió el S&P 500 en el equivalente financiero de un falso misil y lo dirigió directamente al corazón del complejo de Máquinas de Tarifas de Wall Street. ¡Su intención era hacerlo estallar todo!

¿Qué motivó a Jack Bogle a hacer esto?

La historia corta es que Bogle había recibido recientemente pruebas inequívocas de algo que había sospechado durante mucho tiempo acerca de Wall Street, pero que no había tenido forma de probar: que sus más selectos buscadores de acciones estaban completamente llenos de mierda.

He aquí cómo sucedió:

Desde principios del siglo xx hubo una pequeña pero convincente serie de estudios académicos que teorizaban que el mercado de valores era demasiado eficiente para vencerlo de manera consistente. En el corazón de la teoría había una idea simple: que, dado que toda la información relevante sobre las empresas que cotizan en bolsa estaba disponible fácilmente, ya se había incluido en el precio de las acciones de una empresa. En otras palabras, en un momento dado, los inversionistas ya habían incorporado toda la información disponible en sus decisiones de compra, lo que luego se reflejaba en el precio de las acciones de cada empresa.

Esta teoría fue puesta a prueba por primera vez en los años treinta.

A raíz del Gran Crash, un economista estadunidense llamado Alfred Cowles se obsesionó con la idea de que los principales analistas de Wall Street no tenían absolutamente ninguna idea de hacia dónde se dirigía el mercado. Si la tenían, entonces ¿por qué no habían aconsejado a sus clientes que vendieran antes del Crash? No tenía sentido para él. ¿Podría ser que, a pesar de todos sus destacados informes de investigación, realmente no lo sabían?

Para responder a esta pregunta, encargó un estudio académico que se remontó hasta 1871, comparando siete mil quinientas recomendaciones de acciones hechas por las principales empresas de servicios financieros de Wall Street con el desempeño real de los precios de cada grupo individual de acciones. Sin computadoras, fue un trabajo laborioso, pero después de dos años de exprimir números, Cowles tuvo su respuesta:

Las recomendaciones de acciones hechas por los principales gurús de inversión de Wall Street no fueron más precisas que las predicciones de un adivino. Dicho de otra manera, Wall Street, en su conjunto, estaba completamente lleno de mierda y no merecía todos los honorarios que estaba cobrando.

Por supuesto, para la versión de los años treinta del complejo de Máquinas de Tarifas de Wall Street, los resultados de la conclusión de Cowles fueron una herejía financiera, por lo que rápidamente los descalificaron como parciales y egoístas.

Pero la evidencia iba en aumento, al igual que la tecnología para demostrarlo.

A principios de los años setenta las computadoras se habían vuelto lo bastante potentes como para remontarse a los primeros días de Wall Street con una precisión milimétrica y medir el rendimiento de cada fondo de inversión frente a una versión teórica del S&P 500.

La información que necesitaban era fácilmente accesible. Todo estaba en alguna bóveda en algún lugar, empolvándose: cada precio de cierre de las acciones, capitalización bursátil y rendimiento de dividendos de todas las compañías que alguna vez habían negociado en la Bolsa de Valores de Nueva York, yendo hacia atrás hasta el Acuerdo de Buttonwood. Todo lo que los investigadores tenían que hacer era desenterrarlo todo.

Además, gracias a los intentos de Standard & Poor's en los años veinte de crear un punto de referencia más preciso que el Dow de treinta títulos, los investigadores tuvieron una ventaja importante en la creación de una versión teórica del S&P 500.

El resto de los cálculos ahora eran fáciles.

Los investigadores simplemente cargaron todos los datos en una serie de tarjetas perforadas de IBM, las alimentaron en uno de las computadoras centrales de Big Blue y dejaron que la computadora hiciera su magia.

Aunque no es sorprendente, los resultados fueron un desastre para Wall Street.

Por primera vez en la historia hubo pruebas innegables de tres grandes verdades que los economistas habían sospechado por primera vez a principios del siglo xx:

1. Que la naturaleza eficiente del mercado hacía imposible predecir hacia dónde se dirigía.
2. Que los fondos mutuos que cobraban las tarifas más altas tenían el peor desempeño a largo plazo.
3. Que desde que se lanzó el sector de los fondos mutuos en 1924 no había habido un solo fondo mutuo que hubiera igualado sistemáticamente el rendimiento del S&P 500, después de que se dedujeran sus comisiones.

Entonces, ahí estaba, la fea verdad de Wall Street quedó al descubierto: que incluso sus administradores de dinero de élite no podían hacer el trabajo de manera consistente.

Esta misma noción me fue explicada de una manera más colorida en mi primer día en Wall Street en 1987. Sucedió durante el almuerzo en el restaurante Top of the Sixes, que era un primer abrevadero de Wall Street donde la élite se reunía para comer e intercambiar historias de guerra financiera. Por supuesto, también era un lugar donde los corredores y los administradores de fondos se volaban con la cocaína y se empinaban martinis caros, que tenían el beneficio adicional de lubricar sus lenguas.

Fue en esta misma vena que mi nuevo jefe, Marc Hanna, me explicó el funcionamiento interno de Wall Street. Entre ráfagas de Coca-Cola y golpes en el pecho, Marc dijo: "No me importa si eres Warren Buffett o Jimmy Buffett, nadie sabe si una acción está subiendo, bajando, yendo de lado, o dando vueltas en círculos de mierda, y menos aún los corredores de bolsa".

En aquel momento me sorprendió esa declaración. ¡No lo podía creer! Mi burbuja había estallado. Todo lo que había creído acerca de Wall Street había sido cuestionado en este momento. Me habían condicionado a creer que Wall Street era un lugar donde las mejores y más brillantes mentes creaban magia financiera para sus clientes, ya que alimentaban el crecimiento de la economía estadunidense. ¿Quizás había malentendido lo que quería decir Marc? Le dije:

—¡Bueno, *alguien* debe saber qué acciones están subiendo! ¿Qué pasa con los analistas o administradores de dinero de la empresa? Estoy seguro de que *ellos* saben, ¿verdad?

—¡No me digas! —murmuró—. Esos idiotas saben incluso menos que nosotros. Todo es una completa estafa. Un total *fugazi*.

La traducción de la declaración de Marc:

Toda la industria de gestión del dinero de la gente se basaba en una mentira. Pero aquí está el enigma:

En realidad *necesitamos* a Wall Street.

Verán, a pesar de todas sus travesuras, Wall Street desempeña un papel de misión crucial en el buen funcionamiento de la economía estadunidense y el sistema bancario mundial. En su útil función, Wall Street hace públicas a las empresas, financia su crecimiento, proporciona liquidez a los mercados y analiza las empresas para ver cuáles merecen más capital para su crecimiento y cuáles no. Además, Wall Street también facilita el comercio mundial, mantiene los mercados de divisas y trabaja de la mano con la Reserva Federal y el Departamento del Tesoro para mantener el mercado de la deuda en movimiento y la economía andando. Todas estas cosas, y muchas más como ellas, son propósitos vitales a los que sirve Wall Street. Sin ellos la economía se detendría, y acabaríamos de nuevo en medio de la Gran Depresión.

Eso es justo.

Dejen que sigan haciendo eso y que se queden con *todas* las ganancias. Se lo merecen.

Pero luego viene la segunda parte, el papel no útil de Wall Street, en forma de sus recomendaciones de acciones de mierda y la Gran Máquina de Burbujas Estadunidense. Aquí es donde Wall Street se involucra en la especulación salvaje, promueve el comercio a corto plazo y crea armas de destrucción masiva financiera que desata en el mundo con el fin de llenar sus propios bolsillos y chupar al público hasta la médula.

En cierto nivel, tiene una similitud espeluznante con la manera en que la mafia italiana solía sentarse sobre toda la economía estadunidense, elevando silenciosamente el precio de todos los bienes y servicios que se trasladaban a cualquier parte del país. Comenzando en los muelles de carga y los aeropuertos, y a lo largo de cada kilómetro que se recorría en cualquier autopista y carretera en los cincuenta estados, y extendiéndose a cada bocado de comida que entraba en tu boca y luego fuera de tu intestino hacia el sistema de alcantarillado controlado por la mafia, se extirpaban despiadadamente en cada paso del camino unas series de impuestos y tasas y concesiones ocultas.

En definitiva, mientras que el país todavía tarareaba y la gente aún se dedicaba a sus negocios, eso hacía la vida un poco más cara y un poco menos agradable para todos los que vivían aquí, mientras que hacía la vida *mucho* más lujosa y *mucho* más agradable para los miembros de las cinco familias.

Bueno, ¿lo adivinas?

Así es *precisamente* como el complejo de Máquinas de Tarifas de Wall Street opera hoy en día. ¡La única diferencia es que Wall Street es mucho más eficiente de lo que *nunca* fue la mafia! De hecho, en comparación con el valor extraído por el complejo de Máquinas de Tarifas de Wall Street, las infames cinco familias de Nueva York eran como matones de la escuela primaria que robaban el dinero del almuerzo de un nerd.

Peor aún, a diferencia de la mafia, el complejo de Máquinas de Tarifas de Wall Street no se puede detener. Simplemente es demasiado tarde. La relación impía entre Wall Street y Washington, D.C. se ha arraigado tan profundamente en el tejido de nuestro país que la corrupción ha llegado a Wall Street para quedarse. Entre los honorarios locos que cobran de su

Gran Máquina de Burbujas Estadunidense y los grandes rescates que siempre parecen venir después, se ha convertido en un volado, cara: Wall Street gana, y cruz: el público pierde, haciendo la vida un poco más costosa y un poco menos agradable para todos los que viven aquí.

Ahora, sólo para ser claros, no estoy diciendo que todos los que trabajan en Wall Street están podridos hasta el fondo. Eso es simplemente falso. Es el sistema el que está jodido, y es más grande que cualquier persona. De hecho, en lo personal tengo muchos buenos amigos que trabajan ahí, y son personas buenas y honestas, en quienes confío implícitamente. Pero eso no significa que voy a dejar que administren mi dinero. Puedo hacerlo yo mismo, y tú serás capaz de hacerlo también al final de este libro.

De hecho, simplemente aprovechando el poder del mejor truco de inversión del mundo, puedes lograr sin esfuerzo dos cosas increíbles:

1. Puedes evitar que Wall Street entre en tus bolsillos y te robe dinero.
2. Puedes actuar como un maestro brasileño de jiujitsu y usar su propia corrupción contra ellos para vencerlos en su propio juego. (Voy a explicar cómo en un momento.)

La clave del éxito aquí es tomar un *pase* al lado oscuro de Wall Street.

Dejemos que tomen todo para sí mismos.

Podemos dejarlos comerciar y manipular su camino hasta sus mansiones en los Hamptons, y luego de vuelta a Wall Street a sus propias tumbas financieras.

Simplemente no les seguimos el juego.

¿Recuerdan la película *Juegos de guerra* con Matthew Broderick?

Es otro clásico de Hollywood donde una computadora "inteligente" decide lanzar ojivas nucleares, aunque, en este caso en particular, es porque está tratando de ganar un juego de guerra simulado. Al final, el personaje de Matthew Broderick es capaz de convencer a la computadora de abortar el lanzamiento haciendo que juegue al gato contra sí misma una y otra vez, a una velocidad tremenda. La computadora termina por darse cuenta de la pura futilidad de todo, y rompe el ataque y dice con una extraña voz mecánica que pide desesperadamente algo de asesoría por parte de Siri:

"Un juego extraño. El único movimiento ganador es no jugar."

Bueno, ¿adivina qué?

La computadora podría haber estado hablando igualmente de invertir su dinero con un miembro con tarjeta del complejo de Máquinas de Tarifas de Wall Street. Igual que lo descubrió finalmente la computadora en *Juegos de guerra*, sólo hay una manera de ganar:

No jugar.

Además, hay otro punto importante a considerar:

Incluso después de que uno deja de participar en el juego de autoservicio de Wall Street, no se perderá de ningún valor que se sume a la economía. Por ejemplo, si una de las empresas que ingresa a la bolsa termina teniendo un éxito salvaje y se convierte en una parte integral de la economía de Estados Unidos, bueno, haz una suposición salvaje y di: ¿dónde terminará?

En el S&P 500, ¡ahí es donde! Y una vez que esté ahí, ayudará a contribuir al precio del índice, al tiempo que pagará dividendos y te hará rico. Es tan simple como eso. Éste es el jiujitsu brasileño al que me refería anteriormente, y es el *pequeño secreto sucio* de Wall Street.

Personas como Warren Buffett han estado gritándolo desde lo alto de las colinas durante los últimos veinte años, mientras que el complejo de Máquinas de Tarifas de Wall Street ha tratado de ahogarlo para poder mantenerte a ti en la mesa jugando el juego del tonto.

Afortunadamente, el Oráculo tenía un as bajo la manga:

Estaba dispuesto a poner su dinero donde ponía la boca.

CAPÍTULO 8

EL ORÁCULO VERSUS WALL STREET

"Estoy dispuesto a apostar a cualquier persona quinientos mil dólares que en diez años un fondo índice S&P superará a cualquier fondo de cobertura o colección de fondos de cobertura que cualquiera de ustedes pueda imaginarse. ¿Alguien quiere apostar?"

El silencio se hizo en un salón de veinte mil personas. Se hubiera podido oír caer un alfiler.

"Vamos, ¿nadie apuesta?", insistía el Oráculo.

Más silencio.

Luego, *de inmediato*, el centro de convenciones enloqueció: el público echaba voces, gritaba, daba bocinazos, chillaba y cantaba a todo pulmón en reverencia a su amado líder espiritual, el famoso Oráculo de Omaha. Fue un momento para la eternidad.

El desafío fue anunciado el 6 de mayo de 2006, en la conferencia anual de accionistas de Berkshire Hathaway en Omaha, Nebraska. Fue allí donde Warren Buffett puso un millón de dólares sobre la mesa en un desafío directo a la parte superior de la cadena alimentaria del complejo de la Máquina de Tarifas de Wall Street: los gestores de fondos de cobertura.

En pocas palabras, el Oráculo había tenido suficiente.

Supongo que no sucede a cada rato que el cuarto hombre más rico del mundo pueda declarar públicamente: "Prefiero que mi dinero sea administrado por un montón de monos ciegos que lanzan dardos al S&P 500 que por *ustedes*, idiotas demasiado bien pagados", hasta que se siente obligado a añadir: "Y estoy dispuesto a poner mi dinero donde está mi boca. ¡Apártense o cállense, y dejen de cobrar tarifas tan escandalosas mientras pasean por la ciudad como si fueran grandes cojonudos, cuando no tienen entre las piernas más que humo y espejos y diamantina brillante de cabaretera!".

Ahora, es cierto que el Oráculo no dijo todo eso, porque es un tipo demasiado amable. Además, él es el *Oráculo* de Omaha, no el Lobo de Omaha. Pero eso no cambia el hecho de que probablemente estaba pensando todo eso o al menos algo cercano. Lo que Buffett sabía mejor que nadie era que la combinación de altas tarifas, fuertes bonos de rendimiento y elevados costos de transacción derivados de la actividad casi constante que los fondos de cobertura necesitaban mostrar (para justificar su existencia), eran un lastre masivo en el rendimiento de un administrador de fondos y hacían que todo el negocio fuera un trato injusto para el inversionista. En cambio, el Oráculo abogó por un enfoque mucho más simple, uno que sabía que exprimiría los fondos de cobertura de una manera muy extrema.

Si bien la apuesta era simple, lo que estaba en juego era tan serio como un ataque al corazón.

Buffett apostó a que en los próximos diez años un fondo simple y de bajo costo que siguiera el rendimiento del S&P 500 aplastaría todas las estrategias exóticas y sofisticadas que promocionan los fondos de cobertura.

Eso fue todo. Era recto, simple y directo al grano.

Ahora sólo para ser claros, Warren Buffett *no es* por naturaleza un hombre de apuestas. En otras palabras, no vas a encontrar al Oráculo dirigiéndose a un casino con un millón de dólares en el bolsillo y apostándole todo al negro o jugando durante horas y horas para tratar de desgastar a la casa cuando sabe que las cartas han sido marcadas en su contra. Después de todo, no es así como uno sigue siendo uno de los hombres más ricos del mundo, ¿o sí? No, se conserva esa distinción de una de dos maneras:

1. No apostar en absoluto
2. Apostar sólo en cosas seguras

En el caso de Buffett fue esto último, y por muy buenas razones:

Su apuesta estaba respaldada por más de cien años de matemáticas y cincuenta años de experiencia en inversiones personales. Él no sólo lo había visto y oído todo, sino que también lo había experimentado todo. Desde que se hizo cargo de Berkshire Hathaway en 1962 había pasado por los mercados bajistas, los mercados alcistas y todo lo demás, desde los años sesenta hasta los años setenta, pasando por los años ochenta que terminaron en un crash, hasta la burbuja de las puntocom de los noventa que también terminó en un crash, y que se convirtió en un desastre, y la burbuja inmobiliaria de 2007 que en ese mismo momento, en 2006, ya estaba mostrando signos de que estaba a punto de estallar y convertirse en una catástrofe gigante que llevaría al mundo entero al borde del precipicio financiero.

Buffett era muy consciente de la profunda preocupación que vive en la base del cráneo de todos los gestores de fondos de cobertura, gestores de fondos mutuos, corredores de bolsa, planificadores financieros y cualquier otro "gurú" en la industria de los servicios financieros, es decir, que es casi imposible vencer al mercado de valores de manera consistente. No importa quién eres, de dónde eres o qué sistema de inversión estás utilizando en la actualidad. Se ha demostrado matemáticamente una y otra vez que es poco más que imposible vencer al mercado durante un periodo sostenido, incluso *sin* las tarifas escandalosas que cobran los llamados expertos. Si se las incluye, entonces se debe eliminar la palabra *virtualmente* y decir con absoluta certeza que es imposible vencer al mercado de manera consistente.

¿Por qué están todos tan obsesionados con tratar de vencer al mercado?

La respuesta es simple: si un "experto" financiero *no puede* vencer al mercado de manera consistente, entonces ¿por qué en la tierra de Dios les dejarías administrar tu dinero y por qué pagarías todos sus honorarios exorbitantes?

¡No lo harías!

Ésta es precisamente la razón por la que Warren Buffett había puesto su mirada directamente en la industria de los fondos de cobertura, y no en una de las otras innumerables categorías de "expertos" financieros. En la jerarquía de Wall Street, los fondos de cobertura se consideran la joya de la corona del universo de la inversión. Son el lugar donde los mejores comerciantes y cazadores de valores del mundo reciben cantidades *obscenas* de dinero para administrar los enormes huevos del nido de las personas más ricas del mundo.

Es un mundo secreto, un mundo *privado*. Es un mundo marcado por derivados exóticos y estrategias comerciales de vanguardia y algoritmos avanzados diseñados por graduados del MIT.

En resumen, aquí es donde se pueden encontrar los *verdaderos* expertos de clase mundial, la llamada *crème de la crème* de la industria de servicios financieros. Así que al denunciar a los fondos de cobertura, el Oráculo estaba denunciando a todos.

En verdad, la reunión anual de Berkshire Hathaway en Omaha, Nebraska, es más una experiencia religiosa que cualquier otra cosa. La gente viene de todo el mundo para rendir homenaje al Oráculo y escuchar sus pronósticos. Y año tras año no decepciona.

Entre sorbos de una de la media docena de latas de Coca-Cola Cereza que bebe cada día, el Oráculo responde a las preguntas de los accionistas sobre una amplia gama de temas. Luego se va por las ramas, que es donde normalmente se encuentra el oro.

De hecho, algunas de las cosas que salen de su boca son absolutamente inestimables. Es una combinación de sabiduría mezclada con sarcasmo mezclado con humor envuelto en anécdotas. Y en el centro de todo esto está el asesoramiento de inversión de clase mundial, puntuado por un obvio odio al complejo de la Máquina de Tarifas de Wall Street, sobre la que con frecuencia despotrica gustosamente.

A lo largo de los años ha predicho el destripamiento de la industria de los periódicos (ha estado cayendo en línea recta desde entonces), el estallido de la burbuja inmobiliaria (sucedió dieciséis meses después y llevó al mundo al precipicio), y un sinnúmero de otras cosas. Y ahora su mirada estaba puesta en la industria de los fondos de cobertura.

En estilo buffettesco, se lanzó en una diatriba de un minuto de duración sobre sus honorarios escandalosos y cómo eso hacía imposible que los inversionistas tuvieran un trato justo. A lo que Buffett se refería específicamente era a algo llamado "dos y veinte", que es el esquema de compensación típico para la gran mayoría de los fondos de cobertura. Los "dos" representan una cuota de gestión del dos por ciento, que el administrador del fondo toma del excedente al comienzo de cada año, y los "veinte" representan un bono de rendimiento del veinte por ciento, que el gestor de fondos *también* toma del excedente y que representa *su* tajada de las ganancias comerciales.

En otras palabras, cada año los gestores ganan dinero de dos maneras:

1. Toman una tarifa fija equivalente al *dos por ciento* de los activos totales que el fondo tiene en administración, independientemente de si el fondo gana dinero.

2. Toman el *veinte por ciento* de todas las ganancias que genera el fondo, pero ninguna de las pérdidas si el fondo termina en negativo al final del año. En ese caso, los inversionistas cargarán con el cien por ciento de la pérdida de fin de año, y luego el fondo se restablece y comienza el año de nuevo.*

Aquí hay un ejemplo rápido:

Digamos que en el año calendario 2021 un fondo de cobertura administraba dos mil millones de dólares y tenía un ROI de veinticinco por ciento. En ese caso, el administrador del fondo tomaría su comisión de gestión del dos por ciento de los dos mil millones de dólares que tenían bajo administración (que equivale a cuarenta millones de dólares), más el veinte por ciento de los quinientos millones de dólares de ganancias que generaron a través de la negociación (que equivale a cien millones de dólares), lo que les deja con un cheque de pago aparentemente bien merecido de ciento cuarenta millones de dólares y el fondo con un beneficio neto todavía saludable de trescientos sesenta millones de dólares.

Parece que aquí todos ganan, ¿no?

Pero las apariencias, como dicen, pueden ser muy engañosas.

De hecho, el único ganador en este escenario fue el codicioso gestor de fondos de cobertura, que ganó un cheque de nueve cifras mientras que sus inversionistas eran engañados.

Permíteme explicar por qué.

Para empezar, las ganancias *brutas* de la inversión del fondo, su ROI, eran del veinticinco por ciento. Una vez que deducía los honorarios y gastos del fondo, su ROI *neto* era de sólo dieciocho por ciento. Y si bien un

---

* Si bien un dos y veinte es el esquema de compensación más común para los fondos de cobertura, no todos lo utilizan.

rendimiento de dieciocho por ciento podría parecer respetable en la superficie, en ese mismo año, 2021, el S&P 500 subió 24.41 por ciento, lo que es más de 6.4 por ciento *más* que el fondo de cobertura. Y, por cierto, eso ni siquiera incluye la reinversión de los dividendos, lo que habría llevado las ganancias del S&P 500 a 28.41 por ciento. Eso es más de un diez por ciento más alto que el "genio" gestor de fondos de cobertura, que supongo que se podría decir que sigue siendo un genio, aunque de un tipo muy diferente. A saber: el tipo que gana ciento cuarenta millones de dólares por entregar un ROI que fue de diez por ciento *menos* de lo que cualquier inversionista podría haber ganado simplemente comprando el S&P 500 en un fondo sin cargos y luego disfrutando de la vida y dándolo por terminado.

Sin embargo, en aras de la claridad, profundicemos un poco más:

Teniendo en cuenta todas las tarifas y bonos de rendimiento y gastos adicionales (sí, también cargan a los inversionistas todos los gastos del fondo, como alquiler, computadoras, electricidad, clips para papel, etcétera, y los salarios de todos los operadores, analistas, secretarios, asistentes y cualquier otra cosa que puedan imaginar cobrarles), traten de *imaginar nada más* con qué fuerza habría tenido que comportarse el fondo para simplemente igualar el rendimiento del S&P 500 ese año.

La respuesta es 35.2 por ciento.

Cualquier cosa por debajo de eso, y los ciento cuarenta millones de dólares en comisiones y gastos habrían causado que el fondo tuviera un rendimiento inferior al del S&P 500. Peor aún, si ese fondo hubiera perdido dinero en cualquier año anterior, antes de que se pudiera considerar cualquier ganancia positiva, el fondo habría tenido que compensar primero la pérdida que se había cobrado en un cien por ciento a los inversionistas.

Por ejemplo, digamos que este fondo de dos mil millones de dólares tiene un mal año y pierde ocho por ciento.

En ese caso, el gerente aún recibirá su tarifa de administración de dos por ciento (cuarenta millones de dólares), y los inversionistas se verían afectados por la pérdida total de ocho por ciento (ciento sesenta millones de dólares). Luego, a partir del primer día de negociación del nuevo año, el fondo se restablecería y el cálculo comenzaría de nuevo desde cero.

Ahora, por supuesto, si pudieras encontrar un gestor de fondos de cobertura que lograra superar sistemáticamente al S&P 500 por un margen *tan* amplio que, incluso después de todas esas comisiones, gastos y bonos de rentabilidad unilateral, el fondo siguiera avanzando, entonces una estructura de dos y veinte tendría sentido, ¿correcto?

Sí, por supuesto que lo haría.

La única pregunta es, ¿dónde puedes encontrar un fondo así?

La respuesta es simple: en la Tierra de las Maravillas.

Éste era el punto que Buffett buscaba demostrar con su apuesta de un millón de dólares, que la industria de los fondos de cobertura se puede resumir en una simple palabra: innecesaria. Las superestrellas mejor pagadas de Wall Street, con sus diplomas de Ivy League y cheques de miles de millones de dólares, son completamente innecesarias. De hecho, son peores que innecesarias. Son un negativo neto que toma mucho más de lo que da, y como todas las cosas negativas netas, es mejor evitarlas si es humanamente posible.

Algunos de ustedes probablemente están pensando: *Vamos, Jordan, ¡definitivamente estás exagerando! Tiene que haber al menos algunos gestores de fondos de cobertura que vencieron al mercado de manera consistente. Quiero decir, he escuchado mil historias sobre estos magos que obtienen enormes ganancias para sus inversionistas.*

Si están pensando algo en ese orden de ideas, no puedo decir que los culpo realmente. Los puntos que mencionan parecen tener perfecto sentido. Desafortunadamente, aquí están los hechos:

1. Hay un pequeño número de administradores de fondos de cobertura con talento único que han sido capaces de lograr de manera consistente el tipo de rendimientos extraordinarios que justifican sus honorarios. Éstos son las estrellas del rock financiero de la industria, y son bien conocidos y buscados por todos.

2. Desafortunadamente, sus fondos han estado cerrados a nuevos inversionistas durante mucho tiempo, y no volverán a abrir pronto. De hecho, una vez que han alcanzado el estatus de estrella de rock, la mayoría de ellos no sólo *cierra* sus fondos a nuevos inversionistas; también devuelven el dinero que sus clientes originales les dieron y comienzan a operar por sí mismos, con un pequeño puñado de inversionistas de patrimonio neto ultra alto.

3. Cuando surge una nueva estrella del rock del comercio cierran rápidamente sus fondos a nuevos inversionistas y no los reabren a

menos que su rendimiento disminuya, momento en el que ya no se consideran estrellas del rock financiero.

4. El resto de los gestores de fondos de la industria no pueden ser más que monos que lanzan dardos; sin embargo, incluso así cobran las mismas tarifas locas que las estrellas de rock financiero.

5. Entonces, ¿por qué mandato de Dios querrían ustedes darle su dinero a un administrador de fondos de cobertura que les va a cobrar enormes tarifas, cuando no puede vencer a un mono ciego lanzador de dardos que te cobra sólo un plátano?

Y ahí lo tienes: la industria de los fondos de cobertura; en pocas palabras: los resultados estelares de unos pocos administradores de fondos inmensamente talentosos (a los que nadie tiene acceso) emiten un aura dorada bajo la cual el resto de la industria monetiza el resplandor, a pesar de ser un montón de torpes bufones.

Sin embargo, dicho esto, el problema con la industria de fondos de cobertura no es tanto que los gerentes carezcan de talento o experiencia o que sean simplemente viejos idiotas. De hecho, no lo es, para nada. El problema tiene que ver con las enormes tarifas que cobran, que terminan canibalizando las ganancias.

Así fue como en ese fatídico día, en mayo de 2006, Buffett decidió dar un paso más. En lugar de los habituales embates que le da a la industria de los fondos de cobertura, comenzó a atacar a los propios gestores de fondos. "Escucha —dijo—, si tu esposa va a tener un bebé, sería mejor llamar a un obstetra que recibirlo tú mismo. Si tus tuberías tienen fugas, entonces debes llamar a un plomero. La mayoría de las profesiones agregan valor más allá de lo que la persona promedio puede hacer por sí misma. Pero en conjunto la profesión de inversión no lo hace, a pesar de sus ciento cuarenta mil millones de dólares en compensación anual total."

Y ahí estaba, expuesto como la luz del día a veinte mil almas en Omaha, Nebraska. El punto de Buffett va directo al meollo de por qué es tan difícil para los inversionistas entender que Wall Street es un negativo neto. Todos nos han enseñado desde que éramos, sí, grandes, a buscar expertos que nos ayuden a resolver nuestros problemas y eliminar nuestro dolor. Cuando alguien estaba enfermo, sus padres lo llevaban al doctor. El médico se vestía de cierta manera y actuaba de cierto modo, y cuando entraba a la sala de examen, le sorprendía cómo incluso sus propios *padres* respetaban a este profesional. Es porque esta persona había pasado por incontables años de escolarización y pasantías, durante los cuales había aprendido todo lo que había que saber sobre cómo hacer que las personas enfermas se sintieran mejor. Debido a que son expertos, debemos escucharlos cuando dan consejos.

Pero esto fue sólo el comienzo de nuestro condicionamiento. A medida que crecíamos, el desfile de expertos continuó. Si uno tenía dificultades en la escuela, sus padres podían contratar a un tutor. Si uno quería dominar un deporte, podía contratar a un entrenador, y así sucesivamente. Cuando al final uno entraba a la edad adulta, continuaba justo donde sus padres lo habían dejado. Hasta el día de hoy uno continúa buscando expertos para asegurarse de obtener los mejores resultados en todos sus esfuerzos.

Todo tiene perfecto sentido, ¿verdad?

Pero buscar un profesional para administrar tu dinero es la única excepción —repito, la única *gran* excepción— a una regla por otro lado inalterable que a uno le ha dado buen servicio. Explicaré precisamente por qué en este capítulo, pero por ahora lo único que nunca se puede olvidar es el hecho de que el complejo de la Máquina de Tarifas de Wall Street es muy consciente de este hecho: has sido programado y condicionado para buscar expertos que resuelvan tus problemas y obtener los mejores resultados posibles, y lo utilizarán en tu contra, con una eficiencia despiadada, para separarte de tu dinero, siempre que sea posible.

El Oráculo terminó su diatriba diciendo: "Todos los gestores de fondos de cobertura creen que serán esa excepción que supere al mercado, incluso después de tomar en cuenta todas las altas tarifas que cobran. Algunos ciertamente lo hacen. Pero con el tiempo, en conjunto, las matemáticas no funcionan".

En otras palabras, no importa lo talentoso que pueda ser un gestor de fondos, a fin de cuentas, después de haber deducido todas sus comisiones, gastos y bonos de rendimiento de un solo beneficiario, simplemente no puede igualar el rendimiento del S&P 500 durante un periodo sostenido.

Y entonces anunció la apuesta.

En ese momento Buffett pensó que una vez que la noticia de la apuesta llegara al resto de Wall Street los administradores de fondos de cobertura estarían *haciendo fila* para tener la oportunidad de finalmente demostrarle que estaba equivocado.

Después de todo, había rumores flotando en el aire de que sus mejores días habían quedado atrás. Algunos críticos decían que no era más que un anacronismo de una época pasada, una época en la que la paciencia era una virtud y la inversión de valor lo superaba todo. Pero en los albores del siglo XXI los mejores y más brillantes de Wall Street, con sus computadoras ultrarrápidas e inteligencia artificial, podrían aplastar al Oráculo como una uva demasiado madura. Además, imaginen lo que una victoria sobre él podría lograr para la carrera de un joven vaquero de fondos de cobertura. ¡Podría saltar de la oscuridad total a una vida de riquezas y fama! Todo lo que tenía que hacer era exactamente lo que había estado prometiendo que podía hacer a los inversionistas durante los últimos treinta años, desde que comenzara el negocio de los fondos de cobertura: superar al S&P 500 de forma consistente, después de sus comisiones y gastos.

Sin embargo, un año después del anuncio, nada.

Jodidos jugadores estrella.

Durante más de dieciséis meses, ni un alma dio un paso al frente para aceptar el desafío. En las propias palabras de Buffet: "Fue el sonido del silencio".

En retrospectiva, tiene perfecto sentido.

Después de todo, los gestores de fondos de cobertura pueden ser muchas cosas, pero no son ingenuos y *definitivamente* no quieren perder una apuesta pública de un millón que resultaría en su propia humillación. En el fondo, todos sabían la verdad: que es casi *imposible* para los llamados expertos vencer al mercado de manera consistente, en especial cuando se incluyen sus tarifas escandalosas. De hecho, en los niveles más altos de Wall Street, ésta es una verdad bien conocida, y se ríen a carcajadas de nosotros a nuestras espaldas.

Y para ser claros, la razón por la que se ríen no es porque la gente se esté enamorando de un cuento de hadas financiero; se están riendo porque el cuento de hadas ha sido *expuesto* durante los últimos veinte años; sin embargo, la mayoría de los inversionistas todavía lo creen hasta el día de hoy.

Así es: durante los últimos veinte años ha circulado en todo el internet que los expertos de Wall Street no pueden vencer al mercado. Sin embargo, a pesar de este hecho innegable, la gente sigue enviándoles su dinero. Ahora, tienen que admitir que es un poco divertido.

Es el equivalente de un adulto ya entrado en años que todavía pone galletas y espera a Santa Claus.

Por supuesto, ya no haces eso, ¿verdad?

¿Por qué? Porque cuando tenías tal vez seis o siete años tus padres te sentaron y te dijeron: "Lo siento, cariño, pero Santa Claus no es real. Todos estos años ha sido el borracho de tu tío Juanito, vestido con un disfraz de Party City".

Al principio estabas devastado. Y durante los años siguientes probablemente todavía ponías leche y galletas junto a la chimenea de la planta baja, por el bien de la tradición. Pero después de eso creciste. Aceptaste que los cuentos de hadas no son reales. No hay Ratón de los Dientes, ni Conejito de Pascua, ni Santa Claus. Todo era una gran mentira, una estafa gigante. Si había juguetes debajo del árbol o dinero debajo de tu almohada o huevos de chocolate escondidos por la casa, sabías que un adulto los había puesto ahí, usando el dinero que ganaban de su propio trabajo arduo.

Así es la vida. No hay almuerzos gratis. Para nadie.

Sin embargo, por alguna razón inexplicable, cuando se trata de invertir hay muchas personas que se niegan a crecer. Se aferran a la noción infantil de que todavía podría haber un Santa Claus de Wall Street, si tan sólo creen con la suficiente fuerza. Es algo de lo que el complejo de la Máquina de Tarifas de Wall Street es muy consciente: esta esperanza persistente que se encuentra en la mente de muchos pequeños inversionistas, y que utilizan contra ellos con un efecto devastador.

Pero ahora el complejo tenía un problema.

La apuesta de un millón de dólares del Oráculo fue como si brillara un rayo de luz gigante en su casino corrupto, con un enfoque guiado por láser hacia sus escalones más altos.

Finalmente, un alma valiente entró en el centro de atención para aceptar el desafío.

Su nombre: Ted Seides.

Su fondo de cobertura: Protégé Partners.

Su experiencia comercial: ninguna.

Así es, ninguna.

La competencia principal de Ted Seides no era la de un experto comerciante, inversionista o administrador de dinero. En realidad eso no es justo; *era* experto en *algo*, de hecho, con base en el éxito que había tenido en recaudar montones de dinero para Protégé Partners, parece muy claro que era un vendedor de clase mundial.

Pero aun así, incluso si lo era, tienes que admitir que es bastante extraño.

Quiero decir, al tipo le pagan decenas, si no *cientos* de millones de dólares al año para administrar el dinero de los ricos, pero aparentemente no posee las habilidades para administrar el dinero por sí mismo, así que... ¿tiene que entregarlo a alguien más para administrarlo?

Ahora bien, ¡eso es un chanchullo como nunca vi!

Así es como lo hace:

Su empresa de inversión, Protégé Partners, opera como un "fondo de fondos". Eso significa que recaudan capital de los inversionistas bajo la premisa de que su experiencia no radica en la gestión de capital por sí mismo, sino en la selección de fondos de cobertura de alto rendimiento para gestionarlo en su nombre. Y aunque en la superficie esta premisa puede parecer tener sentido, históricamente se ha demostrado que es imposible de realizar. De hecho, resulta que una de las peores maneras de elegir un fondo de cobertura es mirar una larga lista de fondos de cobertura y elegir el que ha tenido los mejores resultados en los últimos años.

Después de todo, cualquier fondo de cobertura que haya sido capaz de tener al hilo unos cuantos años magníficos está casi garantizado que tendrá algunos años malos a la vuelta de la esquina. Hay una serie de razones diferentes para ello, pero aquí están las principales:

1. Los gestores de fondos mutuos tienden a ir y venir, por lo que no hay garantía de que el rendimiento pasado de un fondo mutuo tenga alguna relación con la persona actual que administra el fondo.

2. La naturaleza cíclica de las clases de activos está en conflicto directo con la tendencia de un fondo mutuo a invertir en las mismas clases de activos año tras año.

3. La hipótesis del mercado eficiente es un rudo exactor, lo que hace que sea en extremo difícil para cualquier gestor de fondos vencer consistentemente al mercado.

4. No sólo es simple matemática, sino que también da un nuevo significado a la divulgación requerida por la SEC sobre los resultados pasados que *no* garantizan el rendimiento futuro. La forma en que en
realidad debería leerse es: "¡El excelente rendimiento en los últimos
años prácticamente garantiza que te entregarán tu propio trasero
en los próximos años!".

En términos prácticos, lo que esto significa es que una vez que un inversionista ha dado su dinero a Ted Seides para invertir, Ted simplemente da
la vuelta y lo reparte a otros fondos de cobertura. Luego se sienta con los
pies en alto y cobra sus honorarios, pero sólo *después* de que los fondos de
cobertura que realmente están administrando el dinero cobren sus honorarios primero.

Así que al final los inversionistas están siendo golpeados dos veces.

Por supuesto, un "fondo de fondos" usará un lenguaje hábilmente re-
dactado en sus folletos de marketing para tratar de convencerte de lo contrario, que no estás pagando dos veces; pero no importa cómo lo dividas, lo
estás pagando. A modo de definición, siempre hay al menos una boca extra
para alimentar y no hay manera de evitarlo.*

Ahora, por supuesto, si le preguntaras a Ted Seides sobre esto, expondría *todas* las increíbles ventajas de poder invertir en múltiples fondos
de cobertura al mismo tiempo. Comenzaría con su capacidad de aprovechar toda la confianza del cerebro colectivo de las mejores mentes de Wall
Street, y también cómo es capaz de abandonar a cualquier gestor de fondos que se enfríe y reemplazarlo con un gestor de fondos cuya mano está
caliente (lo que la historia ha demostrado ser lo peor que se puede hacer).

Pero todo esto ignora el problema mucho mayor de un "fondo de fondos": dado que ninguno de los fondos supera sistemáticamente al S&P 500,
¿por qué un grupo de fondos de bajo rendimiento comenzaría de alguna
manera a sobrepasar al mercado sólo porque tú los combinaste? Es el equivalente a que un médico le diga a un paciente que se ha vuelto mórbida-
mente obeso como resultado de una dieta de McDonald's y que la solución

---

* El acuerdo típico de fondo de fondos resulta en un cargo adicional de administración de 0.5
por ciento y un bono de rendimiento de cinco por ciento, además de lo que el fondo que
administra activamente el capital esté cobrando.

a su problema es cambiar a Burger King. Por supuesto, el problema obvio con estos dos escenarios son los mismos *insumos*, es un caso de basura adentro, basura afuera.

De hecho, Wall Street utilizó esta misma lógica retorcida para hacer estallar el mercado de la vivienda en 2008. Tomaron decenas de miles de hipotecas tóxicas que estaban garantizadas para fracasar y afirmaron que al arrojarlas todas juntas en una sopa gigante habían hecho que las hipotecas de repente fueran mucho más seguras y con garantía de dar beneficios. Toda la noción fue absurda desde el principio y destinada al desastre, que es exactamente como terminó: un desastre financiero que requirió un rescate de los contribuyentes de un billón de dólares.

Así que, en pocas palabras, éste es el resultado de la estrategia de Ted Seides: superponer las comisiones de los fondos de cobertura a las comisiones de los fondos de cobertura, para crear una capa gigante de comisiones de los fondos de cobertura. Sin embargo, en este caso en particular, fue un paso más allá. En lugar de elegir sólo cinco fondos de cobertura, eligió cinco fondos de cobertura que también eran "fondos de fondos", llevando el número total de fondos que colectivamente estarían apostando contra el Oráculo a más de cien.

Fue una estrategia interesante, por decir lo menos.

Quiero decir, teóricamente, si la gran mayoría de todos los cien fondos no sólo superara al S&P 500 en un periodo de diez años, sino que lo *aplastara* positivamente hasta el punto de que incluso después de las múltiples capas de tarifas el ROI *siguiera* saliendo adelante, entonces sí, Ted Seides *podía haber ganado* la apuesta contra el Oráculo y mostrar al mundo quién era el jefe.

Cuando se le preguntó al principio cuáles pensaba que eran sus probabilidades de ganar la apuesta, Seides respondió con el absurdo exceso de confianza y la completa falta de conciencia de sí mismo que uno esperaría de alguien a quien se le pagan cantidades obscenas de dinero por no proporcionar ningún valor a cambio. "Por lo menos el ochenta y cinco por ciento", dijo sonriente, justificando su declaración con un montón de burlas económicas y matemáticas que se sumaron a una predicción de varios años sobre hacia dónde se dirigía el mercado de valores.

Estaba ochenta y cinco por ciento seguro de que el mercado iría a la baja en los próximos años o no subiría tan rápido como lo hizo recientemente en los últimos años. Para la forma de pensar de Seides, esto le daba una ventaja significativa para ganar la apuesta. A diferencia de un fondo de índice pasivo, que tan sólo realiza un seguimiento del rendimiento del S&P 500 sin capacidad de ajuste para un mercado a la baja, sus cien fondos de cobertura se gestionaban de manera activa, lo que significaba que podían "cubrirse" contra una recesión al cambiar a ciertas clases de activos que tendían a tener un mejor desempeño en un mercado a la baja.

Sólo había un pequeño problema con el proceso de pensamiento de Ted Seides:

No tenía sentido.

De hecho, incluso si se descuenta el impacto del pastel de Ted de dos niveles de tarifas de fondos de cobertura sobre tarifas de fondos de cobertura, su lógica era defectuosa por tres simples razones:

1. Todos los estudios académicos en los últimos setenta años han concluido que es imposible predecir hacia dónde se dirige el mercado de valores con cualquier grado de certeza, más allá de la de echar una moneda al aire.

2. Estudios académicos igualmente sólidos también han demostrado que, a largo plazo, los fondos gestionados de manera activa no superan a los fondos pasivos que realizan el seguimiento del S&P 500. De hecho, es exactamente *lo contrario*: los fondos con las tarifas más altas suelen tener los rendimientos más bajos.

3. Incluso si resultara que Ted Seides era la reencarnación de Nostradamus y *pudiera*, de hecho, predecir la dirección del mercado para los próximos años, no habría importado, porque la apuesta se realizó durante un periodo de diez años.

Así que ahí lo tienes.

Ya sea la codicia, la arrogancia o el simple engaño, Ted Seides pasó completamente por alto estas realidades. Parecía creer genuinamente que tenía ochenta y cinco por ciento de posibilidades de ganar la apuesta.

Incluso eligió la organización benéfica que recibiría las ganancias de un millón de dólares después de salir victorioso: Friends of Absolute Return for Kids. Si Seides ganaba la apuesta, el millón iría directamente a sus arcas.

Para su organización benéfica, el Oráculo eligió Girls Inc. de Omaha, una organización benéfica local que ayuda a las niñas a vivir todo su potencial. Una organización benéfica digna, sin duda; el eslogan que aparece en la portada de su sitio web: "¡Las niñas son lo mejor desde el pan en rebanadas!", es algo con lo que estoy totalmente de acuerdo y una actitud que la sociedad, en su conjunto, podría aplicar con mucha mayor frecuencia. Si el Oráculo ganaba la apuesta, el millón iría directamente a *sus* arcas.

En cuanto a lo que Buffett pensó que eran *sus* posibilidades de ganar la apuesta, sus pensamientos iniciales todavía se pueden encontrar en el sitio web Longbets.com, que fue el vehículo elegido para administrar la apuesta. El Oráculo escribió:

> *Durante un periodo de diez años que comienza el 1 de enero de 2008 y finaliza el 31 de diciembre de 2017, el S&P 500 superará a una cartera de fondos de cobertura, cuando la rentabilidad se mida sobre la base de comisiones, costos y gastos.*
>
> *Muchas personas muy inteligentes se dispusieron a tener mejor desempeño que la gente promedio en los mercados de valores. Llamémoslos inversionistas activos. Sus opuestos, los inversionistas pasivos, por definición, tendrán un desempeño cercano a la media. En conjunto, sus posiciones serán más o menos aproximadas a las de un fondo índice. Por lo tanto, el equilibrio del universo —los inversionistas activos— también debe tener relación con el promedio. Sin embargo, estos inversionistas incurrirán en costos mucho mayores. Por lo tanto, en general, sus resultados agregados después de estos costos serán peores que los de los inversionistas pasivos.*

El Oráculo continúa:

> *Los costos se disparan cuando las grandes tarifas anuales, las altas tarifas de rendimiento y los costos de negociación activos se agregan a la ecuación del inversionista activo. Los fondos de fondos de cobertura acentúan este problema de costos porque sus tarifas se superponen a las grandes tarifas cobradas por los fondos de cobertura en los que se invierten los fondos de fondos.*
>
> *Un número de personas inteligentes están involucradas en la gestión de fondos de cobertura. Pero en gran medida sus esfuerzos son autoneutralizantes, y su coeficiente intelectual no superará los costos que imponen a los*

inversionistas. A los inversionistas, en promedio y con el tiempo, les irá mejor con un fondo índice de bajo costo que con un grupo de fondos de fondos.

Sin embargo, mucho más importante que el nivel inicial de confianza de Buffett o la organización benéfica que eligió para recibir las ganancias fue el nombre del fondo índice que eligió como su contendiente.

Había cuatro cualidades que Buffett consideraba esenciales:

1. **El fondo debe realizar un seguimiento *preciso* del S&P 500.** Si bien esto puede parecer obvio, hay algunos fondos mal construidos que no hacen un muy buen trabajo de seguimiento del índice. El resultado es una variación entre lo que rinde el índice y lo que rinde el fondo. Estos fondos "inexactos" deben evitarse por completo. Les proporcionaré una lista de los fondos "precisos" más adelante en el libro.

2. **El fondo no debe tener "carga" de ningún tipo.** La palabra *carga* es la forma subrepticia que tiene un fondo de decir que pagará una comisión de ventas a los corredores que convenzan a sus clientes de invertir en el fondo. Ya sea una "carga de depósito previo", que se toma de los ingresos netos cuando el cliente invierte por primera vez, o una "carga sobre beneficios", que se cobra al final, cuando el cliente sale del fondo, siempre se obtiene del mismo bolsillo: el del cliente, y reduce significativamente su ROI.

3. **El fondo debe tener una tarifa de gestión muy baja.** Dado que un fondo índice no está siendo administrado activamente, no hay razón para pagar una fuerte tarifa de administración a un administrador de fondos "experto" que supuestamente puede vencer al mercado. Por supuesto, el fondo todavía tiene derecho a cobrar una tarifa de administración, pero si es más de 0.5 por ciento, entonces el fondo está cobrando demasiado, y debes elegir un fondo diferente con una tarifa de administración más baja.

4. **Debe permitir la reinversión automática de dividendos.** Los fondos de índice vienen en dos variedades, fondos mutuos y ETF, el último de los cuales es una sigla para los fondos cotizados en bolsa (Exchange-Traded Funds). Voy a entrar en los pros y los contras de cada uno un poco más adelante, pero por ahora sólo recuerda que

los ETF no permiten reinvertir automáticamente los dividendos, y los fondos mutuos sí lo hacen. En este contexto, los fondos mutuos son la opción preferida, sin embargo hay ciertas circunstancias que podrían hacer que un ETF se ajuste mejor a ti, algo que analizaré más adelante.

En ese momento todos los grandes proveedores de fondos mutuos ofrecían un fondo índice de bajo costo que cumplía con los cuatro criterios, y todos habrían aprovechado la oportunidad de ser el contendiente del Oráculo. Al final, sin embargo, ese honor se otorgó a Vanguard Group, el pionero de la industria que fue fundado por el gran Jack Bogle en 1976.

Específicamente, Buffett eligió el fondo de índice 500 de Vanguard Admiral Shares. Su elección no sorprendió a nadie.

CAPÍTULO 9

LAS PRUEBAS Y LAS TRIBULACIONES DEL MAYOR *HACK* DE INVERSIÓN DEL MUNDO

Normalmente, cuando digo cosas como "J. P. Morgan fue como el asteroide que se estrelló contra la Tierra para allanar el camino a los humanos modernos", o que "Warren Buffett estaba rasgueando su ukelele mientras veinte mil personas bailaban y cantaban", estoy usando un poco de licencia poética para demostrar un argumento y entretenerte.

Sin embargo, ése *no* es el caso cuando digo: "Jack Bogle ha hecho más por el inversionista promedio que todos los demás en Wall Street juntos".

En realidad, soy extremadamente serio.

De hecho, cuando Bogle falleció en 2019, Warren Buffett dijo: "Si alguna vez se erige una estatua para honrar a la persona que más ha hecho por los inversionistas estadounidenses, entonces la opción sin duda debería ser Jack Bogle". En ese momento Bogle ya había ahorrado a los inversionistas más de ciento cuarenta mil millones de dólares en exceso de comisiones de fondos mutuos, al tiempo que ofrecía un rendimiento anual superior gracias a su filosofía de inversión pasiva.

Cuando Bogle lanzó Vanguard en 1974 se basó en una premisa simple que a la postre pondría de rodillas a todo el negocio de fondos mutuos: que un fondo índice de bajo costo y gestión pasiva que reflejara la rentabilidad del S&P 500, sin intentar superarlo, aventajaría sistemáticamente a un fondo gestionado activamente, por las siguientes razones:

1. Tendrá tarifas de gestión muchísimo más bajas.
2. Esto eliminará la necesidad de pagar un bono de rendimiento a un gestor de fondos.
3. Tendrá una eficiencia fiscal mucho mayor debido a la ausencia de transacciones de corto plazo.
4. Eliminará las equivocaciones comerciales involuntarias de un gestor de fondos activo, que está tratando de cronometrar el mercado para justificar su existencia.

El razonamiento de Bogle no salió de la nada. Fue en respuesta a una llamada que había recibido de uno de los economistas más importantes del mundo, Paul Samuelson, que acababa de completar un estudio de una década sobre el negocio de fondos mutuos. El estudio, que finalmente le daría a Samuelson un premio Nobel de Economía, reveló una circunstancia que Bogle había sospechado durante mucho tiempo, pero no había podido probar más allá de la sombra de una duda: que invertir en fondos mutuos era un juego de tontos.

Ahora, gracias a Samuelson, no había duda.

En resumen, el estudio de Samuelson había descubierto pruebas incontrovertibles de que, entre las tarifas anuales de gestión de un fondo mutuo, los costos de transacción de carga fija y el requisito de bonificación por rendimiento que se paga a un gestor activo, los inversionistas estarían mucho mejor si simplemente compraran y tuvieran un fondo de índice pasivo que reflejara la rentabilidad del S&P 500.

El único problema era que aún no existía ese fondo.

Si los inversionistas quisieran "comprar" el S&P 500 tendrían que ir al mercado y adquirir acciones de cada una de las quinientas compañías del índice, una a la vez, y pagar una comisión por separado en cada operación. Si bien este factor por sí solo hacía de la estrategia una imposibilidad financiera, también existía el problema adicional de cuánto dinero se necesitaría para comprar todas esas acciones. Por ejemplo, para adquirir incluso una acción de cada una de las quinientas compañías del índice harían falta decenas de miles de dólares de capital de inversión inicial. Eso no sólo estaba muy por encima de las posibilidades del inversionista medio, sino que tampoco crearía una cartera que reflejara el rendimiento del S&P 500, ya que las acciones de mayor precio del índice estarían sobrerrepresentadas y sus acciones de menor precio estarían infrarrepresentadas.

Para reflejar con precisión el rendimiento del índice se requería mucho más dinero, junto con una computadora de gran capacidad para mantener la cartera en equilibrio. En otras palabras, era básicamente imposible de hacer, en ausencia de enormes recursos financieros y tecnológicos.

Aun así, Samuelson seguía apasionado por la necesidad de una solución. Poco después de su conversación con Bogle, comenzó a denunciar públicamente el negocio de fondos mutuos, centrándose en su dependencia de los gestores de fondos activos y su historial de cincuenta años de resultados inferiores.

Samuelson resumió los resultados de su estudio de una década en cinco puntos clave:

1. Cualquier jurado que revise las pruebas, y hay una gran cantidad de pruebas relevantes, debe al menos emitir el veredicto de que los mejores administradores de dinero del mundo no pueden entregar los bienes de un rendimiento de cartera superior.
2. Si bien puede haber un pequeño subconjunto de administradores de fondos que poseen un cierto "talento" que les permite superar repetidamente los promedios del mercado, si tales administradores de fondos existen, permanecen notablemente ocultos.
3. Una de las razones del desempeño relativamente pobre de los administradores activos de fondos es que toda su actividad de compra y venta produce costos de transacción de carga fija que consumen el beneficio anual de la inversión del fondo y reducen su eficiencia fiscal.
4. Si bien me gustaría creer lo contrario, el respeto por las pruebas me obliga a inclinarme hacia la hipótesis de que la mayoría de los tomadores de decisiones de cartera deberían abandonar el negocio.

Si bien estos primeros cuatro puntos equivalían a una mordaz reprimenda de todo el negocio de fondos mutuos, fue el quinto y último punto de Samuelson el que más inspiró a Bogle:

5. Por lo menos una gran fundación debería crear una cartera interna que rastree el índice S&P 500, aunque sólo sea con el propósito de

establecer un modelo ingenuo contra el cual sus pistoleros internos puedan medir su destreza.

Eso era todo lo que Bogle necesitaba escuchar.

Poco después lanzó formalmente Vanguard.

Le tomaría dos años completos perfeccionar la mecánica del fondo y conseguir que su nueva estructura fuera aprobada por la SEC, pero cuando finalmente lo hizo, y Samuelson leyó el prospecto de este innovador producto —un fondo índice S&P 500 de costo ultrabajo, sin carga de ventas ni por adelantado ni a término y sin bonos de rendimiento que se paguen a un gerente activo—, escribió, en un artículo de opinión ampliamente leído: "Antes de lo que me atrevía a esperar, mi oración explícita ha tenido respuesta".

De hecho, la tenía.

Pero por desgracia para Bogle, el resto de Wall Street era mucho menos entusiasta.

De hecho, ¡querían linchar al bastardo! Después de todo, su nuevo fondo índice, con sus honorarios de gestión increíblemente bajos y la evidente ausencia de cualquier tipo de comisión de ventas, representó una amenaza existencial para todo el negocio de fondos mutuos. Bogle había "usado como arma" el S&P 500 ante sus ojos, transformándolo de un índice que podía tan sólo seguirse en un instrumento de inversión que podía comprarse y venderse en una sola operación.

Si este nuevo tipo de fondos ganara fuerza, las ramificaciones para el negocio de fondos mutuos serían absolutamente asombrosas. No sólo la industria se vería obligada a reducir de manera drástica sus tarifas para seguir operando, sino que también el mensaje de Bogle en sí mismo —que, a pesar de toda su bravuconería, los gestores de fondos activos no podían superar al S&P 500 de forma consistente— llevaría a un éxodo masivo de sus fondos.

Sus preocupaciones estaban bien fundadas.

Literalmente desde el primer momento en que Bogle lanzó su nuevo fondo índice, se embarcó en una campaña de lluvia de ideas de costa a costa, predicando sus tres mantras de inversión principales desde cada colina, cima de montaña y azotea que pudo encontrar:

1. Tarifas de gestión ultrabajas
2. Ninguna carga de ventas pagada en anticipo o a término
3. Sin necesidad de pagar un bono de rendimiento a un gestor de fondos activo

Con la pasión de un evangelista, Bogle se detuvo en cada firma de corretaje, empresa de administración de dinero, empresa de planificación financiera y proveedor de seguros que lo escuchara.

Desafortunadamente para Bogle, pocos de ellos habrían de hacerlo.

El complejo de la Máquina de Tarifas de Wall Street ya había entrado en acción.

Usando las mismas tácticas que las compañías de cigarrillos más grandes de Estados Unidos habían perfeccionado en su campaña —de varias décadas— para desacreditar a cualquier persona que se atreviera a declarar lo obvio: que fumar cigarrillos era peligroso para su salud, y también que casi con seguridad lo llevaría a una tumba temprana, el complejo de la Máquina de Tarifas de Wall Street realizó una campaña masiva de difamación, dirigida al malvado Jack Bogle y su igualmente malvado fondo índice.

Los anuncios se colocaron en periódicos y revistas, en vallas publicitarias y estaciones de televisión en todo el país. Algunos de los anuncios eran de verdad impactantes, en especial los que se dirigían a las personas que *vendían* fondos mutuos.

Dreyfus, por ejemplo, que era uno de los proveedores de fondos más respetados de Wall Street, sacó una serie de anuncios a página completa en el *Wall Street Journal*, con el siguiente eslogan impreso en letras grandes:

¿NO HAY CARGA? ¡NO HAY MODO!

El anuncio fue sorprendentemente descarado.

Decía cosas como ésta: "Díganle a Vanguard que si no están dispuestos a pagarles las mismas comisiones de ventas locas que *nosotros estamos* dispuestos a pagarles, ¡entonces deberían joderse y morir!".

Pero eso no fue sino el principio.

Por cada dólar que gastaron dirigiéndose a los porteros de los inversionistas gastaron mil dólares para dirigirse a los propios inversionistas. Necesitaban eliminar cualquier posibilidad de que los beneficios obvios de un fondo índice de bajo costo pudieran de alguna manera filtrarse en la conciencia pública y generar un movimiento de base que derribaría la casa.

El objetivo de los anuncios era muy sencillo: perpetuar el mito de que un fondo de inversión gestionado activamente era una inversión mucho mejor que un fondo de índice pasivo que tan sólo rastreaba el S&P 500, sin intentar superarlo.

En la superficie, el núcleo de su argumento *parecía* tener sentido:

Después de todo, ¿por qué alguien querría invertir en un fondo donde su mejor escenario era un rendimiento promedio? Quiero decir, quién quiere ser promedio, ¿verdad? ¿Qué clase de forma es ésa de pasar por la vida? Luego continuarían explicando cómo fue por esta misma razón que contrataron sólo a los mejores gestores de fondos del mundo, porque, a diferencia de Bogle, ¡*se negaron* a conformarse con el promedio!

¡El promedio, después de todo, apesta!

Y aunque estoy de acuerdo con la última parte de su argumento —que el promedio, de hecho, es una mierda—, el resto de lo que estaban diciendo era una tontería completa y absoluta. Todas las pruebas empíricas apuntaban exactamente a lo contrario, en especial el estudio de Samuelson, que en realidad ofrecía una solución. A diferencia del estudio de Cowles, que comparaba las recomendaciones de acciones individuales con su rendimiento histórico de precios, el estudio de Samuelson comparó el rendimiento de todos los fondos de inversión desde que la industria comenzó en los años veinte con el rendimiento histórico del S&P 500, que Bogle había convertido ahora en un instrumento capaz de inversión. Así que, de nuevo, mientras que el estudio de Cowles simplemente destacaba un problema, el estudio de Samuelson, combinado con la invención de Bogle, ofrecía una solución lista para usarse.

Pero aun así el complejo de la Máquina de Tarifas de Wall Street era un poderoso enemigo, y usaba todos los medios con su campaña publicitaria sin parar. Aprovechando la relación con sus homólogos también desalmados en Madison Avenue, el complejo ideó todas las razones bajo el sol por las que la invención de Bogle no valía la pena. El hecho de que todas las razones fueran falsas fue meramente incidental. Lo que estaba en juego era simplemente demasiado importante.

Al principio, la campaña de difamación funcionó de maravilla.

La siguiente gráfica ilustra cuán efectivo fue el complejo de Máquinas de Tarifas de Wall Street para contener a Vanguard durante sus primeros diez años en el negocio:

Vanguard Index Trust 500 (VFINX)
1976-1987

De hecho, el complejo de la Máquina de Tarifas de Wall Street había hecho bien su trabajo, aunque en realidad no tomó mucho para amargar a un corredor de Jack Bogle y Vanguard, dada la negativa de Bogle a pagarle ni un centavo en comisión de ventas. Así que, si bien la propuesta de valor de Vanguard podría haber sido increíblemente grande desde la perspectiva del inversionista, no era muy atractiva para los porteros de inversionistas, que eran parte de un sistema de cincuenta años de antigüedad que había estado ordeñando en silencio a sus clientes por miles de millones de dólares al año en exceso de tarifas y proporcionando un rendimiento inferior a cambio.*

---

* Esta red se vería por completo interrumpida con el advenimiento de internet, que todavía estaba a más de veinticinco años de distancia, en términos de un suficiente ancho de banda. En ese momento, la idea de tratar de manera directa con los clientes a través de un portal en línea era ciencia ficción completa.

Luego estaba el desafío del propio Bogle.

Para decirlo con suavidad, no fue muy eficaz en *explicar* la propuesta de valor de Vanguard a los vendedores financieros desde su propia perspectiva codiciosa.

En otras palabras, dado que Bogle no estaba dispuesto a pagarles ninguna comisión de ventas, y el resto de la industria estaba pagando 8.5 por ciento, ¿qué podían ganar al recomendar Vanguard?

Nada, ¿verdad? Y un corredor tiene que comer, ¿no?

En realidad no lo necesitan, al menos no según Bogle, cuya forma favorita de explicar esto a un corredor era fingir que él era Michael Corleone en *El Padrino II*.

Usando la escena en la que el senador Geary de Nevada insiste en que Michael le pague un soborno para obtener una licencia de casino en Las Vegas, después de un largo y helado silencio Michael le responde: "Mi oferta para usted es esto: nada. Ni siquiera la tarifa por la licencia de juego, que apreciaría si la presentara personalmente", así fue como Bogle respondió a la objeción de un corredor sobre cómo se suponía que debían ganar dinero si no les pagaba una comisión.

Por supuesto, en la mente de Bogle la respuesta era obvia:

"Su deber fiduciario para con sus clientes debe superar su deseo egoísta de recomendar fondos mutuos ricos en comisiones que ofrezcan un rendimiento espeluznante. Entonces, ¿cuál es el maldito problema?"

Por poco atractivo que fuera este mensaje para la gente de Wall Street, había otra cosa sobre Vanguard que les sorprendió aún más: su estructura.

Por razones que aún dejan perplejo a Wall Street el día de hoy, Bogle creó una estructura sorprendentemente desinteresada, por la que las personas que invertían en el fondo índice de Vanguard se convertían en los propietarios de Vanguard. En otras palabras, el propio Bogle no poseía la mayoría de Vanguard; sus inversionistas, sí.

Hasta el día de hoy así es como Vanguard está estructurado: los inversionistas en sus fondos son los propietarios de Vanguard. Al final, esta estructura le costó personalmente a Bogle más de cincuenta mil millones de dólares, aunque ni una sola vez a lo largo de su vida expresó ningún arrepentimiento por ello.

De hecho, justo antes de morir, un periodista le preguntó si tenía algo de qué arrepentirse sobre la forma en que estructuró Vanguard, en relación con cuánto dinero más habría ganado si hubiera retenido la propiedad para sí mismo.

A lo cual Bogle respondió con rapidez, en sus propias palabras inimitables: "En la actualidad valgo ochenta millones de dólares, que es mucho más de lo que puedo gastar en diez vidas. Entonces, ¿a quién diablos le importa?".

La misión de Jack Bogle era nivelar el campo de juego para el inversionista promedio, y siguió comprometido con esa misión hasta el día en que murió.

Pero aun así, eso no cambia el hecho de que Bogle luchó por mantener a Vanguard a flote en todo el mercado alcista de los años ochenta.

Luego llegó el Lunes Negro.

De repente, a la vez, en un solo día, la ilusión de prosperidad que había estado protegiendo al negocio de fondos mutuos del escrutinio más profundo de los inversionistas se rompió por completo. Sin un mercado alcista masivo para camuflar el impacto de sus tarifas escandalosas, los inversionistas se dieron cuenta de que necesitaban reevaluar sus opciones.

Cuando lo hicieron había una opción en particular que tenía mucho más sentido que todas las demás: el fondo índice S&P 500 de ultrabajo costo de Vanguard.

Las pruebas habían estado ahí todo el tiempo, pero fue a causa de esta caída del mercado que una bombilla se apagó en la mente de todos los inversionistas, tanto minoristas como institucionales. El gato, como dicen, estaba fuera de la bolsa, y como el S&P 500 comenzó a dispararse en valor durante todos los años noventa, eso destacó aún más la eficacia del enfoque de Vanguard. Y así, lo que había comenzado como un rápido pero ordenado éxodo de fondos administrados activamente hacia el fondo de índice de Vanguard se convirtió en una *estampida* literal de inversionistas entrando a toda prisa por las puertas.

De hecho, echemos otro vistazo rápido a la gráfica de hace unas páginas, que destacaba el crecimiento anémico de Vanguard entre 1976 y 1987. Excepto que esta vez he extendido la gráfica para que llegue hasta 2021:

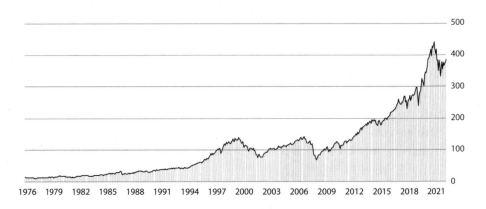

Para cuando Buffett anunció su apuesta de un millón de dólares en 2008, el ascenso de Vanguard había causado que la industria de fondos mutuos sufriera un cambio sísmico, marcado por cuatro sucesos clave:

1. Las tarifas habían caído en más de cincuenta por ciento (y continúan cayendo hasta el día de hoy). En la actualidad, las tarifas han bajado en más de ochenta por ciento desde sus alturas extravagantes en el apogeo de la industria a mediados de los setenta; sin embargo, para ser claros, eso no significa que tú debas invertir en estos fondos administrados de manera activa hoy. Después de todo, a pesar de las tarifas significativamente más bajas, cuando se compara su rendimiento a largo plazo con un fondo de índice S&P 500 administrado de modo pasivo, sigue siendo tan horrible como lo era en su día.

2. En un ejemplo clásico de "si no puedes superarlos, únete a ellos", las firmas de corretaje y los proveedores de fondos mutuos más grandes de la industria se vieron obligados a subirse al carro de Bogle y ofrecer su *propia* versión de bajo costo de un fondo índice S&P 500.

3. El internet moderno nació, permitiendo que la palabra de la loca propuesta de valor de Vanguard se propagara como un incendio forestal

entre la población. Sin los porteros para bloquearlos, Vanguard creció con rapidez hasta convertirse en el segundo administrador de activos más grande del mundo, justo detrás de BlackRock, con más de ocho billones de dólares en activos actualmente en administración.

4. Wall Street, que nunca iba a caer sin una pelea, crearía un nuevo tipo de fondo más agresivo, donde sus administradores de dinero más de élite podrían llevarles sus transacciones a sus clientes más ricos en un rincón altamente secreto del ecosistema financiero. Era un rincón en el que la capacidad de vencer de modo sistemático al S&P 500 de alguna manera todavía existía mágicamente, a pesar de que todas las pruebas indicaban lo contrario.

No es sorprendente que cuando se les pidió a estos gestores de fondos de élite que explicaran cómo podían lograr una hazaña tan notable, se negaron a proporcionar ningún detalle, a no ser que eso implicaba un complejo conjunto de estrategias a las que se referían colectivamente como "cobertura" para resaltar su capacidad de protegerse contra el riesgo en cualquier mercado.

De manera apropiada, Wall Street llamó a esta nueva categoría "fondos de cobertura", y luego, con rapidez, comenzó a construir un negocio completo en torno a ella. Crearon héroes, villanos y personajes más grandes que la vida real, que capturaron la imaginación del público, como estrellas de rock financieras.

El negocio de los fondos de cobertura era el proverbial fénix que había surgido de las cenizas del maltrecho negocio de fondos mutuos, que había sido diezmado a manos de Jack Bogle y su novedoso invento. Incluso el normalmente indispuesto Paul Samuelson no pudo evitar frotar un poco de sal en las heridas de la industria de fondos mutuos. En 2005 cantó a una audiencia llena de gestores de fondos mutuos y vendedores de la industria: "Pongo este invento de Bogle en el mismo rango de la invención de la rueda, el alfabeto, la imprenta de Gutenberg, y el vino y el queso".

¿La respuesta de la audiencia?

Cantos de grillos, en su mayor parte, junto con algunos gemidos incómodos que provenían de las profundidades de las cestas de pan de esa multitud aún conmocionada, que, gracias a Jack Bogle, había visto sus lujosas tarifas evaporarse ante sus ojos. Al final, la propuesta de valor de Vanguard era simplemente demasiado fuerte para negarla, y tal como habían temido, una vez que llegó a la conciencia pública, un éxodo masivo de inversionistas siguió con rapidez.

Sólo el negocio de los fondos de cobertura había salido ileso, aunque eso estaba a punto de cambiar. Habían levantado la ira del Oráculo de Omaha, que se había enfurecido tanto que había denunciado su negocio con su apuesta de un millón de dólares.

Las apuestas eran asombrosamente altas.

Los fondos de cobertura eran el equivalente a la última posición de Custer para las vergas colgantes más grandes de Wall Street, que habían huido del ejército populista invasor de Vanguard mientras le cortaba las piernas a todo el negocio de fondos mutuos. Pero los fondos de cobertura no podían huir del Oráculo de Omaha, quien, a pesar de su naturaleza humilde, era el falo colgante más grande de todos ellos.

Había tirado el guante de una manera muy pública, y Ted Seides había mordido el anzuelo, con gusto. En diez años, la verdad sería revelada.

La apuesta dio inicio el 1 de enero de 2008.

El vencedor emergería con mucho más que el simple derecho de jactarse.

CAPÍTULO 10

LA TRIFECTA DORADA

Ahora estoy seguro de que saben quién ganó la apuesta.

El Oráculo, por supuesto, con bombo y platillo.

De hecho, le pateó con tal severidad el trasero al excesivamente confiado "muerto Ted" Seides, que además de ganar la apuesta sucedieron dos cosas inesperadas que probaron aún más el argumento de Buffett con respecto a las tarifas escandalosas y, en general, al mal desempeño del negocio de fondos de cobertura.

Primero, a Ted Seides no le llevó los diez años completos tirar la toalla y admitir la derrota. Al final del séptimo año se había quedado tan rezagado que se volvió matemáticamente imposible para él ganar la apuesta, por lo que en lugar de enfrentar tres años más de humillación financiera trató de hacer su reverencia con gracia a finales de 2017. Por desgracia para Ted, no pudo. La apuesta tenía que llegar a los diez años completos para que el ganador pudiera recibir las ganancias.

Y en segundo lugar, a finales del año diez, la brecha en los resultados había crecido tanto que incluso si la apuesta se hubiera basado en la rentabilidad pura, sin comisiones de ninguna de las partes, los fondos de cobertura habrían seguido siendo *aplastados* por el S&P 500, en un enorme treinta por ciento.

Las implicaciones de esto eran asombrosas.

Si recuerdas, el propósito original de Buffett al hacer la apuesta era destacar las tarifas escandalosas que cobraban los administradores de fondos de cobertura y cómo les *impedía* vencer consistentemente al mercado. Bueno, eso es algo muy diferente a decir que los gestores de fondos de cobertura no pueden vencer al mercado, *incluso* si no cobran ninguna comisión.

¿Ves la diferencia? Es *enorme*.

Pero los resultados fueron claros.

Así que vamos a revisarlos con más detalle ahora, comenzando con el primer año, que, lo creas o no, en realidad lo ganó Ted Seides y sus cien fondos de cobertura. Si bien esto puede ser una sorpresa para ti, cuando se considera la apuesta desde una perspectiva histórica la victoria temprana de Ted Seides tiene perfecto sentido. A lo que me refiero aquí es al hecho de que la apuesta comenzó el 1 de enero de 2008, apenas tres meses *después* de que Lehman Brothers quebrara, lo que desencadenó el inicio de la crisis financiera mundial.

El valor de los mercados bursátiles de todo el mundo se estaba hundiendo, al tiempo que el mercado inmobiliario estadunidense estallaba como un globo. Ningún país se salvó, incluido Estados Unidos, que había creado todo el desorden y luego exportó el contagio al resto del mundo.

De hecho, esto es precisamente a lo que me refería en el capítulo 3 cuando dije: "En los últimos cuarenta años" el calamar vampiro gigante y el resto de los banqueros de Wall Street "han quebrado a Islandia, reventado a Noruega, diezmado a Grecia y saqueado a Polonia". Por supuesto, Wall Street no hizo todo esto a punta de pistola; lo hizo convenciendo a esos países de que compraran hipotecas tóxicas por valor de miles de millones de dólares que fueron apalancadas de una manera que las convirtió en armas de destrucción masiva financiera, con fusibles de tiempo que se dispararon exactamente al mismo tiempo: el tercer trimestre de 2007.

¿El resultado?

El año 2008 fue horrible para el mercado de valores, lo que dio a los fondos de cobertura de Ted Seides la oportunidad de brillar. Mientras que el S&P 500 perdió 38.5 por ciento de su valor, los fondos de cobertura utilizaron el fuerte traje de su homónimo, la *cobertura*, para mitigar en buena medida esas pérdidas.

En ese año, los fondos perdieron solamente veinticuatro por ciento de su valor en promedio, lo que colocó a Seides 14.5 por ciento por delante del Oráculo.

Luego llegó el año dos.

De la misma manera que el Dow no tardó veintiséis años en recuperarse de la Gran Depresión, el S&P 500 comenzó a recuperarse, reanudando su lento, constante y predecible ascenso, lo que pone de relieve una lección importante que nunca debes olvidar:

Los mercados bajistas no suelen durar mucho tiempo.

En verdad, éste es uno de los mayores conceptos erróneos entre todos los inversionistas, tanto aficionados como profesionales: que los mercados bajistas son asuntos largos, lentos y sin salida que toman mucho tiempo para resolverse.

En realidad, son todo lo contrario.

Las recesiones suelen ser agudas, graves y en extremo dolorosas, pero cuando se comparan con el lento, constante y creciente aumento generacional del mercado de valores, no duran mucho tiempo. De hecho, desde la firma del Acuerdo Buttonwood en 1792, el lento y constante aumento del mercado de valores ha sido tan predecible como el reloj. En el cuadro siguiente verás exactamente lo que quiero decir:

Mercados bajistas			Mercados alcistas		
FECHA DE INICIO	FECHA DE FINALIZACIÓN	MESES	FECHA DE INICIO	FECHA DE FINALIZACIÓN	MESES
Enero de 1900	Enero de 1901	12	Enero de 1901	Septiembre de 1902	20
Octubre de 1902	Septiembre de 1904	23	Septiembre de 1904	Junio de 1907	33
Junio de 1907	Julio de 1908	12	Julio de 1908	Enero de 1910	18
Febrero de 1910	Febrero de 1912	24	Febrero de 1912	Febrero de 1913	12
Febrero de 1913	Enero de 1915	22	Enero de 1915	Septiembre de 1918	43
Septiembre de 1918	Abril de 1919	6	Abril de 1919	Febrero de 1920	9
Febrero de 1920	Agosto de 1921	17	Agosto de 1921	Mayo de 1923	21
Junio de 1923	Agosto de 1924	14	Agosto de 1924	Octubre de 1926	26
Noviembre de 1926	Diciembre de 1927	13	Diciembre de 1927	Septiembre de 1929	21
Septiembre de 1929	Abril de 1933	43	Abril de 1933	Mayo de 1937	49

Mercados bajistas			Mercados alcistas		
FECHA DE INICIO	FECHA DE FINALIZACIÓN	MESES	FECHA DE INICIO	FECHA DE FINALIZACIÓN	MESES
Junio de 1937	Julio de 1938	13	Julio de 1938	Febrero de 1945	79
Marzo de 1945	Noviembre de 1945	8	Noviembre de 1945	Noviembre de 1948	36
Diciembre de 1948	Noviembre de 1949	11	Noviembre de 1949	Agosto de 1953	45
Agosto de 1953	Junio de 1954	9	Junio de 1954	Septiembre de 1957	39
Septiembre de 1957	Mayo de 1958	7	Mayo de 1958	Mayo de 1960	23
Mayo de 1960	Marzo de 1961	9	Marzo de 1961	Enero de 1970	105
Enero de 1970	Diciembre de 1970	10	Diciembre de 1970	Diciembre de 1973	36
Diciembre de 1973	Abril de 1975	15	Abril de 1975	Enero de 1980	57
Febrero de 1980	Agosto de 1980	6	Agosto de 1980	Agosto de 1981	12
Agosto de 1981	Diciembre de 1982	15	Diciembre de 1982	Julio de 1990	91
Agosto de 1990	Abril de 1991	8	Abril de 1991	Abril de 2001	119
Abril de 2001	Diciembre de 2001	8	Diciembre de 2001	Enero de 2008	72
Enero de 2008	Julio de 2009	17	Julio de 2009	Marzo de 2020	127
Marzo de 2020	Mayo de 2020	1	Mayo de 2020	Diciembre de 2022	30
Mercado bajista medio (meses) =		**13**	**Mercado alcista medio (meses) =**		**47**

La tendencia a largo plazo es muy clara.

La marcha lenta y estable al alza del mercado de valores se ha visto marcada por una serie de descensos severos y agudos de duración mucho más corta.

Por lo tanto, con esto en mente, no debería ser ninguna sorpresa para ti que el ganador de cada año a partir de entonces haya sido el Oráculo de Omaha y su fondo de índice de vainilla simple.* De hecho, al final del año

---

* La única excepción a que Buffett ganara cada año a partir de entonces fue el año número cinco, en lo que fue una serie estadística muerta, en la que ambas partes obtuvieron alrededor de 12.5 por ciento.

diez, el fondo índice 500 de Vanguard Admiral Shares tuvo un rendimiento general de 125.9 por ciento después de todos los cargos y gastos, mientras que los fondos de cobertura de Ted Seides tuvieron un rendimiento neto general de tan sólo treinta y seis por ciento.

La diferencia en el rendimiento: 89.9 por ciento.

Además, un enorme *sesenta por ciento* de todas las ganancias que habían sido generadas por los fondos de cobertura se habían ido a pagar las tarifas de los propios administradores de fondos de cobertura o al bolsillo de Ted Seides. En otras palabras, tanto Ted Seides *como* los gestores de fondos recibieron millones en compensación por hacer un trabajo que era *tan* lamentable que incluso si *no hubieran* sacado ni un solo centavo en comisiones, habrían perdido la apuesta por un margen de 29.9 por ciento.

Peor aún, debido a que las tasas se cobraban al final de cada año, esto disminuyó significativamente el efecto de la capitalización a largo plazo, lo que provocó que el rendimiento de los fondos se viera aún más afectado. Por ejemplo, durante el periodo de diez años, Vanguard había promediado un rendimiento compuesto anual de 7.1 por ciento, mientras que los fondos de cobertura promediaron sólo un rendimiento de 2.2 por ciento.

En términos prácticos, esto significaba que cada año la cuenta Vanguard de Buffett crecía un promedio de 7.1 por ciento, lo que le daba 7.1 por ciento más de dinero para invertir el año siguiente. Esto creó aún más potencial para el crecimiento de los beneficios y mayores dividendos trimestrales.

Así que cuando la apuesta finalmente terminó en 2018, el millón invertido en los fondos elegidos por Seides había tenido una ganancia de tan sólo doscientos veinte mil dólares, mientras que el millón invertido en Vanguard había tenido una ganancia de ochocientos cincuenta y cuatro mil dólares. Esta enorme diferencia fue el resultado de tres fuerzas importantes que trabajaron de la mano entre sí para crear un resultado extraordinario:

1. El sólido ROI promedio histórico del S&P 500
2. Las tarifas extremadamente bajas de Vanguard
3. El poder del coeficiente compuesto de largo plazo

Aprovechando estas tres poderosas fuerzas, uno puede tomar incluso una pequeña cantidad de dinero y convertirlo con el tiempo en un huevo en el nido gigante, y la palabra operativa aquí es *tiempo*.

Verás, el tiempo es el importantísimo factor X que hace que el coeficiente compuesto funcione de una manera aparentemente mágica, a pesar del hecho de que no hay nada mágico en él. Son sólo matemáticas básicas.

Un ejemplo clásico de esto es el viejo experimento de pensamiento en el que uno toma un centavo y lo duplica todos los días, y en treinta días es un millonario. De hecho, recuerdo la primera vez que escuché esto. No lo creí, así que en realidad saqué un bolígrafo y un papel y apliqué las matemáticas.

Cuando llegué al día diez me dije a mí mismo: "Esto nunca va a funcionar. Sólo estoy en diez dólares, y estoy a un tercio del camino. ¿Cómo puedo llegar a un millón de dólares?". Y cuando llegué al día veinte estaba aún *más* seguro de que no funcionaría.

Me dije a mí mismo: "¡Esto es una tontería total! Sólo quedan diez días, y únicamente tengo alrededor de cinco mil dólares. ¡No hay *manera* de que llegue a un millón!".

Entonces sucedió algo increíble.

A medida que pasé del día veinte al treinta el número comenzó a saltar salvajemente. Hasta el día de hoy, nunca olvidaré lo que vi:

Día 1:	0.01	Día 11:	10.24	Día 21:	10,485.76
Día 2:	0.02	Día 12:	20.48	Día 22:	20,971.52
Día 3:	0.04	Día 13:	40.96	Día 23:	41,943.04
Día 4:	0.08	Día 14:	81.92	Día 24:	83,886.08
Día 5:	0.16	Día 15:	163.84	Día 25:	167,772.16
Día 6:	0.32	Día 16:	327.68	Día 26:	335,544.32
Día 7:	0.64	Día 17:	655.36	Día 27:	671,088.64
Día 8:	1.28	Día 18:	1,310.72	Día 28:	1,342,177.28
Día 9:	2.56	Día 19:	2,621.44	Día 29:	2,684,354.56
Día 10:	5.12	Día 20:	5,242.88	Día 30:	5,368,709.12

Estaba absolutamente impresionado.

Debo haber repetido el ejercicio diez veces para tratar de averiguar cuál era la trampa. Pero no había engaño. Fue sólo mi primera experiencia con el crecimiento compuesto, que puede tomar incluso la menor cantidad de dinero y convertirla en millones de dólares.

Incluso el gran Albert Einstein estaba tan intrigado por la extraña forma en que el factor compuesto parecía arrastrarse tan lentamente, y de repente dispararse hacia los cielos, que se refirió a él como la Octava Maravilla del Mundo. Él dijo: "El que entiende el interés compuesto lo ganará para siempre; el que no lo entiende lo pagará para siempre".

Estaba cien por ciento en lo cierto, en *ambas* afirmaciones:

1. Que el factor compuesto es increíblemente poderoso
2. Que puede ir en dos sentidos, trabajando para ti o en tu contra

Por ejemplo, ¿alguna vez te has preguntado por qué las compañías de tarjetas de crédito están tan dispuestas a dejar que *no* pagues el saldo completo al final del mes? De hecho, en realidad están *rezando* para que no lo hagas.

¿Por qué? Debido a que el interés sobre los saldos de tarjetas de crédito no pagadas se compone diario.

En otras palabras, al final de cada día, el interés del día anterior se *agrega* a todo tu saldo no pagado que tiene más de treinta días, lo que lo hace ligeramente más grande, lo que hace que el pago de intereses del día *siguiente* también sea *ligeramente* más alto. Así es como comienza el proceso, lenta, insidiosamente. Muy pronto, sin embargo, uno se está rascando la cabeza preguntándose cómo podría deber tanto dinero en sus tarjetas de crédito, ¡cuando no ha comprado más que un par de calcetines nuevos en más de un año!

Es el temido efecto bola de nieve: rueda despacio por una montaña, recoge un poco más de nieve con cada revolución, lo que aumenta el tamaño de la bola de nieve y le da una superficie ligeramente más grande para reunir una cantidad ligeramente mayor de nieve con la próxima revolución. Al principio no es gran cosa. Dado que la bola de nieve comenzó tan pequeña, se necesita rodar un poco para que se empiece a notar una diferencia. Pero entonces, en apariencia *todo a la vez*, la bola ha crecido tanto que puede derribar cualquier cosa en su camino, incluido tú.

Eso es lo que sucede cuando uno está del lado equivocado del factor compuesto. Antes de que te des cuenta estarás arruinado, desconcertado y, más allá de desconcertado, te preguntarás cómo dejaste que tus finanzas se salieran de control. En realidad, sin embargo, no tomó mucho, sólo la certeza matemática del factor compuesto a largo plazo que trabaja su magia maligna en tu contra.

Por supuesto, como Einstein *también* señaló, el factor compuesto puede funcionar masivamente a tu favor con la misma facilidad. Con ese fin, hay tres variables clave que te permitirán aprovechar completamente el poder del factor compuesto a largo plazo y convertir incluso una pequeña inversión inicial en un huevo gigante en el nido:

1. **El ROI anual de tu cartera:** existe una relación directa entre el ROI anual de tu cartera y la tasa de la que se compone. Específicamente, un aumento en el ROI provoca un aumento en la tasa compuesta, y una disminución en el ROI provoca una disminución en la tasa compuesta. En el caso de Ted Seides, su ROI promedio de 2.2 por ciento fue tan sombrío que casi anuló por completo el impacto del factor compuesto. Por el contrario, el ROI promedio de 7.1 por ciento de Buffett fue más que suficiente para alimentar una tasa compuesta importante a largo plazo.

2. **Tu periodo:** cuanto más largo sea el periodo de tasa compuesta, más potente será el resultado. Después de un periodo suficiente, se llega a lo que se llama el umbral de última etapa. Éste es el punto donde tu inversión comienza a volverse parabólica. Con un fondo índice S&P 500, el umbral de última etapa comienza alrededor del vigésimo quinto año y se intensifica dramáticamente después de eso. Por ejemplo, en treinta años una simple inversión de diez mil dólares valdría más de trescientos sesenta y cinco mil, y en cuarenta años subiría a 1.2 millones de dólares.*

3. **Tu compromiso de hacer contribuciones adicionales:** hacer contribuciones regulares a una cartera de inversiones que *ya* está experimentando los beneficios del factor compuesto es como tirar gasolina en

---

* Este cálculo supone la reinversión de dividendos y que el S&P 500 mantenga su ROI promedio histórico durante los últimos cien años de 11.89 por ciento.

un incendio furioso. En el lenguaje de Wall Street, el proceso de agregar regularmente una pequeña suma de dinero a una posición existente se llama "promedio de costo de los dólares". Cuando se aplica este proceso a un activo como un fondo de índice S&P 500, que se ha compuesto constantemente a una tasa media de 11.89 por ciento anual, el impacto financiero es simplemente asombroso. Usando el mismo ejemplo anterior, si tan sólo agregaras cien dólares por mes a tu inversión original de diez mil dólares, en treinta años, en lugar de que valga sólo trescientos sesenta y cinco mil dólares, terminarías con setecientos veintitrés mil, y en cuarenta años con 2.4 millones de dólares en lugar de 1.2 millones. Aquí radica el verdadero poder de la llamada *Trifecta Dorada*.

4. **La Trifecta Dorada:**
   - Las ganancias promedio históricas del S&P 500 de 10.3 por ciento anual
   - El poder del factor compuesto a largo plazo
   - Hacer contribuciones adicionales en efectivo de forma regular

Recuerda siempre que, debido a que el factor compuesto requiere un lapso significativo de tiempo para expresar plenamente su poder, con la gran mayoría de las ganancias llegando al umbral de la última etapa, puede ser difícil imaginar que todo funcione si sólo tienes una pequeña cantidad de dinero para invertir. Así que en lugar de seguir esta estrategia comprobada, puede que te sientas tentado a recurrir a la última sugerencia sobre acciones para tratar de hacerte rico rápidamente, o ser absorbido en el uso de apalancamiento y terminar perdiéndolo todo.

Es una de las razones principales por las que las personas *tienen dificultades* financieras durante toda su vida y se les habla continuamente de inversiones que no les sirven. Y como resultado, no pueden mantener a sus familias que de otra manera sí podrían, y en última instancia, no pueden jubilarse con comodidad y dignidad.

Pero no tiene que ser así, al menos ya no.

Tú puedes recuperar el control de tu futuro financiero y asegurar una vida mejor para ti y tu familia. Y todo comienza con la creación de Jack Bogle, el fondo índice S&P 500 sin carga y de bajo costo, que permite incluso al inversionista más pequeño aprovechar el poder imparable de la Trifecta

Dorada combinado con el poder colectivo de las quinientas empresas más grandes, más malas y más rentables de Estados Unidos.

De hecho, en el momento en que compras acciones en cualquier fondo índice S&P 500 hay cuatro cosas increíbles que suceden al instante:

1. Te conviertes en propietario de cada una de las quinientas empresas que cotizan en bolsa que componen actualmente el índice.
2. Tu cartera se diversifica en todos los sectores empresariales clave que actualmente impulsan la economía estadunidense.
3. Tu cartera se diversifica *mundialmente*, ya que el índice está dominado por compañías multinacionales que operan en todo el mundo y obtienen treinta por ciento de sus ingresos del extranjero.
4. Los treinta y dos mil empleados de Standard & Poor's trabajan en tu nombre para asegurarse de que todas las empresas que actualmente figuran en el índice merecen permanecer ahí.

¿Y qué le cuesta este arreglo salvajemente lucrativo?

Bueno, depende del fondo índice que elijas, pero si vas con el 500 Index Fund Admiral Shares de Vanguard, que recomiendo encarecidamente, la tarifa anual es de 0.04 por ciento de tu inversión total.

En términos de dólares, esto significa que por cada diez mil dólares que inviertas pagarás una cuota anual de cuatro dólares. Así es: *cuatro dólares.*

Suena demasiado bueno para ser verdad, ¿no es cierto?

De hecho, así suena. Pero, curiosamente, *es* verdad.

Y se pone aún mejor.

Cuando uno "posee el índice", no es sólo un montón de números y letras parpadeantes que se deslizan a través de la pantalla de la computadora; tiene derecho a una parte real de las ganancias, por pequeñas que sean, de las quinientas compañías más rentables de Estados Unidos. Colectivamente, representan billones de dólares de valor, incluyendo miles de millones de dólares en equipos, inventarios, patentes, derechos de autor, marcas comerciales, procesos patentados y cadenas de suministro establecidas que permiten que las materias primas y los productos terminados se abran paso por todo el mundo de una manera rentable.

Además tú tienes los vastos *recursos humanos* que estas empresas han reunido minuciosamente como resultado de incontables décadas de caza de talentos y reclutamiento. Por ejemplo, en este momento, las quinientas empresas que componen el índice emplean en conjunto a más de treinta y dos millones de personas en ciento cincuenta países. Muchas de ellas tienen títulos avanzados y capacitación especializada que costarían millones de dólares y tardarían años en reemplazarse, si es que se pudiera reemplazarlos en absoluto, dado el valor incalculable de su experiencia combinada, tanto en lo individual como en equipo.

Día tras día, este ejército mundial se dirige a trabajar en tu nombre, cada persona es parte de una máquina bien engrasada que está diseñada para incrementar las ganancias y aumentar el valor de los accionistas, lo que finalmente se refleja en el precio de las acciones de su empresa y el tamaño de su dividendo.

Pero eso es sólo el comienzo.

Además de todo el trabajo duro y el ingenio que representa el índice, uno de los atributos clave del S&P 500, y lo que lo ha convertido en una inversión tan confiable en los últimos cien años, es el hecho de que las empresas que lo componen continúan cambiando con el tiempo.

Así es como funciona:

El Comité de Índices S&P se reúne una vez por trimestre para garantizar dos resultados cruciales:

1. Que cada una de las quinientas empresas que actualmente componen el índice siga siendo la mejor opción para el sector económico que está destinado a representar.
2. Que cada uno de los sectores económicos, diez de ellos en total, está debidamente ponderado en relación con el factor compuesto actual de la economía estadunidense.

Por ejemplo, cuando el índice se lanzó por primera vez en 1957, su tasa compuesta se ponderó masivamente hacia las preocupaciones industriales, que en ese momento ascendían a cuatrocientas veinticinco del total de quinientas empresas, mientras que la atención médica, las finanzas y la tecnología de la información en conjunto representaban sólo diecisiete empresas.

Hoy en día, por supuesto, la ponderación del índice es casi exactamente la opuesta: los tres sectores más importantes son la tecnología de la información, los servicios financieros y la atención sanitaria, y las preocupaciones industriales que alguna vez fueron dominantes se encuentran ahora en el último lugar del grupo. Luego, en medio, todas las compañías de productos de consumo, divididas en bienes de consumo *básicos* y bienes de consumo *discrecionales*, y luego están las compañías de energía, bienes raíces, servicios públicos y materiales hacia el fondo.

En términos prácticos, cuando una empresa cae de la gracia financiera o se convierte en un representante menos relevante de su sector económico, el Comité del Índices la reemplazará por una empresa más relevante del mismo sector. Después de todo, no tendría mucho sentido seguir teniendo al mayor fabricante de caballos y calesas de la nación como parte del índice de hoy, más de lo que tendría sentido que el índice se ponderara fuertemente hacia los productos industriales después de que Estados Unidos ha pasado los últimos cuarenta años exportando su base manufacturera a China y otros lugares.

En esencia, cuando compras el S&P 500 estás apostando por el éxito general de la economía estadunidense, que ha demostrado ser una de las apuestas más fiables de la historia económica.

De hecho, a pesar de todas sus fallas y defectos, es una economía que ha demostrado ser extremadamente resistente y que sirve como un faro para el resto del mundo. Puedes ver el rendimiento a largo plazo del S&P 500 imprimiendo una gráfica que se remonta a la creación inicial del índice en 1923 cuando se publicaba sólo una vez por semana. Pega esa gráfica en un muro, retrocede unos pasos y verás rápidamente la tendencia obvia a largo plazo:

Hacia arriba.

De hecho, te ahorraré el problema. En la página a continuación está la gráfica.

Warren Buffett resumió todo el asunto *perfectamente* en la carta anual de accionistas de Berkshire Hathaway de 2017. En respuesta a Ted Seides, que tiraba la toalla, escribió:

A lo largo de los años, a menudo me han pedido consejos de inversión, y en el proceso de responder he aprendido mucho sobre el comportamiento humano. Mi recomendación habitual ha sido un fondo índice S&P 500 de bajo costo. He de reconocer que mis amigos que poseen sólo medios modestos generalmente han seguido mi sugerencia.

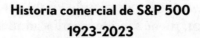

Historia comercial de S&P 500
1923-2023

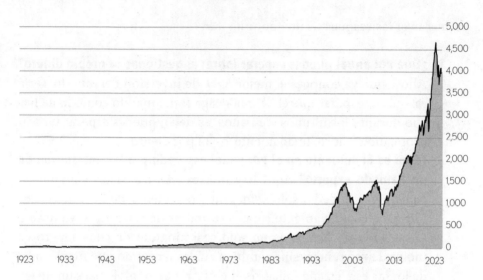

Creo, sin embargo, que ninguno de los individuos, instituciones o fondos de pensiones megarricos han seguido el mismo consejo cuando se los di. En vez de ello, estos inversionistas me agradecen cortésmente por mis pensamientos y se van a escuchar el canto de sirena de un gerente de tarifa elevada o, en el caso de muchas instituciones, a buscar otra raza de hiperayudantes llamada consultores.

Al final, el consejo de Buffett se puede resumir en cuatro preguntas simples que cada inversionista debe hacerse antes de considerar dejar que un "experto" administre su dinero:

1. ¿Qué ROI anual puedo esperar obtener, razonablemente, si gestiono mi dinero yo mismo?
2. ¿Cuál es el aumento esperado en mi ROI anual si dejo que un "experto" administre mi dinero?
3. ¿Cuánto me cobrará este llamado experto por sus servicios de asesoramiento?

4. Cuando deduzco los honorarios de los expertos del "supuesto" aumento en el ROI, ¿tiene sentido dejarlos administrar mi dinero?

Vamos a ver las respuestas una por una.

1. **¿Qué ROI anual puedes esperar lograr si gestionas tu propio dinero?** Ahora que ya conoces el mejor *hack* de inversión del mundo, sería razonable esperar que el S&P 500 siga funcionando como lo ha hecho durante los últimos cien años, es decir, puedes esperar un ROI promedio de aproximadamente 10.33 por ciento.

2. **¿Cuál es el aumento en el ROI anual esperado por la contratación de un llamado experto?** Aquí hay una estadística aleccionadora: en cualquier año dado, sólo veinticinco por ciento de los fondos administrados activamente superó su índice de referencia, y durante un periodo de diez años no sólo casi ninguno de ellos superó su índice de referencia, sino también cualquier fondo que fuera capaz de lograr esa hazaña milagrosa no estaría disponible para un inversionista promedio.

3. **¿Cuánto me cobrará este llamado experto por sus servicios de asesoramiento?** *Demasiado*, teniendo en cuenta la respuesta anterior.

4. **Cuando deduzco los honorarios de los expertos del "supuesto" aumento en el ROI, ¿tiene sentido dejarlos administrar mi dinero?** *¡Absolutamente no!*

¿Lo entiendes?

Asumo que lo entiendes, *ahora*.

De hecho, debe ser muy claro para ti en este punto del libro. Sin embargo, antes de que empezaras a leer probablemente no estaba tan claro.

Después de todo, el complejo de Máquinas de Tarifas de Wall Street ha hecho un excelente trabajo al lavar el cerebro de los inversionistas para que piensen que la inversión activa es la mejor manera de hacerlo: que deben permanecer en la mesa, jugar el juego de los tontos y ser esquilados lentamente como una dócil oveja.

Pero ahora que estás al tanto del mejor *hack* de inversión del mundo, ¿por qué considerarías escuchar al complejo de Máquinas de Tarifas de Wall Street y sus tonterías? Dicho de otra manera, ¿por qué tú, o, en ese caso, cualquier inversionista en su sano juicio, consideraría alguna vez pagar a un "experto" para administrar su dinero, cuando podrías hacer un trabajo mucho mejor tú mismo simplemente poniendo tu dinero a trabajar en un fondo índice sin carga, que rastrea el S&P 500?

Nadie lo haría, ¿verdad? ¡Y tú tampoco deberías!

Ahora, de nuevo, *antes* de leer este libro, podría haber una razón legítima para dejar que un "experto" administre tu dinero. Después de todo, si no hubieras sido consciente del mejor *hack* de inversión del mundo, entonces probablemente habrías experimentado unas ganancias muy sombrías.

De hecho, en los últimos treinta años los inversionistas *activos* han tenido un rendimiento anual medio de sólo cuatro por ciento, mientras que el S&P 500 ha tenido un promedio de 11.86 por ciento. Además, en la siguiente gráfica puedes ver cómo incluso en sus *mejores* años, los inversionistas "activos" ni siquiera *se acercan* a las ganancias "pasivas" de invertir en un fondo índice S&P 500 de bajo costo:

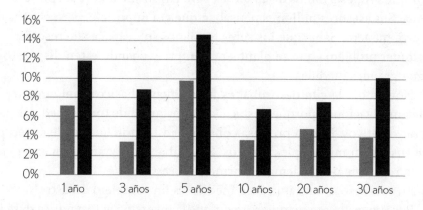

**Rentabilidad de los inversionistas de fondos
de renta variable frente al S&P 500**

Rentabilidad total anualizada (excepto para datos de un año)
(porcentaje)

■ Ganancias del inversionista   ■ S&P 500

Cuando se agrega el poder del factor compuesto a largo plazo, este 7.86 por ciento extra puede resultar en una diferencia que cambia la vida, siempre que tengas la paciencia de esperar a que llegue el umbral de la última etapa, momento en que el valor en dólares de tu cartera comienza a despegar en realidad.

Específicamente, con un ROI anual promedio de 10.33 por ciento tomará poco más de veintidós años alcanzar el umbral de la última etapa y experimentar un crecimiento exponencial. Eso no quiere decir que no recibas los beneficios financieros de 7.86 por ciento adicional a lo largo del camino. Mi punto es que convertir una cantidad relativamente pequeña de dinero en un huevo gigante en el nido toma una cantidad de tiempo importante. Uno debe ser paciente y confiar en el hecho de que si simplemente se queda uno quieto y no hace nada, el poder del factor compuesto puede hacer su magia financiera y hacerlo a uno rico.

Sólo hay un pequeño problema con eso.

Por naturaleza, los seres humanos *no* son criaturas pasivas; somos criaturas activas que estamos genéticamente programadas para interactuar con nuestro entorno con el fin de obtener las cosas que queremos y mejorar nuestros resultados. Este instinto de estar *activo* está conectado a nuestro ADN y nos ha funcionado bien durante los últimos sesenta mil años.

De hecho, como dijo el gran general Aníbal en el año 218 a. C.: "¡O encontramos un camino o hacemos un camino!". En ese momento se refería a cruzar los Alpes a lomos de elefantes para lanzar un ataque sorpresa sobre Roma. Sus asesores militares pensaban que era imposible, pero él pensaba de otra manera. Sabía que los seres humanos son capaces de resolver casi cualquier problema que se planteen, siempre y cuando estén dispuestos a tomar grandes medidas.

Hoy en día la cita de Aníbal es un elemento básico en el circuito del habla motivacional, porque destaca la importancia de tomar medidas para lograr objetivos. Es una premisa con la que estoy totalmente de acuerdo y que enseño en mis propios eventos. Sin embargo, hay una gran excepción a esta regla que por lo demás es firme: la *inversión*.

En este caso, tomar una gran medida es un completo desastre.

Por supuesto, eso no quiere decir que la inversión activa nunca dará lugar a nada positivo. De vez en cuando un inversionista golpeará un jonrón y experimentará una enorme ráfaga de dopamina, junto con su recompensa financiera. Pero por desgracia luego pasará los próximos veinte años persiguiendo esa subida de dopamina mientras pierde todas sus ganancias y *luego* algunas más en el proceso.

La conclusión es la siguiente: cuando se trata de invertir, simplemente no hay justificación para una actividad excesiva. Si bien es evidente que se necesita *algún* nivel de acción, es necesario configurar tus cuentas, elegir los fondos de índice adecuados, participar en una planificación fiscal apropiada y tomar algunas otras acciones periódicas que presentaré en breve; cuanto más vayas más allá de lo básico, peores serán tus resultados.

Paul Samuelson demostró este punto exacto con su tesis ganadora del premio Nobel, la ya mencionada hipótesis de mercado eficiente (Efficient Market Hypothesis, EMH). En esencia, con acciones que se negocian en una bolsa bien desarrollada, como el NYSE, el Nasdaq o cualquiera de los otros mercados importantes en todo el mundo, toda la información relevante ya está disponible y, por lo tanto, se tiene en cuenta en el precio de cada acción. Esto hace que la selección individual de acciones en un esfuerzo por vencer al mercado sea extraordinariamente difícil, incluso para los inversionistas más exitosos del mundo. La mayoría de las veces el constante comercio y cambio de activos causan más daño que bien, lo que hace que un fondo índice pasivo y de bajo costo sea una inversión mucho mejor a largo plazo.

Así que aquí hay una pregunta obvia: ya que se ha demostrado más allá de la sombra de cualquier duda que el exceso de actividad conduce a un ROI reducido, ¿por qué hay tanto exceso de actividad a raíz de las recomendaciones de Wall Street?

La respuesta es obvia: eso les lleva más cargas de dinero.

En el caso de los fondos de cobertura, la motivación para su excesiva actividad es clara y comprensible: es necesaria para justificar su propia existencia. Después de todo, ¿cómo podría un gestor de fondos de cobertura explicar a un inversionista que sólo tomó una comisión de gestión de dos por ciento y un bono de rentabilidad de veinte por ciento, cuando lo único que hizo fue comprar el S&P 500 y reinvertir los dividendos?

No podría. Sería alquitranado, emplumado y finalmente despedido.

En el caso de los corredores de bolsa, la motivación es ligeramente diferente. Se basa en la relación directa entre el exceso de actividad comercial y

el aumento de las comisiones, que es la principal forma en que los corredores de bolsa reciben su pago. Se llama *churning* (sobreinversión), y sucede
porque los intereses del corredor y los intereses del cliente no están bien
alineados. ¿Adivina quién suele ganar al final?

El corredor.

Ahora, sólo para ser claro, no estoy diciendo que cada gestor de fondos
y corredor que hace una operación lo está haciendo por un interés egoísta.
En muchos casos, estoy seguro de que los corredores y gestores de fondos
realmente creen que todas sus compras y ventas redundan en el mejor interés de sus clientes y, en última instancia, resultarán en un rendimiento
por encima de la media. Pero al final todo es un sueño, porque no pueden
escapar de la realidad matemática de la hipótesis del mercado eficiente y lo
absolutamente raro que es que cualquier administrador de fondos le gane
al mercado de manera consistente.

Para ser claros, la tendencia hacia la inversión pasiva ya ha comenzado.

En los últimos veinte años *se ha producido* un cambio dramático de las
estrategias de inversión *activas*, con sus tarifas increíblemente altas y bajos
rendimientos, hacia los fondos de índice pasivos y sus ganancias medias a
largo plazo y tarifas increíblemente *bajas*.

La gráfica de la página siguiente ilustra claramente este punto.

En este momento aproximadamente veinticinco por ciento de todas las
acciones en circulación de las compañías que componen el S&P 500 son
propiedad de fondos indexados, un aumento de tres por ciento en 2000, y
ahora hay docenas de opciones para elegir. Y de nuevo, gracias a la incesan-
te evangelización financiera de Jack Bogle, prácticamente todos los principales proveedores de fondos ofrecen su propia versión de marca de un
fondo de índice de bajo costo que rastrea no sólo el rendimiento del S&P
500, sino también otros índices conocidos. Por ejemplo, los grandes proveedores de fondos como Vanguard, BlackRock, Fidelity y Charles Schwab
ofrecen miles de fondos indexados diferentes que realizan un seguimiento
de todo, desde acciones de alta capitalización a acciones de baja capitalización, bonos gubernamentales, mercados emergentes, hasta todo tipo de
materias primas, sectores económicos clave y todo lo demás.

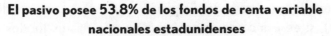

El pasivo posee 53.8% de los fondos de renta variable nacionales estadunidenses

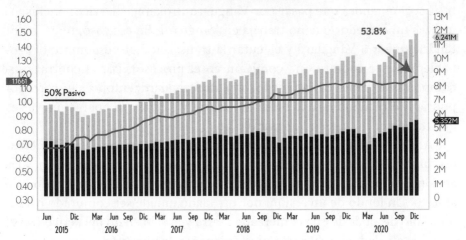

■ Acciones DOM pasivas en Estados Unidos AUM (M de dólares – Último precio (R1) 6.241M
■ Acciones DOM activas en Estados Unidos AUM (MM de dólares – Último precio (R1) 5.352 M
■ Relación entre acciones internas pasivas y activas (L1) 1.1661

Fuente: Bloomberg Intelligence.

En términos generales, encontrarás estos fondos estructurados de una de estas dos maneras:

1. Como fondos mutuos
2. Como fondos negociados en bolsa, o ETF (Exchange Traded Funds), para abreviar

Ambos son bastante similares, en el sentido de que son valores de inversión agrupados que te permiten diversificar instantáneamente dentro de una determinada clase de activos haciendo una simple operación.

Sin embargo, con un fondo mutuo puedes comprar o vender acciones sólo a través de la compañía de inversión que lo emitió, mientras que un ETF se negociará en una bolsa de valores centralizada y se puede comprar y vender de la misma manera que las acciones.

Por ejemplo, en el caso de Vanguard (que ofrece tanto fondos mutuos como ETF), si deseas comprar acciones en uno de sus fondos mutuos la transacción tendrá que pasar por Vanguard Brokerage Services, incluso si utilizas un corredor que no trabaja en Vanguard. En ese caso, tu corredor tendría que ir a Vanguard y ejecutar la transacción en tu nombre (y probablemente te cobrará una comisión en el proceso). Por el contrario, si compraras acciones en uno de los ETF de Vanguard, entonces tu corredor podría ir directamente a la bolsa de valores y ejecutar la operación, ya sea que tu bróker trabaje en Vanguard o no.

Además, debido a que las acciones de un ETF se negocian en el mercado abierto, el precio fluctuará a lo largo de todo el día de negociación, y las acciones se pueden comprar o vender siempre y cuando el mercado esté abierto. Un fondo de inversión, por otro lado, puede ser comprado o vendido sólo después de que el mercado cierra y el valor neto del activo (NAV) ha sido calculado por su respectiva compañía de inversión.

Con pocas excepciones, cualquiera de las dos estructuras funcionará igual de bien para ti, aunque la simplicidad de poder comprar y vender un ETF de la misma manera que ejecutas cualquier otra operación de acciones las ha hecho extremadamente populares entre los inversionistas. De hecho, desde que se lanzaron los ETF por primera vez en 1993, su crecimiento ha sido nada menos que meteórico (puedes verlo en la gráfica de la página siguiente).

En última instancia, cualquiera que sea la estructura con la que acabes, hay cuatro puntos clave a considerar al elegir un fondo indexado:

1. **El índice de gastos:** dado que todos los fondos del índice S&P 500 tendrán un rendimiento similar, el principal factor determinante de la rentabilidad neta de un fondo serán sus gastos. Como regla general, la relación de gastos de un fondo índice debe ser extremadamente baja, casi insignificante, de hecho, ya que las tarifas se destinan sólo al mantenimiento general del fondo, y no a un administrador de fondos con una elevada remuneración que está tratando de vencer al mercado.

2. **La inversión mínima requerida:** esto es importante tanto para la inversión inicial como para las posteriores inversiones en el fondo. Recuerda, para aprovechar el poder de la Trifecta Dorada será

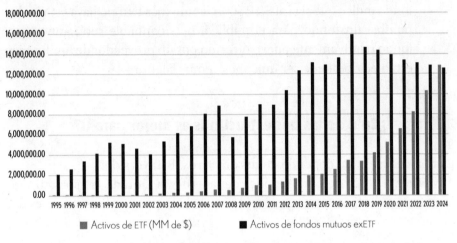

Fondos mutuos revolventes de valores ETF en 2024[a]

Activos de ETF (MM de $)   Activos de fondos mutuos exETF

Fuente: ETF.com, ICI, Factset.

[a] Cross Mutual Funds: Fondos mutuos revolventes. El comercio revolvente se define como una transacción de compra y venta del mismo valor entre dos o más cuentas de fondos/clientes administradas por un gestor. *(N. del T.)*

conveniente continuar agregando fondos a tu posición a través del tiempo, por lo que debes asegurarte de que los requisitos mínimos de inversión se encuentren dentro de tu presupuesto.

3. **Otros productos financieros ofrecidos:** si bien un fondo índice S&P 500 *debe* constituir la mayor parte de tu cartera de inversión, no debe constituir el cien por ciento de ésta. Dependiendo de tu situación, por lo general habrá dos o tres posiciones clave que querrás mantener para maximizar tus rendimientos y reducir aún más el riesgo.[*] En ese sentido, es muy ventajoso elegir un proveedor de fondos que ofrezca una amplia gama de productos de inversión para ayudar a completar tu cartera.

---

[*] En algunos raros casos, un fondo índice S&P 500 no es una buena opción para la cartera de un inversionista. La razón más común para esto es si un inversionista tiene un horizonte de inversión a muy corto plazo (menos de un año). Voy a ocuparme de esto con más detalle en el capítulo 11.

4. El historial: esto tiene que ver con la fecha de inicio de un fondo, no con el rendimiento del fondo, que debe ser idéntico a cualquier otro fondo índice que siga al S&P 500. Cuanto más tiempo haya estado disponible un fondo para el público, más confiable será, aunque un fondo relativamente nuevo ofrecido por un proveedor de fondos bien establecido puede ser una opción muy segura.

¿Cuál de las dos estructuras es mejor para ti?

La respuesta es que depende de tus objetivos de inversión.

Para aprovechar todo el poder de la Trifecta Dorada la estructura de fondos mutuos tiene una ligera ventaja sobre los ETF por las siguientes dos razones:

1. Los fondos mutuos te permiten comprar acciones fraccionarias, lo que hace que sea fácil participar en el tipo de promedio mensual de costo en dólares que expliqué anteriormente en este capítulo (donde agregas cien dólares al mes a tu cuenta). Los ETF, por otro lado, requieren que compres al menos una acción completa (actualmente por un promedio de trescientos noventa y cuatro dólares), lo que crea un obstáculo importante para los inversionistas que buscan hacer contribuciones pequeñas y frecuentes.

2. Los fondos mutuos te permiten reinvertir automáticamente tus dividendos simplemente marcando una casilla. Los ETF, por otro lado, requieren que reinviertas tus dividendos comprando más acciones de ETF en el mercado abierto. Y aunque hay algunos ETF que automáticamente harán esto por ti, porque carecen de la capacidad de ofrecer acciones fraccionarias, es probable que te encuentres con el mismo problema de no tener suficiente dinero para comprar una acción completa (o tener una cantidad extraña de dinero sobrante después de comprar acciones).

Entonces, con eso en mente, si decides optar por un fondo mutuo, aquí hay tres excelentes opciones con las que no puedes equivocarte:

Acciones Admiral del Fondo Indexado 500 de Vanguard: debido a que es el proveedor más antiguo y grande del negocio de fondos indexados de bajo costo, sigo considerando que Vanguard es la mejor opción que existe. Asimismo, además del S&P 500, ofrecen más de ochocientos productos financieros diferentes, la mayoría de ellos con algunos de los índices de gasto más bajos del mercado, lo que proporciona a los inversionistas todo lo que necesitan para crear una cartera de inversiones totalmente diversificada.

- Símbolo de ticker: VFIAX
- Índice de gasto: 0.04 por ciento
- Rentabilidad por dividendo: 1.49 por ciento
- Activos en gestión: seiscientos ochenta y seis mil millones de dólares
- Inversión inicial mínima: tres mil dólares
- Inversión mínima posterior: cincuenta dólares
- Fecha de inicio: febrero de 2000
- Sitio web: www.vanguard.com

Fondo indexado 500 de Fidelity: sin un requisito mínimo de inversión y un índice de gastos incluso más bajo que el de Vanguard, este fondo de costo ultrabajo cumple todos los requisitos. Además, al igual que Vanguard, Fidelity ofrece una amplia gama de productos financieros de bajo costo para que un inversionista diversifique su cartera.

- Símbolo de ticker: FXAIX
- Índice de gastos: 0.015 por ciento
- Rentabilidad por dividendo: 1.26 por ciento
- Activos en gestión: 399.36 mil millones de dólares
- Inversión mínima: ninguna
- Fecha de inicio: febrero de 1988
- Sitio web: www.fidelity.com

Fondo indexado S&P 500 de Schwab: similar a Fidelity, tanto en relación de gastos como sin inversión mínima, Schwab también es una excelente opción.

- Símbolo de ticker: SWPPX
- Índice de gastos: 0.02 por ciento
- Rentabilidad por dividendo: 1.58 por ciento
- Activos en gestión: cincuenta y ocho mil trescientos ochenta millones de dólares
- Inversión mínima: ninguna
- Fecha de inicio: mayo de 1997
- Sitio web: www.schwab.com

Aquellos de ustedes que planeen operar más activamente tal vez querrán optar por un ETF por las siguientes razones:

1. Los ETF operan todo el día y son tan fáciles de comprar y vender como las acciones regulares. Los fondos mutuos, por otro lado, operan sólo una vez al día, después de que el mercado cierre. Además, es probable que pagues una comisión, a menos que pases por la compañía de inversión que emitió inicialmente el fondo mutuo.
2. Los ETF suelen ser más eficientes en términos fiscales para los inversionistas a corto plazo, lo que puede resultar en rendimientos después de impuestos significativamente más altos tanto a corto como a largo plazo.

Si decides optar por un ETF, a continuación hay tres opciones muy recomendadas con las que no puedes equivocarte:

El ETF SPDR S&P 500: conocido por los comerciantes profesionales como "The Spider", el ETF SPDR de State Street Capital es el más antiguo y grande del mercado. Y si bien ya no es una de las opciones más baratas, su gran volumen de operaciones diarias se traducirá en costos de operaciones más bajos con el tiempo, por lo que si planeas hacer cualquier operación activa, entonces el SPDR todavía podría terminar siendo la opción de menor costo para ti.

- Símbolo de ticker: SPY
- Índice de gastos: 0.095 por ciento
- Rentabilidad por dividendo: 1.6 por ciento
- Activos en gestión: trescientos sesenta y siete mil millones
- Inversión mínima: una acción (actualmente trescientos noventa y cuatro dólares)
- Fecha de inicio: enero de 1993
- Sitio web: www.ssga.com

El ETF S&P 500 de Vanguard: a pesar de que este ETF tiene sólo diez años de historia comercial, el mero hecho de que proviene de Vanguard lo convierte en una excelente opción. Con un volumen de negociación suficiente para satisfacer cualquier necesidad de liquidez y uno de los índices de gastos más bajos de la industria, este ETF definitivamente debería considerarse como una opción de primera elección.

- Símbolo de ticker: VOO
- Índice de gastos: 0.03 por ciento
- Rentabilidad por dividendo: 1.6 por ciento
- Activos en gestión: doscientos sesenta y cinco mil millones de dólares
- Inversión mínima: una acción (actualmente trescientos noventa y cuatro dólares)
- Fecha de inicio: septiembre de 2010
- Sitio web: www.vanguard.com

ETF Core S&P 500 de iShares: iShares no sólo ha sido un líder del negocio durante los últimos veinte años, sino que también es propiedad de BlackRock, que es la mayor gestora de activos del mundo. Su bajo índice de gastos y su gran volumen de operaciones diarias hacen de este ETF otra excelente opción.

- Símbolo de ticker: IVV

- Índice de gastos: 0.03 por ciento
- Rentabilidad por dividendo: 1.6 por ciento
- Activos en gestión: trescientos un mil millones
- Inversión mínima: una acción (actualmente trescientos noventa y cuatro dólares)
- Fecha de inicio: mayo de 2000
- Sitio web: www.ishares.com

Al final, ya sea que elijas optar por un ETF o un fondo mutuo tradicional, las diferencias entre los dos son relativamente menores en comparación con una similitud que los supera a todos, es decir, que con una compra puedes ser dueño de las quinientas empresas más grandes, más malas y más rentables en Estados Unidos. Y con el Comité de Índices del S&P observando a cada una de estas compañías como un halcón, listo para reemplazar a cualquiera de ellas que caiga de la gracia o simplemente se vuelva menos representativa de su sector económico, esto crea un poderoso golpe combinado que no tiene rival en el mundo de la inversión.

Sin embargo, tan poderosa y efectiva como esta estrategia ha demostrado ser, viene con una advertencia importante: no debes asignarle el cien por ciento de tu capital de inversión. Para construir una cartera de inversión verdaderamente de clase mundial, es decir, una que maximice tu potencial de ganancias a largo plazo y minimice tu riesgo a corto y mediano plazo, tendrás que diversificar sus tenencias un poco más.

En el siguiente capítulo te mostraré exactamente cómo hacer esto, llevándote a una inmersión profunda en el arte y la ciencia de la asignación de activos, y también de vuelta a la vida de Fernando y Gordita.

Así que mantente en sintonía para ser una "mosca en la pared" mientras guio a mi cuñada favorita por el proceso sorprendentemente simple de crear una cartera de inversión de clase mundial que se adapte perfectamente a sus necesidades.

CAPÍTULO 11

FERNANDO Y GORDITA CONTRAATACAN

¡I*ncreíble!*, pensé.

Mi cuñado, Fernando, todavía tiene el toque de Midas...

¡Excepto que ya no funciona en reversa!

El nuevo departamento era más amplio, el comedor era más grande, la dirección era más prestigiosa, la vista era jodidamente espectacular, y todo esto, hasta la última gota de ello, era testimonio de la capacidad de mi cuñado para recuperarse financieramente de su incursión maldita en las aguas infestadas de tiburones del comercio a corto plazo y tratar de cronometrar el mercado. *Bueno para él —pensé—. ¡Y para Gordita también, por supuesto!*

Fue un poco después de las ocho de la noche, y yo estaba sentado en el comedor de su nuevo hogar, guiándolo en el proceso de asignación de activos. Había pasado un poco más de un año desde aquella fatídica noche en la que había intentado dar sentido a su maltrecha cartera de inversiones, y entre los ingresos de su negocio de fabricación de metales y las comisiones de las ventas de bienes raíces de Gordita habían podido ahorrar suficiente dinero para comprar esta nueva y fabulosa estancia. Ubicada en uno de los barrios más prestigiosos de Buenos Aires, ocupaba todo el trigésimo primer piso de una reluciente torre de aluminio bruñido de cincuenta pisos y tenía una vista impresionante del Río de la Plata. Cristina y yo habíamos llegado hacía poco más de treinta minutos, y el lugar era realmente magnífico.

Acababa de explicar el mayor *hack* de inversión del mundo, relatando la historia de cómo un hombre llamado Jack Bogle le había cortado las piernas al sector de los fondos mutuos convirtiendo el S&P 500 en un instrumento de inversión y luego poniéndolo a disposición de los inversionistas promedio a un costo ridículamente bajo. Básicamente no había ninguna otra inversión que pudiera compararse.

Para destacar ese punto les mostré la siguiente gráfica, que compara los resultados del mercado de bonos estadunidenses con el S&P 500 en los últimos cien años:*

El S&P 500 frente al índice de bonos de rentabilidad total (porcentaje)

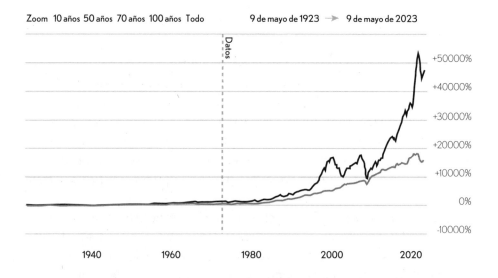

---

* Esta gráfica se centra en los bonos de grado de inversión emitidos por gobiernos, municipios y empresas con una sólida posición financiera y un riesgo relativamente bajo de impago. Los bonos de baja calidad se conocen como bonos basura y son emitidos por compañías con una posición financiera relativamente débil y un riesgo mucho mayor de impago. Para compensar este mayor riesgo, los bonos basura se ven obligados a pagar una tasa de interés mucho más alta que los bonos de grado de inversión.

La conclusión era clara.

A largo plazo, invertir en las quinientas compañías más grandes de Estados Unidos fue mucho más lucrativo que invertir en bonos de alta calidad, con un promedio de poco más de 7.5 por ciento anual. Le dije a Fernando y Gordita, a través de mi encantadora traductora: "Sólo para que lo sepan, el 7.5 por ciento hace una gran diferencia cuando se tiene en cuenta la composición a largo plazo. Por ejemplo, en tu caso, dadas tus edades y tu nivel de ingresos, podrías tener fácilmente decenas de millones de dólares esperándote al final del arcoíris cuando estés listo para jubilarte".

Cristina de repente dejó de traducir.

—¿Es eso realmente cierto? —preguntó.

—¡Por supuesto que es verdad! Todo lo que se necesita es un poco de paciencia, en realidad, mucha paciencia, para ganar *mucho* dinero, pero si comienzas con cien mil dólares en tu cuenta y agregas diez mil al mes, que están dentro de tu presupuesto, entonces dentro de treinta años tendrás más de trece millones, y en cuarenta años, tendrás más de cuarenta millones de dólares.

Hice una pausa por un momento para dejar que mis palabras cayeran en su lugar.

—Por supuesto, eso supone que el S&P continuará alcanzando su promedio a largo plazo, aunque creo que es una apuesta bastante segura, teniendo en cuenta que ha estado haciendo eso durante los últimos cien años.

—Guau —dijo Cristina, impresionada—. Bueno, espero que también estemos haciendo eso.

Luego se encogió de hombros y comenzó a traducir lo que yo acababa de decir.

Aparentemente hizo un buen trabajo de traducción, porque quince segundos después Fernando se volvió hacia Gordita y dijo, en español: "¡Eso es! He terminado con toda esta otra mierda. De cara al futuro, todo nuestro dinero se destinará al S&P 500". Y con eso le dirigió una sonrisa confiada a Gordita, ante lo que ella entornó los ojos y se encogió de hombros, como si dijera: "Lo creeré cuando lo vea".

Irónicamente, aunque Fernando pretendiera o no cumplir su promesa a Gordita, había un gran problema con su decisión de poner el cien por ciento de su capital en un fondo índice S&P 500; es decir, era directamente contraria a algo llamado *teoría moderna de carteras* (*modern portfolio theory*, MPT), que ha sido la regla de oro para la gestión de carteras desde 1952.

La MPT, creación del economista ganador del premio Nobel Howard Markowitz, tomó por asalto al mundo de la inversión desde casi el momento en que Markowitz la concibió.

La teoría se basa en dos conceptos fundamentales:

1. Que, siendo todas las cosas iguales, los inversionistas preferirían una cartera que los exponga a la menor cantidad de riesgo en cualquier nivel de rendimiento dado.
2. Que el riesgo asociado a cualquier activo de una cartera no puede calcularse en un vacío, ya que se verá afectado significativamente por el resto de los activos de la cartera.

Vamos a repasar estos dos puntos uno a la vez.

1. Los inversionistas preferirían una cartera que los exponga a la menor cantidad de riesgo para un determinado nivel de rendimiento.

Imagina este escenario por un momento.

Se te ofrecen dos formas de obtener un rendimiento anual esperado de diez por ciento. Una de esas formas es volátil y arriesgada, y la otra es segura y estable.

Una pregunta simple: ¿cuál de las dos formas elegirías personalmente?

Tu respuesta obvia: elegirías la forma que sea segura y estable cada vez.

Su razón aún más obvia: porque ¿quién en su sano juicio se expondría a un mayor riesgo y volatilidad si no espera obtener un mayor rendimiento?

La respuesta es: nadie.

Dada la opción, un inversionista siempre optará por la inversión menos riesgosa para cualquier nivel dado de rendimiento. Es lógica simple.

2. El riesgo asociado a cualquier activo de una cartera no se puede calcular en un vacío, ya que se verá afectado significativamente por el resto de los activos de la cartera.

Llamemos a este escenario *Un cuento de dos portafolios*.

En la primera cartera hay una división de cincuenta y cincuenta entre dos clases de activos igualmente riesgosos que siempre se mueven en la misma dirección al mismo tiempo. En la segunda cartera también hay una división de cincuenta y cincuenta entre dos clases de activos igualmente riesgosos, excepto que estas dos clases de activos tienden a moverse en direcciones opuestas al mismo tiempo.

Una pregunta simple: ¿cuál de estas carteras es la menos arriesgada de las dos?

Tu respuesta obvia: la segunda cartera, sin duda.

La razón aún más obvia de por qué: dado que las dos clases de activos en la segunda cartera tienden a moverse en direcciones opuestas al mismo tiempo, las pérdidas de la clase de activos que está yendo a la baja se compensarán al menos parcialmente por las ganancias de la que está yendo al alza.

Es un concepto simple.

Ahora bien, si se recuerda del capítulo 3, estos tipos de clases de activos divergentes se conocen como "no correlacionados", en el lenguaje de Wall Street, siendo el ejemplo más común las acciones y los bonos. Por ejemplo, cuando el mercado bursátil en su conjunto se dirige al alza, el mercado de bonos en su conjunto *tiende* a estar a la baja, y las palabras operativas aquí son *tiende a*. En otras palabras, las dos clases de activos no están perfectamente correlacionadas.* Ocasionalmente *se moverán* en la misma dirección al mismo tiempo, como lo hicieron en 2022, después de que la Reserva Federal comenzara a subir agresivamente las tasas de interés luego de más de una década de mantenerlas cerca de cero. Al igual que una banda elástica demasiado estirada, estas dos clases de activos normalmente no correlacionadas se replegaron violentamente y comenzaron a moverse en la misma dirección al mismo tiempo, es decir, a la baja, causando un grave caso de agitación financiera entre innumerables inversionistas.

---

* Los analistas utilizan una escala móvil para describir los distintos niveles de correlación de activos. La escala va desde +1 hasta -1, donde +1 representa activos que siempre se mueven en *la misma* dirección al *mismo* tiempo, y -1 representa activos que siempre se mueven en direcciones *opuestas* al mismo tiempo.

Sin embargo, para ser claros, esta irregularidad en el tiempo fue la excepción a la regla.

Si nos fijamos en periodos de cinco años durante los últimos cien años, no encontrarás uno solo en que tanto el mercado de valores como el mercado de bonos cayeran simultáneamente durante el mismo lapso. Por lo tanto, en términos generales, cuando se trata de gestionar el riesgo en una cartera de inversión, las acciones y los bonos juegan muy bien juntos.

Con ese fin, no debería sorprenderte que las dos clases principales de activos que se utilizan en la asignación de activos sean, de hecho, acciones y bonos, con efectivo y equivalentes de efectivo, como certificados de depósito y fondos del mercado monetario, colocándose como un distante tercero.* Además, también hay clases alternativas de activos que se pueden utilizar para redondear aún más una cartera. Algunos ejemplos de éstos son bienes raíces, materias primas, criptomonedas, capital privado y obras de arte, sólo por nombrar unos pocos.

Pero de nuevo, en términos generales, las dos "grandes armas" aquí son las acciones y los bonos, que típicamente comprenden aproximadamente noventa por ciento de una cartera bien administrada, con el porcentaje de cada clase de activos dictado por el apetito individual del inversionista por el riesgo versus la recompensa.

Por ejemplo, si un inversionista quiere evitar arriesgar su cartera (y está dispuesto a aceptar un rendimiento más bajo), entonces *disminuirá* el porcentaje de acciones frente a bonos hasta que haya alcanzado el nivel deseado de riesgo frente a recompensa. Por el contrario, si quisiera *aumentar* el rendimiento esperado de su cartera (y está dispuesto a aceptar más riesgos), entonces tendría que *aumentar* el porcentaje de acciones frente a bonos (hasta que haya alcanzado el nivel deseado de riesgo frente a recompensa).

Una vez más, es un concepto simple.

De hecho, es esta misma combinación de simplicidad y flexibilidad lo que hace que la MPT sea tan atractiva para los inversionistas que simplemente ajustando el porcentaje de acciones frente a bonos de

---

* Cuando uno se refiere a "efectivo" en este contexto, no es dinero frío y duro en el bolsillo. Más bien es efectivo o equivalentes de efectivo mantenidos en cuentas bancarias.

una cartera pueden lograr cualquier nivel que deseen de riesgo frente a recompensa.

Con esto en mente, le dije a Fernando:

—Aprecio tu entusiasmo, pero no importa lo fuertes que hayan sido los resultados del S&P 500 a lo largo de los años, no querrás poner el cien por ciento de tu capital ahí; querrás diversificar tu haber un poco más. Estoy seguro de que todos ustedes han escuchado el viejo dicho acerca de no poner todos los huevos en la misma canasta, ¿verdad?

Cristina dejó de traducir y dijo:

—Por supuesto. Es español. Viene de *Don Quijote*: *No pongas todos tus huevos en una canasta.* Así es como se dice.

Justo entonces, Gordita entró.

—No pongas todos tus huevos en una canasta. ¿Qué pasa con eso, Jordi?

—¡Estupendo! —le respondí—. ¡Bueno, veo que todos ustedes conocen la expresión! Personalmente, no creo que exista una declaración más verdadera, y no estoy hablando sólo de invertir; estoy hablando en todos los aspectos de la vida. Como vean a Vittorio, por ejemplo. Por cierto ¿dónde está Vittorio?.

—Está justo detrás de ti —dijo Cristina—. Está jugando con su iPad.

Me di la vuelta, y efectivamente, ahí estaba él, sentado en el suelo, viendo una caricatura en español. Lo miré por un momento mientras él pronunciaba cada palabra para sí mismo sin perder ni una sílaba. Era una hazaña impresionante para un niño de dos años, pensé. Luego me volví hacia la mesa y dije:

—Está bien, así que cuando Vittorio esté listo para ir a la universidad un día, no sólo vas a inscribirlo a una escuela; vas a inscribirlo a un *montón* de escuelas para asegurarte de que entre al menos a una, ¿verdad? Es lógica simple. Y lo mismo es cierto con la amistad. No quieres tener sólo un mejor amigo en tu vida y ningún otro amigo. ¿Por qué? Porque si algo pasa con esa relación, entonces no tendrás a nadie más con quien pasar el rato.

Me detuve un momento para darle a Cristina la oportunidad de ponerse al día con la traducción.

Unos diez segundos más tarde Fernando y Gordita asintieron, al igual que Cristina. *Excelente*, pensé, y seguí adelante:

—De todos modos, puedo seguir y seguir con esto, porque es un punto crucial. Quiero decir, tomemos como ejemplo a los mormones. Algunos de esos bastardos tienen tres o cuatro esposas, y todos parecen estar muy contentos con ello. Por no hablar de todos los beneficios evolutivos de tener cientos de millones de espermatozoides que van tras un óvulo solitario...

Y mientras continuaba compartiendo mis pensamientos sobre las virtudes biológicas de la poligamia mormónica, vi cómo la expresión de mi esposa pasaba de la confusión al desconcierto y a una franca hostilidad. Peor aún, antes de que tuviera la oportunidad de detenerla, comenzó a traducir mis palabras para Gordita, en venganza.

Unos segundos más tarde, Fernando comenzó a reírse a carcajadas.

Pero sólo por un momento. Gordita le disparó una mirada de muerte, y rápidamente dejó de reír.

Luego me miró y se encogió de hombros.

En un esfuerzo por calmar la situación, le dije a Cristina, en tono pacificador:

—Escuchen, ustedes no entendieron para nada la idea aquí. Todo lo que intentaba decir es que si bien el S&P 500 está muy diversificado, en términos de sus quinientas empresas, sigue estando compuesto únicamente por acciones, y las acciones, en su conjunto, tienden a subir y bajar juntas en una cesta... ¡Por eso no quiero que pongas todos tus huevos en esa cesta! —¡Perfecto!, pensé. *Dos cestas en una frase. Fui redimido*—. ¡Ése era el argumento que estaba tratando de plantear! Ustedes simplemente tomaron las cosas fuera de contexto.

—No sacamos nada de contexto —dijo Cristina—. Es lo que dijiste *después*, lo que fue ofensivo.

Se volvió hacia Gordita y comenzó a traducir lo que me acababa de decir antes de que tuviera la oportunidad de responder.

—¡Exacto! —estuvo de acuerdo con Gordita—. Es ofensivo —luego, con desdén, agregó—: *¡No pongas todos los huevos en la misma canasta! ¡Por favor!*

—¡Por favor está bien! —concedió Cristina—. Es una tontería.

—Está bien, lo entiendo. Dile a Gordita que me disculpe. Olvidaremos a los mormones y volveremos a la asignación de activos.

Cristina dijo unas palabras a Gordita, lo que provocó lo que parecía una respuesta de mil palabras de ella, aunque probablemente era más como

veinte palabras, ninguna de las cuales entendí. Ahora las hermanas pare-
cían estar encerradas en un acalorado debate, que parecía durar mucho
tiempo. Finalmente, Cristina me miró y dijo:

—Está bien, Gordita te perdona.

Miré a Gordita. Ahora tenía una expresión satisfecha. Nos miramos a
los ojos, y ella asintió una sola vez.

—Bien —dije, sonriendo—, olvidado entonces. Sigamos adelante…

Y con esto, pasé los siguientes minutos profundizando en el concepto
de la MPT y cómo se mezclan dos clases de activos no correlacionados para
eliminar el riesgo de una cartera a corto plazo y, al mismo tiempo, aumentar potencialmente su rendimiento a largo plazo.

—Así pues, aunque no les recomendaría poner *todo* su dinero en un
fondo índice S&P 500, dadas sus edades y nivel de ingresos, deberían tener
aproximadamente ochenta por ciento de su cartera total ahí. El otro veinte
por ciento debería destinarse a un fondo de bonos de alta calidad.

Me detuve un momento para considerar mis palabras. Entonces dije:

—Esto supone que ustedes tienen suficiente dinero para gastos de vida
reservado en efectivo, en caso de una emergencia. Deben tener suficiente
para los siguientes seis o doce meses. Si no lo tienen, entonces tendrán que
tomarlo del cien por ciento, y luego dividir el resto en ochenta/veinte.

—¿Quieres decir efectivo efectivo? —preguntó Cristina.

—No, no dinero verde —respondí—, especialmente no en pesos argentinos. Creo que su tasa de inflación es de alrededor de cien por ciento al año
en estos días. Pregúntale a Fernando si sabe de cuánto es.

Cristina miró a Fernando y dijo:

—Fer, ¿cuál es la tasa de inflación en este momento?

Fernando se encogió de hombros.

—Sobre ciento cincuenta por ciento, más o menos.

—¡Jesús! —murmuré—. ¡Eso es una maldita locura! ¿Cómo viven así?
¿Qué hacen, cambian los precios del menú cada día?

—Tres veces al día —gorjeó Gordita—. ¡Bienvenido a Argentina, Jordi!
Es el único país en todo el mundo donde no se puede obtener una hipoteca
para una casa, pero el banco financiará un televisor a cinco años. Todo está
al revés.

Interesante, pensé. Definitivamente eso creaba un desafío para cualquier
persona que viviera ahí y quisiera seguir la MPT. La regla general es asignar

entre seis y doce meses de gastos de vida a efectivo y equivalentes de efectivo, como protección contra una pérdida de trabajo o alguna otra circunstancia imprevista que podría causar que tengas que recurrir a tu bolsillo en el corto plazo. Para las personas sin una familia que mantener, seis meses es probablemente suficiente, pero si tú tienes una familia entonces probablemente deberías aumentar ese colchón a alrededor de doce meses. Cualquier cosa más que eso, tal vez estén jugando demasiado seguro, porque si las cosas se ponen difíciles, siempre puede uno escarbar en los otros activos de su cartera. Por supuesto, en Estados Unidos esto es fácil de hacer. Hay numerosas opciones bancarias entre las cuales elegir y la inflación es relativamente baja. Pero en Argentina, si mantienes tu dinero en efectivo en el sistema bancario u ocultas pesos bajo el colchón, entonces perderías dos tercios de tu dinero al final de cada año por culpa de la inflación. Sobra decir que no era una opción consistente.

Con eso en mente, dije:

—¡Bueno, eso está jodido! Así que, teniendo en cuenta todo eso, creo que el mejor lugar para que ustedes hagan todo esto es a través de una firma de corretaje llamada Vanguard. Será fácil para ustedes abrir una cuenta en línea ahí, y puede servir como una ventanilla única para todo, incluida la parte en efectivo de su cartera, que pueden poner en uno de sus fondos del mercado monetario.

Me detuve un momento para dejar que Cristina se pusiera al día.

—Dile a Gordita que escriba el nombre Vanguard. Quiero que abra una cuenta para ellos ahí. El nombre del fondo índice que quiero que compren es el Vanguard 500 Index Fund Admiral Shares. El símbolo de stock es VFIAX. Eso es definitivamente lo mejor para ellos, ¿de acuerdo?

Cristina asintió y comenzó a traducir.

Unos segundos más tarde Gordita comenzó a escribir en su iPhone con la velocidad de un conejo. Tan pronto como terminó, dijo:

—Por favor, continúa, Jordi.

—Lo haré, Gordita —luego me dirigí a Cristina y le dije—: El próximo fondo que quiero que compren es el Vanguard Total Bond Market Index Fund. Además las acciones Admiral, no las regulares.

—¿Por qué las acciones Admiral?, —preguntó Cristina.

—Debido a que tienen tarifas ligeramente más bajas, lo que significa que un poco más de dinero terminará en el bolsillo de Fernando y Gordita cada año y no en el de Vanguard, aunque, para ser justos con Vanguard, todos sus productos tienen tarifas ridículamente bajas.

—Si las acciones de Admiral son un mejor trato, entonces ¿por qué no todo el mundo simplemente las compra? —insistió Cristina.

—Ésa es en realidad una muy buena pregunta —respondí—. La respuesta es que tienen un requisito mínimo de inversión. Sólo cuesta tres mil dólares, pero para algunas personas eso es un problema.

—Ya entiendo —contestó ella—. Déjame explicárselo.

Mientras Cristina se dedicaba a su asunto me encontré pensando en los acontecimientos del año pasado... un momento en particular... Cuando Gordita había clavado una mirada helada en Fernando. Parecía un recuerdo especialmente conmovedor en este momento. En aquel tiempo, ella estaba reaccionando a la actitud aparentemente negligente de Fernando hacia su pérdida comercial de noventa y siete mil dólares, que, en su opinión, no era el fin del mundo, dadas sus edades relativamente jóvenes y su considerable poder adquisitivo. Sentado aquí hoy, parecía que, al menos en *algún* nivel, Fernando había demostrado tener razón, con este fabuloso departamento nuevo como clara evidencia de eso. Por otro lado, también había una palpable ausencia de muebles a la vista, lo que era muestra clara de que Gordita también había tenido razón: que una pérdida comercial de noventa y siete mil dólares no era nada de que presumir. De hecho, cuando llegamos por primera vez, nos había explicado la falta de muebles de una manera bastante cómica. Dijo: "Si me pones boca abajo ahora mismo y me sacudes, ¡no caerá ni un solo centavo!". Pero obviamente eso fue un poco exagerado. Después de todo, la razón por la que me habían pedido que viniera aquí esta noche era porque querían comenzar a reconstruir su cartera de inversiones. Entonces, ¿qué tan malas podrían ser las cosas? No tan malas, pensé.

—...con la diferencia de 7.5 por ciento. Él piensa que eso va a afectar a la Trifecta Dorada, algo de lo que tú hablaste. ¿Tiene razón al respecto?

De repente me di cuenta de que Cristina me estaba haciendo una pregunta. Pero aparte de lo que se refiere a la Trifecta Dorada, no tenía idea de qué se trataba. Entonces dije:

—¿Tiene razón sobre qué?

—¡Sobre su preocupación! —presionó Cristina—. Le gusta la Trifecta Dorada, pero le preocupa que los bonos reduzcan demasiado su ganancia.

Se detuvo un momento, como si considerara sus propias palabras. Luego agregó:

—*Creo* que eso es lo que dijo. ¿Tiene eso algún sentido en absoluto?

—En realidad lo tiene —respondí—. Tiene perfecto sentido.

De hecho, la preocupación de Fernando no sólo tenía mucho sentido, sino que también puso de relieve uno de los mayores conceptos erróneos sobre la teoría moderna de la cartera: que cuando asignas un cierto porcentaje de tu capital a bonos como cobertura contra las recesiones, reduces el rendimiento a largo plazo de la cartera en el mismo orden de magnitud. En otras palabras, dado que la rentabilidad histórica del S&P 500 del 11.89 por ciento es significativamente superior a la rentabilidad histórica del mercado de bonos del cuatro por ciento, ¿la protección a la baja que se obtiene con una asignación del veinte por ciento en bonos no reduciría el rendimiento anual de la cartera en un margen inaceptable?

En la superficie, uno podría pensarlo así. Pero no es así como sucede.

Puesto que uno está cubriendo con una clase de activo no correlacionada, se obtiene al final un beneficio asimétrico en su protección a corto plazo. Dicho de otra manera, en cualquier asignación de bonos dada, el impacto en el rendimiento a largo plazo de nuestra cartera no es tan profundo como la protección a corto plazo que proporciona.

En el siguiente cuadro pueden ver cuánta protección proporcionan las diferentes asignaciones de bonos para una cartera durante su peor año y cuánto cuesta cada una de ellas a largo plazo.

Porcentaje de asignación			
	Acciones	Bono	**Total**
Cartera 1	100	0	**100**
Cartera 2	80	20	**100**
Cartera 3	60	40	**100**
Cartera 4	40	60	**100**
Cartera 5	20	80	**100**

Observen cómo una asignación de veinte por ciento en los bonos reduce el rendimiento anual promedio de la cartera en tan sólo 0.6 por ciento, mientras que reduce la pérdida anual máxima en más de ocho por ciento. Y una asignación de cuarenta por ciento reduce el rendimiento anual promedio de la cartera en sólo 1.3 por ciento, mientras que reduce la pérdida anual máxima 16.5 por ciento. Finalmente, una asignación de sesenta por ciento reduce el rendimiento anual promedio de la cartera en sólo 2.2 por ciento, mientras que reduce la pérdida anual máxima treinta por ciento.

Es evidente que en estos tres casos el impacto en el rendimiento medio anual es relativamente menor en comparación con el lado negativo de la protección a corto plazo proporcionada.

Ahora, sólo para ser claro, no estoy diciendo que tú debas tener bonos de más en tu cartera por mera diversión. Más bien debes tener un porcentaje apropiado de bonos, ni más ni menos.

Y eso me lleva a la pregunta del millón:

¿Cuál es el plan de asignación de activos adecuado para ti?

Según el gran Jack Bogle, la regla general es usar tu edad como guía. En otras palabras, si tienes treinta años, entonces debes tener treinta por ciento de tu cartera asignada a bonos. Si tienes cuarenta años, entonces debería ser de cuarenta por ciento. Y si tienes sesenta años, entonces debería ser de sesenta por ciento. Y así sucesivamente.

Pero, por supuesto, esto es sólo un punto de partida.

Hay cuatro preguntas que cada inversionista, incluido tú, debe hacerse para llegar al plan de asignación de activos correcto:

1. ¿Cuáles son mis objetivos financieros?
2. ¿Cuál es mi horizonte temporal?
3. ¿Cuál es mi tolerancia al riesgo?
4. ¿Cuál es mi situación financiera actual?

Primero vamos a repasar estos puntos, uno a la vez.

1. ¿Cuáles son tus objetivos financieros?

Es importante recordar que es casi seguro que tendrás más de un objetivo financiero, y tu plan de asignación de activos debe reflejar eso con precisión. Por ejemplo, tu meta principal podría ser ahorrar para tu jubilación, pero también podrías estar buscando un pago inicial para una nueva casa o para pagar la educación universitaria de tus hijos. O tal vez estás interesado en iniciar un nuevo negocio o simplemente consentirte comprando un nuevo coche deportivo o haciendo un viaje alrededor del mundo.

Existen literalmente *innumerables* metas financieras, desde las más desinteresadas y nobles hasta las más egoístas y decadentes, pero al final del día no hay respuestas correctas o incorrectas a esta pregunta. Es tu dinero, y tienes todo el derecho de hacer lo que quieras con él. La distinción clave, sin embargo, es que algunos de estos objetivos pueden ser a corto plazo, y tú tendrás que tomar esto en cuenta al diseñar tu plan de asignación de activos, ya que los bonos son mucho más adecuados para horizontes de tiempo más cortos, lo que me lleva a la siguiente pregunta.

2. ¿Cuál es tu horizonte temporal?

Para responder con precisión a esta pregunta debes volver a tus respuestas de la primera pregunta y asignar fechas estimadas a cada uno de tus objetivos. Por ejemplo, si tu objetivo principal es ahorrar para la jubilación, ¿en cuántos años piensas jubilarte?

¿Y qué pasa con tus objetivos secundarios y terciarios?

¿Estás buscando comprar una casa nueva? ¿Pagar la educación de tu hijo? ¿Iniciar un nuevo negocio?

Si cualquiera de esos objetivos está a menos de entre tres y cinco años, entonces definitivamente tendrás que dar cuenta de eso aumentando tu asignación de bonos en relación con las acciones.

De hecho, echa un vistazo a la gráfica de la siguiente página por un momento. Muestra el rendimiento del S&P 500 a lo largo de varios horizontes temporales en los últimos cien años.

Frecuencia de los rendimientos positivos en varios horizontes temporales
Rentabilidad anualizada prospectiva del S&P 500
(porcentaje)

Enero de 1920 a diciembre de 2020

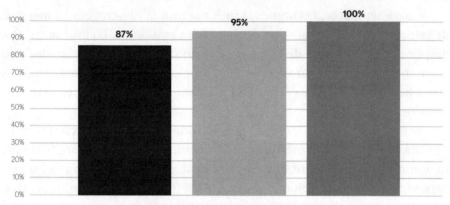

Frecuencia de ganancias positivas

Hay algunas cosas en las que vale la pena centrarse aquí.

En primer lugar, que durante cualquier periodo de veinte años entre 1920 y 2020 el S&P 500 nunca ha tenido una ganancia negativa, incluso si se incluyen los peores años de la Gran Depresión.

Lo mismo puede decirse para cualquier periodo de quince años entre 1920 y 2020.

Pero ¿qué pasa con cualquier periodo de diez años?

Bueno, en su mayor parte, la respuesta sigue siendo la misma, aunque hubo un periodo de diez años, durante la Gran Depresión, cuando el índice perdió uno por ciento. Y si bien ése no es ciertamente el resultado que un inversionista hubiera estado esperando, no es lo suficientemente malo como para hacer que alguien se tire por la ventana. Además, ese periodo de diez años fue la excepción a la regla. En todos los demás casos, el S&P 500 tuvo una rentabilidad positiva, con una media de diez años cercana a once por ciento.

Pero ¿qué pasa con periodos de más de un año?

¿Ha subido siempre el S&P 500? No, ni por asomo.

En su peor año, 1931, el índice perdió cuarenta y ocho por ciento de su valor cuando Estados Unidos cayó en medio de la Gran Depresión. Peor aún, ya había perdido veinte por ciento en 1929 y otro veinticinco por ciento en 1930, con una pérdida total de noventa por ciento durante ese periodo de tres años.

Y para ser claros, ésta no es la única vez en la historia que el mercado de valores ha recibido este tipo de paliza de varios años. Lo mismo sucedió después de la explosión de la burbuja de las puntocom en marzo de 2000. En un periodo de tres años el Nasdaq, un gigante tecnológico, perdió noventa por ciento de su valor, y el S&P 500 perdió cincuenta por ciento de su valor.

Ahora, imagínate si hubieras puesto todo tu dinero en acciones en las semanas previas al colapso de las puntocom, y tuvieras que pagar la educación universitaria de tu hija en veinticuatro meses, y luego ella hubiera ingresado a Harvard. ¿Qué le dirías a ella? "Oh, no te preocupes, cariño. ¡El colegio comunitario local es igual de bueno!" Peor aún, y ésta es una historia real, he tenido varios amigos que habían decidido no pagar ningún impuesto estimado a lo largo del año y poner el dinero en el mercado de valores. Bueno, adivinen qué pasó. Sí, eso es. El mercado de valores se hundió ese año, no pudieron pagar sus impuestos, y algún agente del IRS llegó a llamar a su puerta.

Es por eso que incluso las acciones de alta calidad no son particularmente adecuadas para los horizontes de tiempo más cortos. Eso no quiere decir que no puedas poseerlas; sólo necesitan ser equilibradas con una asignación lo suficientemente grande en bonos o efectivo.

3. ¿Cuál es tu tolerancia al riesgo?

En algún nivel, ésta es la pregunta más importante que se te hará cuando se trata de asignar activos. ¿Por qué? Porque, si respondes esta pregunta incorrectamente, la próxima vez que el mercado se vaya a pique te verás en la desafortunada posición de tratar de resistir al impulso de vender en pánico al precio más bajo. Aquí es donde entra la "prueba del sueño". (¡Sí, esto es de verdad algo real!)

¿Qué es la prueba del sueño?

En pocas palabras, dada la mezcla actual de activos en tu cartera, ¿podrás dormir por la noche si el mercado cae en el retrete? Si tu respuesta a esta pregunta es no, entonces tu plan de asignación de activos actual no tiene sentido para ti, y debes cambiarlo.

¿Cómo?

Bueno, sin conocer todos los detalles, diría que un buen punto de partida sería aumentar el porcentaje de bonos frente a acciones de tu cartera, a pesar de su rentabilidad históricamente más baja. De lo contrario, terminarás sucumbiendo a tus peores impulsos, y terminarás vendiendo tus acciones en el punto más bajo durante la próxima baja en el mercado.

Si crees que estoy exagerando, entonces créeme por un momento e imagínate a ti mismo en este predicamento: colocas el cien por ciento de tu capital de inversión en el índice Nasdaq Composite el 1 de marzo de 2000, que fue dos semanas antes de que estallara la burbuja de las puntocom. ¿Por qué harías esto? Bueno, para empezar, no tenías forma de saber que eso pasaría, especialmente con payasos como Jim Cramer diciéndote que lo apostaras todo, porque había un mercado al alza furiosa sin fin a la vista.

¡Y ahora estás jodido! *Fucked over!* ¡Colgado ahí para secarte!

En un mes el mercado se está hundiendo como una piedra, y sigue hundiéndose. Muy pronto los expertos de CBNC cambian su canción, y dicen que la fiesta ha terminado, y es el comienzo de un feroz mercado bajista. Aún más exasperante, el payaso principal, Jim Cramer, está fingiendo que nunca te dijo que lo apostaras todo el mes pasado, y ahora ha cambiado de discurso, diciendo que a los inversionistas como tú les vendría mucho mejor permanecer al margen por un tiempo porque las cosas se ven muy difíciles. Pero tú no puedes. ¡Ya lo apostaste porque seguiste el consejo de ese idiota! Entonces, ¿qué se supone que debes hacer?

Bueno, *tal vez* te mantengas fuerte, al principio. Pero por desgracia las cosas van de mal en peor, y el mercado de valores sigue cayendo. Al final del primer año, ha caído más de veintidós por ciento.

Estás absolutamente patidifuso.

Tus finanzas se van por el caño, estás emocionalmente destrozado, te arrancas los pelos de la cabeza y no hay fin a la vista. Pero el mercado no puede desplomarse para *siempre*, ¿verdad?

Hmmm... bueno, eso depende de cuál sea tu definición de para siempre.

¿Recuerdas la gráfica de hace unas páginas?

Para la mayoría de las personas la definición de "para siempre" en el mercado de valores está inversamente relacionada con la cantidad de dinero que están perdiendo respecto de su patrimonio neto. Específicamente, cuanto mayor sea la proporción, más corto será "para siempre". En consecuencia, en un feroz mercado bajista, cualquier cosa más allá de seis meses puede parecer para siempre para la mayoría de la gente. Por lo que, así las cosas, venden.

¿Ves mi idea?

A fin de cuentas, pocos, de hecho, son los inversionistas que tienen una tolerancia al riesgo tan alta que pueden poner todo su dinero en el mercado de valores y soportar ese tipo de recesión sin accionar el interruptor de pánico. De hecho, recuerdo haber recibido nada menos que una docena de llamadas de amigos cercanos que habían invertido todo su dinero en el Nasdaq de alto vuelo en los meses previos al accidente de las puntocom. Y uno por uno los vi a todos rajarse al tocar fondo. Aguantaron hasta donde pudieron antes de empezar a decirse: "¡A la mierda! Prefiero el golpe a la quijada ahora, mientras todavía me quedan algunos dólares, que ver cómo cae el mercado. ¡Esta mierda no es para mí!". Y así, vendieron por pánico en el precio más bajo y perdieron casi todo.

Por el contrario, mis amigos que tenían carteras más apropiadas para el riesgo no sufrieron tanto, ya que los bonos que poseían ayudaron a amortiguar el golpe. Por lo tanto, aunque todavía estaban en papel (todas las carteras estaban saliendo de la caída de las puntocom), las pérdidas que experimentaban eran mucho menos graves, lo que hizo que las cosas fueran mucho más manejables a nivel emocional. Así que, al final, fueron capaces de superar la tormenta y esperar a que el mercado cambiara de dirección, ¡y así fue! Llevó algo de tiempo, cinco años para el Nasdaq y tres años para el S&P 500, pero como siempre sucede, a largo plazo, el mercado tuvo una tendencia al alza.

4. ¿Cuál es tu situación financiera actual?

Esto afectará tu plan de asignación de activos de varias maneras diferentes. Por ejemplo, si tienes un ingreso anual sustancial, digamos, un millón de dólares o más, entonces eso hará que sea mucho más fácil para ti manejar los altibajos constantes asociados con una cartera con muchas acciones. Después de todo, si tienes la capacidad de regenerar con rapidez cualquier pérdida que estés experimentando actualmente (en papel), entonces será mucho más fácil para ti mantener el curso a largo plazo, en lugar de hacer una venta de pánico durante la próxima recesión importante.

En algún nivel así fue como Fernando fue capaz de especular salvajemente y aun dormir por la noche. En su mente sabía que sus ingresos anuales lo protegerían de sufrir las peores consecuencias financieras que provienen de la reducción a cero de una cartera de inversiones; así que, tan molesto como podría haber estado cuando perdía poco a poco su dinero, no estaba acostado en la cama por la noche, con sudores fríos, diciéndose a sí mismo: "¿Qué diablos voy a hacer ahora? No voy a poder comprar comida para mi familia, y todos vamos a terminar en la calle, ¡y van a quitarle su iPad a Vittorio!". En cambio, pudo tomar sus pérdidas con calma y decirse a sí mismo: "¡Bueno, esto realmente apesta! Ahora voy a tener que trabajar más duro este año para recuperar todo el dinero que perdí, especialmente si quiero comprar ese hermoso departamento nuevo con la impresionante vista hacia el Río de la Plata".

¿Ven mi punto?

Por el contrario, alguien que apenas consigue pagar sus cuentas y está tambaleándose al borde de la ruina financiera será mucho más probable que venda por pánico sus acciones durante el próximo mercado bajista, porque las pérdidas que está experimentando (en el papel) tienen consecuencias mucho mayores para él.

Alternativamente, cuando un inversionista alcanza un cierto punto de riqueza extrema, su objetivo principal por lo general cambiará de tratar de maximizar su ganancia a la preservación del capital. O, dicho de otra manera, se preocupará menos por cuánto puede ganar y más por cuánto puede perder. Esto tiene perfecto sentido. Después de todo, un inversionista extremadamente rico puede poner todo su dinero en un fondo de bonos de alta calidad y tan sólo vivir de los intereses sin una sola preocupación en el mundo. Eso no quiere decir que esto sea lo que hará la mayoría de los inversionistas ricos. De hecho, no lo harán; la gran mayoría optará por una cartera, aunque con un ligero sesgo hacia los bonos sobre las acciones para garantizar la preservación del capital.

Entonces, en el extremo opuesto del espectro, y en un escenario mucho más común, estaría un inversionista relativamente joven que ha estado en la fuerza laboral durante algunos años y que tiene un futuro brillante por delante. En ese caso, tendrán que considerar qué tipo de trabajo tienen y qué tipo de beneficios de jubilación ofrece. Por ejemplo, si están trabajando en una gran empresa que tiene un plan 401(k) agresivo que les ayudará con su jubilación, entonces podrían ser un poco más agresivos con la forma en que asignan el resto de su cartera. Por el contrario, alguien que trabaja por cuenta propia o es un empresario con múltiples negocios probablemente querrá ser un poco más conservador con la forma en que planea su jubilación, ya que no tiene nada más en qué confiar que su ingenio y su voluntad.

La conclusión es la siguiente: ahora que entiendes el concepto que da sustento a la MPT, todo lo que tienes que hacer es responder cada una de las cuatro preguntas, y verás que construir el portafolio perfecto será tan simple como un pastel.

¿Por qué?

Porque al menos el noventa por ciento consistirá en dos posiciones principales.

1. Un fondo índice S&P 500 de bajo costo (ya te he explicado esto, *ad nauseam*).
2. Un fondo de bonos de grado de inversión de bajo costo (lo explicaré en un momento).

Así de sencillo es vencer a Wall Street en su propio juego. Todo lo que necesitas hacer es no complicarlo tontamente.

Permíteme volver a los "viejos lazos aburridos" por un momento y llenar algunos espacios en blanco.

Afortunadamente, ya te he dado los conceptos básicos de cómo funcionan los bonos y por qué son más seguros que las acciones, por lo que puedo ir al grano con una honestidad brutal sobre la verdadera naturaleza de estos astutos instrumentos de deuda, es decir, que de la misma manera que es un error de tontos tratar de elegir acciones individuales y el tiempo del mercado, es aún más un error de tontos tratar de hacer eso con los bonos. De hecho, es una receta para el desastre. Hay tres razones principales para esto.

1. Los bonos son jodidamente complicados. Se necesitan años de estudio para comprender por completo todos los matices, e incluso están llenos de bombas de tiempo y trampas que son fáciles de pasar por alto y terminarán costándote caro. ¿Quién coloca ahí todas estas bombas de tiempo y triquiñuelas? El complejo de la Máquina de Tarifas de Wall Street, por supuesto. ¿Y por qué lo hace? Para cogerte personalmente, ¡por eso! Así que no lo permitas.

2. Los comerciantes de bonos profesionales son una raza notoriamente carnicera, que con mucho gusto te arrancarán los globos oculares para ganar un centavo más, y luego volverán a sus mansiones y dormirán como bebés. Para un inversionista aficionado que intente comerciar contra ellos es casi seguro que va a terminar en lágrimas. Y estarán felices de haberlo hecho llorar.

3. Hay un amplio número de fondos de bonos de alta calidad que tienen costos muy bajos, sin carga de ventas al inicio o al final, y son fáciles de comprar. Entonces, dado todo eso, ¿por qué diantres tratarías tú o, para el caso, cualquier otra persona de escoger bonos individuales, cuando los principales proveedores de fondos del mundo están dispuestos a entregarte una cartera de bonos curada por expertos en una bandeja de plata por casi nada? (¡Puedes agradecer a Jack Bogle por eso también!) La respuesta es que no lo harías. ¡Así que no lo hagas!

Por ejemplo, las acciones Admiral Total Bond Market Index Fund de Vanguard (VBTLX) son una solución perfecta para cualquier cartera de inversión con un horizonte temporal de más de cinco años. Con una relación de gastos de sólo 0.05 por ciento, el fondo posee aproximadamente seis mil bonos individuales de calidad de grado de inversión con una fecha de vencimiento promedio de cinco años. Si el horizonte de tiempo de tu cartera es inferior a cinco años, entonces las acciones Admiral Short Term Bond Index Fund de Vanguard (VBIRX) serán mucho mejores, aunque el rendimiento anual promedio es alrededor de treinta y tres por ciento más bajo (2.19 por ciento para el VBIRX, frente al 2.95 por ciento para el VBTLX) debido a las fechas de vencimiento promedio más cortas de los activos del fondo.

Para aquellos de ustedes que prefieren una solución que no sea Vanguard, el ETF SDPR Portfolio Aggregate Bond (SPAB) y el ETF Schwab US Aggregate Bond Fund (SHCZ) son opciones excelentes para horizontes de tiempo de cinco años o más. Durante un horizonte temporal de menos de cinco años, el ETF SPDR Short-Term Corp Bond (SPSB) y el ETF iShares Core 1-5 Years US Bond (ISTB) son mucho mejores.

Para ser claros, hay otras opciones consistentes, además de las que he mencionado; éstas son sólo algunas de las más valoradas, y no querría aburrirte con toda la lista de lavandería. Para eso puedes ir a Morningstar.com, donde encontrarás suficientes opciones para poner a girar tu cabeza. Sólo recuerda siempre que la clave del éxito con cualquier fondo de índice es una relación de gastos muy baja y ninguna carga de ventas al inicio o al final. Siempre y cuando tu elección tenga esas dos cosas a tu favor, y estés eligiendo de una lista de fondos de bonos altamente calificados, entonces será difícil que te vaya mal.

Si te preguntas por qué no me he ocupado de algunos de los bonos más "esotéricos" —bonos de alto rendimiento (también conocidos como bonos basura), bonos municipales libres de impuestos, bonos no dominados por dólares, títulos del Tesoro protegidos contra la inflación— éstas son las razones:

1. Dado que los bonos basura son riesgosos, y el propósito de tener bonos en la cartera es protegerte contra el riesgo, ¿por qué diablos querrías tener bonos basura en ella? De hecho, los bonos basura son más similares a las acciones que a los bonos de alta calidad, lo que los hace muy poco adecuados para el propósito para el que los comprarías. Es por eso que mi consejo es dejar que los comerciantes de bonos profesionales traten con ellos y no perder el tiempo.

2. Los bonos municipales ciertamente pueden tener sentido en algunos casos, ya que son los más eficientes en impuestos de todos los

bonos. (Están exentos de impuestos federales, estatales y municipales). Sin embargo, como todas las demás inversiones, no hay almuerzos gratis, por lo que cualquier municipio que te ofrezca un
rendimiento muy alto no lo está haciendo por la bondad de su corazón; lo está haciendo porque tiene que hacerlo, lo que significa que
tal vez está a punto de ir a la quiebra o algo parecido. Mi consejo es
que no pierdas tu tiempo con ellos.

3. Los bonos no dominados por dólares te reembolsarán el capital
principal y los intereses en una moneda extranjera, lo que significa
que ahora tienes una segunda cosa de la cual preocuparte, además
de la solvencia del bono, a saber: la devaluación de la moneda. En
otras palabras, ya que te pagarán tu capital e interés en una moneda
extranjera, ¿qué sucede si el valor de esa moneda baja en relación
con el dólar estadunidense? La respuesta es que probablemente
cualquier interés adicional que recibas quede más que mermado
por el valor disminuido de la moneda cuando finalmente cobres el
bono. Así que, una vez más, mi consejo es evitar estos brillantes ob-
jetos extraños.

4. Los Valores del Tesoro protegidos contra la inflación (TIPS) son verdaderamente un buen negocio y se han ganado un lugar bien merecido en algunas carteras de inversión. Pero probablemente no en
la tuya. En realidad, estoy siendo injusto. El punto que estoy tratando de argumentar es que a medida que vayas alcanzando mayores
niveles de riqueza, es posible que desees subdividir tu asignación
de bonos para incluir algunos TIPS. Hasta entonces, no me preo-
cuparía por ellos. La forma en que funcionan los TIPS es ajustando
la cantidad de interés y (en última instancia) y el capital que se le
paga, en función de qué tan caliente o fría se encuentra la inflación.
A largo plazo, los TIPS han tenido un rendimiento *ligeramente* mayor que sus contrapartes no protegidas contra la inflación, aunque
siempre muy ligeramente; por lo que a fin de cuentas no harán mucha diferencia para ti en términos de dólares, a menos que tu cartera sea extremadamente grande.

Entonces, para resumirlo todo, mientras que hay muchos tipos diferentes
de bonos entre los cuales tú puedes elegir, en su gran mayoría no son dignos

de tu consideración, ya que no ofrecen ningún beneficio adicional a nadie que no sea algún miembro afortunado del complejo de la Máquina de Tarifas de Wall Street que haya puesto sus sucias garras en ellos desde un principio y haya obtenido ingentes tarifas de suscripción por convencer a algún alma pobre y desprevenida de que los comprara. Dicho de otra manera, es mejor seguir con la sigla KISS, que significa "Keep it Simple, Stupid" (Haz las cosas simples, estúpido), que puede interpretarse como: "Tienes que mantener esto tan simple que debe ser *estúpidamente simple*". Alternativamente, también podría significar: "¡Escucha, estúpido idiota! ¿Dejarás de complicar las cosas sin razón y las mantendrás sencillas?".

De cualquier manera, cuando se trata de elegir un fondo de bonos, tu objetivo debe ser mantener las cosas lo más simples posible. Es tan sencillo como eso.

Entonces, con todo esto en mente, ¿cuál es el plan de asignación adecuado para ti? La respuesta —y no estoy tratando de ser evasivo— es que depende.

Por ejemplo, si le preguntaras a cualquier asesor financiero que no esté tratando de engañarte, te dirá que la asignación de activos más común es una proporción de sesenta y cuarenta, a favor de las acciones.

Pero esto es sólo un punto de partida.

A partir de ahí, tienes que considerar la fórmula de Jack Bogle —que el porcentaje de bonos en tu cartera debe ser igual a tu edad—, y lo más importante de todo, cómo respondiste a cada una de las cuatro preguntas. Combinando estos tres factores, junto con una dosis saludable de sentido común, no te debería ser demasiado difícil crear un plan de asignación que se adapte a tus objetivos, tu tolerancia al riesgo, tu horizonte temporal y tu situación financiera actual.

Por ejemplo, con Fernando y Gordita, ¿cómo llegué a una división de ochenta y veinte?

La respuesta es que fue en parte ciencia, en parte arte y en parte conjeturas.

La parte de la ciencia comenzaba con una división de sesenta y cuarenta, y luego aumentarla hasta setenta y treinta para dar cuenta de sus edades relativamente jóvenes y altos ingresos. La parte de arte fue incrementar la asignación de acciones otro diez por ciento para tomar en cuenta la tolerancia al riesgo por encima de la media de Fernando y el hecho de que personalmente no creo que tenga el temperamento de mantener más bonos en su cartera sin jalarse los pelos. Y la parte de las conjeturas fue aconsejar a Fernando que quitara otro cinco por ciento del total, lo que significaba que reduciría *tanto* su acción *como* su asignación de bonos cinco por ciento, para poder seguir especulando.

Mi razonamiento para este último consejo fue así de simple:

¡A Fernando le gusta especular! Se divierte con eso, a pesar de ser históricamente malísimo para ello.

Pero, ¡hey!, no hay nada de malo en eso, ¿verdad? Se supone que la vida es divertida, ¿verdad?

Además, temía que si le hubiera dicho a Fernando que tener una cartera de inversión adecuada y aún poder especular eran mutuamente excluyentes, en ese momento "me habría matado", y luego terminaría frustrándose en el camino y empezaría a especular de todos modos. Además, una vez que hubiera hecho eso, tal vez habría comenzado a asignar aún más dinero a ello y a usar aún más estrategias sin salida que si sólo lo hiciera como parte de su plan general de asignación de activos desde el principio.

Así que éste fue el trato:

Siempre y cuando noventa y cinco por ciento de una cartera se asigne de manera correcta, entonces no hay absolutamente nada de malo en que tú o cualquier otro inversionista participe en un poco de especulación saludable con el otro cinco por ciento. En el caso de Fernando, pude inclinar las probabilidades más a su favor mostrándole una estrategia de *trading* a corto plazo llamada *trading base*, que compartiré con ustedes más adelante en este capítulo.

Pero primero quiero que eches un vistazo rápido a la tabla que sigue.

Establece diferentes planes de asignación de activos para tres grupos de edad distintos, con diferentes grados de tolerancia al riesgo. Querer ser más detallado aún es básicamente tratar de agarrarse de un clavo ardiendo, ya que hay demasiadas variables y matices involucrados como para abordar cada escenario de modo individual.

Con ese fin, estos ejemplos son sólo puntos de partida desde los que tú puedes personalizar mejor tu plan de asignaciones en función de tu edad y de cómo respondiste a cada una de las cuatro preguntas.

INVERSIONISTA MEDIO	Acciones	Bonos
Joven	80%	20%
Edad media	60%	40%
En vías de jubilación	40%	60%
Jubilación en etapa tardía	20%	80%

INVERSIONISTA CONSERVADOR	Acciones	Bonos
Joven	70%	30%
Edad media	50%	50%
En vías de jubilación	30%	70%
Jubilación en etapa tardía	10%	90%

INVERSIONISTA AGRESIVO	Acciones	Bonos
Joven	90%	10%
Edad media	70%	30%
En vías de jubilación	50%	50%
Jubilación en etapa tardía	30%	70%

Es importante señalar que una vez que se ha llegado al plan de asignación de activos correcto no está grabado en la piedra. Deberías volver a revisarlo de vez en cuando para asegurarte de que todavía tenga sentido para ti. Si no lo tienes, deberás ajustar el plan en consecuencia.

En el lenguaje de Wall Street, este proceso de ajuste periódico de la combinación de activos en una cartera de inversión se conoce como reequilibrio, y, como con la mayoría de las cosas en Wall Street, complican a propósito la mierda pegando etiquetas de lujo en todas las diferentes metodologías y llegan a tantas variaciones diferentes de ellas que la persona promedio se siente tan abrumada que decide contratar a un "experto", quien termina siendo un miembro portador de tarjetas del complejo de la Máquina de Tarifas de Wall Street. Entonces te cogen.

Aquí está el trato: no necesitas contratar a nadie para esto.

La regla de oro del reequilibrio es la siguiente: menos es más. Eso es todo.

Por supuesto, Wall Street tratará de convencerte de lo contrario lanzándote términos elegantes como "asignación dinámica de activos" y "asignación táctica de activos" y bla, bla, jodidamente bla.

Éste es mi consejo: debes revisar tu plan de asignación de activos con la menor frecuencia posible (pero no nunca) para evitar la trampa de convertirte en tu propio administrador de fondos activo de lo que se supone que es una cartera administrada pasivamente. ¿Entiendes? ¡Relájate! Llévatela tranquilo. Lo más probable es que tú puedas esperar hasta tu próximo reequilibrio programado regularmente, a menos que algo monumental haya sucedido en tu vida que altere drásticamente tus respuestas a las cuatro preguntas. En ausencia de algo así, debes reequilibrar al menos una vez al año, pero no más de dos veces. Cualquier cosa superior a eso es probablemente exagerada, y correrás el riesgo de volverte involuntariamente activo versus pasivo.

Sin embargo, cuando llega el momento de reequilibrar, hay dos cosas principales que debes tener en cuenta.

1. ¿Tu plan actual de asignación de activos todavía tiene sentido para ti en función de tus objetivos actuales? ¿Tu horizonte temporal? ¿Tu tolerancia al riesgo? ¿Tu situación financiera? Si la respuesta a todas esas preguntas es sí, entonces no necesitas hacer ningún cambio; puedes dejar que las cosas rueden como están. Sin embargo, si respondiste que no a cualquiera de esas preguntas, probablemente debas ajustar los porcentajes relativos de acciones frente a bonos hasta que tu asignación tenga nuevamente sentido para ti.

2. ¿Las ganancias (o pérdidas) de una de tus clases de activos han provocado que la relación actual de acciones frente a bonos ya no

refleje tu plan de asignación de activos original? Por ejemplo, digamos que el S&P 500 acaba de tener un año asesino, y tú has subido más de treinta por ciento. Bueno, ¿adivina qué? Eso va a tener un impacto importante en el porcentaje relativo de tu cartera de acciones frente a bonos, específicamente, estarás sobreponderado en acciones e infraponderado en bonos, según tu plan original de asignación de activos. Entonces, ¿qué harás? Bueno, en términos generales, mi consejo sería, en caso de duda, no hacer nada. ¿Por qué? Porque cada vez que uno compra o vende algo, crea un potencial de tarifas e impuestos; por lo tanto, a menos que pienses que tus porcentajes están realmente fuera de la jugada, hasta el punto en que ya no sirven a tus objetivos actuales, horizonte temporal, tolerancia al riesgo y situación financiera, yo pecaría de precaución y no haría nada. Recuerda, el objetivo aquí es ser lo más pasivo posible y dejar que el tiempo haga el trabajo pesado.

Además, también vale la pena señalar que, si bien los estudios académicos han demostrado que noventa por ciento de la varianza del rendimiento a largo plazo de una cartera se basará en tu asignación de activos, un cambio de cinco por ciento en cualquier dirección entre tus acciones y bonos hará muy poca diferencia en absoluto. De hecho, hay un viejo dicho en el ámbito de la carpintería que se aplica perfectamente aquí:

"Medir dos veces, cortar una vez."

En otras palabras, tómate realmente el tiempo para elaborar el plan de asignación de activos correcto desde el principio. No te apresures. Responde las cuatro preguntas de manera honesta y directa para obtener tus porcentajes correctos desde la primera vez. Luego, una vez que hayas tomado esa decisión, y hayas elegido los dos fondos principales del índice que formarán la mayor parte de tu cartera, simplemente siéntate, relájate y no te vuelvas loco cuando el porcentaje de una de las posiciones comience a desviarse unos pocos puntos. Es normal y esperado, y si sencillamente te sientas y no haces nada, todo terminará bien. Simplemente no vuelvas a caer en la espiral de muerte sangrienta de la selección de acciones individuales y tratar de cronometrar el mercado.

Hablando de la muerte, antes de pasar al mundo salvaje de la sana especulación bursátil, tomemos un momento rápido para hablar de la otra certeza desagradable de la vida: los impuestos.

Mi consejo para ti aquí es simple: debes hacer todo lo que esté en tu poder para pagar la menor cantidad de impuestos posible, sin violar la ley. Cómo hacer eso es más complicado de explicar. Pero no porque las estrategias en sí sean complicadas.

De hecho, no lo son; en realidad son bastante simples.

Lo complicado es que este libro se publicará en numerosos países, y cada uno de ellos tiene su propio conjunto único de leyes fiscales y cuentas de jubilación que permiten a sus respectivos ciudadanos evitar pagar impuestos durante al menos un periodo y, con suerte, para siempre.

Y no se equivoquen: este tema es crucial.

El punto base es que los tipos de cuentas en las que mantienes tus posiciones tendrán un impacto dramático en tu declaración después de impuestos, lo que luego se traduce en un impacto aún *más* dramático en tu capitalización a largo plazo. En Estados Unidos, por ejemplo, tenemos IRA y 401(k); en Australia tienen cuentas Superfund; en Alemania tienen algo llamado pensiones Reister y en el Reino Unido tienen sólo Dios sabe qué. Mi punto es que las estrategias fiscales que tienen sentido para un país en particular probablemente no tengan ningún sentido para otro. Entonces, en lugar de ser un "estadunidense feo" y asumir que cada última persona vive en Estados Unidos y está obligada a pagar impuestos aquí, voy a evitar gastar las siguientes páginas hablando de la ley fiscal de Estados Unidos, en cuanto se refiere a cuentas de inversión, y dejar que el resto del mundo se quede en ascuas. En su lugar, voy a ofrecerles consejos generales que esperamos sean valiosos para todos.

1. Cuando estás decidiendo si debes colocar un fondo mutuo o ETF en una cuenta tributable o con impuestos diferidos, lo más importante a considerar es la eficiencia fiscal relativa de cada fondo de tu cartera. Cuando profundices en esto, es probable que descubras que uno de los fondos es significativamente menos eficiente que los demás. Con eso en mente, ya que es probable que tengas una cantidad limitada de capital en tu cuenta de impuestos diferidos, querrás colocar ahí tu fondo menos eficiente en impuestos, para compensar tus

impuestos más altos, y luego colocar tu fondo más eficiente en impuestos en tu cuenta regular (asumiendo que has agotado los fondos en tu cuenta de impuestos diferidos).

2. En el próximo capítulo voy a repasar los diferentes grupos de personas que van a tratar de cogerte activamente atrayéndote de vuelta al casino corrupto. Uno de esos grupos son los planificadores financieros, y por desgracia, aunque odio admitirlo, en realidad sirven un propósito válido cuando se trata de ciertos asuntos, y uno de esos asuntos es la planificación fiscal. Por lo tanto, a menos que estés por completo seguro de que estás al día con las últimas leyes fiscales de tu país, en cuanto se relacionan con la maximización de tus ahorros fiscales, entonces voy a aconsejarte que consultes con un planificador financiero calificado en tu país, siempre que sigas los protocolos de seguridad que establezco en el siguiente capítulo para tratar con posibles miembros portadores de tarjetas del complejo de Máquinas de Tarifas de Wall Street.

Entonces, hablemos de especulación saludable por unos momentos. ¿Por qué es importante? O, más exactamente, ¿es importante? La respuesta es que depende del individuo.

Por ejemplo, como le expliqué a Fernando, si alguien disfruta especulando, entonces es importante que lo dejes especular. De lo contrario, va a terminar haciéndolo de todos modos, porque ésa es la naturaleza humana. Sólo hay un cierto tiempo en que podemos resistir la tentación de participar en una actividad emocionante, en especial cuando estamos constantemente bombardeados con mensajes ingeniosos del complejo de Máquinas de Tarifas de Wall Street, alentándonos a saltar de un precipicio financiero.

Por lo tanto, para todos los que disfrutan eligiendo acciones individuales, voy a darles una oportunidad de lucha al presentarles una estrategia a corto plazo conocida como *base trading*.

En resumen, el *base trading* implica tomar una posición a largo plazo en una acción de alta calidad, como Apple o Google o Tesla o Facebook, y luego operar en esa posición comprando y vendiendo una pequeña porción de tus participaciones a corto plazo en función del movimiento actual en los precios de la acción.

El "objetivo" aquí es aprovechar el poder de una estrategia de compra y retención a largo plazo mediante la generación de ganancias en operaciones a corto plazo con el fin de obtener lo mejor de ambos mundos.

En términos prácticos, una estrategia de *base trading* permite asegurar ganancias a corto plazo a medida que el precio de una acción sube, mientras se mantiene la exposición al alza a largo plazo a través de las acciones restantes no vendidas de su posición base. En el otro lado, puedes luego reconstruir su posición base aprovechando un retroceso en el precio de la acción.

Por ejemplo, digamos que tienes una posición base de cien acciones de Apple (AAPL) a cien dólares por acción. Si las existencias aumentaran a ciento cinco dólares por acción, tú podrías vender el veinte por ciento de tu posición, que serían veinte acciones, y luego esperar un retroceso en el precio antes de comprar esas acciones de nuevo para restablecer tu posición base original de cien acciones.

Al hacer esto, lograrías tres cosas:

1. Obtener una ganancia de cinco por ciento.
2. Minimizar el riesgo a la baja en tu posición base restante.
3. Mantener la capacidad de capitalizar futuros aumentos de precios.

La lógica en el *base trading* radica en el hecho de que una acción o, en ese caso, cualquier otro activo negociable, no sube o baja en línea recta. En cambio, cotiza al alza y a la baja, con numerosos picos y valles, al tiempo que los activos tienden a moverse en cualquier dirección en la que vayan a largo plazo. Por ejemplo, si observas la gráfica de cualquier acción que pasó de cien a ciento cincuenta dólares por acción, verías muchos movimientos bruscos al alza seguidos de retrocesos a corto plazo, o correcciones, en el lenguaje de Wall Street, a las que siguieron, una vez más, oscilaciones más agudas al alza, que fueron seguidas, una vez más, por correcciones a corto plazo, y eso sigue y sigue. Con el tiempo, estas fluctuaciones de precios tienden a ordenarse en patrones comerciales predecibles, con niveles de soporte (en la parte baja del rango de negociación de una acción) y niveles de resistencia (en la parte superior del rango de negociación de una acción), que los operadores a corto plazo intentan capitalizar.

En el lenguaje de Wall Street, la ciencia —o, más exactamente, lo que es en parte vudú, en parte ciencia— detrás de la identificación de estos niveles de apoyo y resistencia se conoce como "análisis técnico", y se encuentra en marcado contraste con el "análisis fundamental", que sirve como base para la inversión de valor. En teoría, los dos tipos de análisis deben funcionar muy bien en conjunto, en el sentido de que se puede utilizar el análisis fundamental —acceder a las ganancias de una empresa, los activos, el balance, el flujo de caja, el índice P/G— para identificar una acción infravalorada, y luego utilizar el análisis técnico para tratar de cronometrar tu compra en la parte inferior del rango de negociación de la acción.

Mmm... al menos ésa es la *teoría* que lo sustenta.

Si le preguntas a alguien como Warren Buffett sobre esto, te dirá que los monos ciegos que lanzan dardos probablemente hagan un mucho mejor trabajo para identificar el punto más bajo del rango de negociación de una acción que cualquier analista técnico que hayas conocido.

Pero bueno, ésa es la opinión de un solo hombre; ¡el hecho de que casi siempre tenga razón no tiene nada que ver! Sin mencionar que aquí estamos hablando de especulación, no de inversión de valor; entonces, ¿a quién le importa lo que piensa el Oráculo?

Sea como sea, así es como funcionan estos rangos de *trading*.

Cuando el precio de una acción se acerca a un nivel de resistencia, los operadores a corto plazo buscarán asegurar una ganancia, lo que luego causa un retroceso en el precio de la acción. Por el contrario, cuando este retroceso en las acciones se acerca a un nivel de soporte, crea una oportunidad para comprar más acciones al precio más bajo, lo que hace que las acciones suban de nuevo, y luego esto sigue y sigue.

Simple, ¿verdad?

Dicho de otra manera, una estrategia de *base trading* permite a un corredor de corto plazo inteligente aprovechar la presión constante de compra y venta que las acciones de cada empresa fundamentalmente sólida experimentan a diario. Cuando las acciones se disparan, la presión de venta a corto plazo aumenta hasta que alcanza un punto de ruptura o un nivel de resistencia, momento en el que la presión de venta a corto plazo supera a la compra a corto plazo y las acciones caen. Cuando caen lo suficientemente bajo, también conocido como el nivel de resistencia, las ventas se alivian y la presión de compra comienza a acumularse, lo que finalmente satura la presión de venta y hace que las acciones comiencen a subir de nuevo.

Así que ahí está, en pocas palabras, listo para tomarse.

Sin embargo, antes de intentar tomarlo, sólo ten en cuenta que tratar de encontrar estos niveles de soporte y resistencia requiere tiempo y práctica, y tú estarás negociando contra profesionales que viven y mueren por estos movimientos de precios a corto plazo. Eso no quiere decir que no puedas convertirte en un experto en análisis técnico y desarrollar una "sensibilidad" para encontrar la parte superior e inferior del rango de negociación de una acción.[*] De hecho, tengo un amigo en particular que ha hecho una fortuna absoluta utilizando una estrategia de *base trade*, pero, por supuesto, es un corredor profesional que ha estado en el mercado durante treinta años.

Entonces, con esto en mente, aquí están los cinco pasos clave para ejecutar con éxito una estrategia de *base trading*:

1. Selección de las acciones adecuadas
2. Establecer tu posición base inicial
3. Venta de acciones para obtener un beneficio comercial a corto plazo
4. Recompra de acciones para restablecer tu posición base
5. Enjuagar y repetir, una y otra vez

Vamos a repasarlos uno por uno:

1. Selección de las acciones adecuadas

Dado que mantendrás tu posición de base a largo plazo, es importante elegir una empresa que tenga fundamentos sólidos. Hay varias formas de hacerlo, pero la más fácil es usar una de las principales casas de investigación independientes que publica informes sobre empresas de gran capitalización.

---

[*] Se han escrito innumerables libros sobre el análisis técnico, por lo que si deseas sumergirte, aquí hay dos recomendaciones: *How to Day Trade for a Living: A Beginner's Guide to Trading Tools and Tactics, Money Management, Discipline and Trading Psychology* (*Cómo vivir del Day Trading. Una guía para principiantes que cubre las herramientas y tácticas, la gestión del dinero, la disciplina y la psicología del trading*) de Andrew Aziz; *Trading: Technical Analysis Masterclass* (Trading: masterclass de análisis técnico) de Rolf Schlotmann y Moritz Czubatinski. Sólo recuerda que esto cae en la categoría de especulación saludable y debe limitarse a no más de cinco por ciento de tu cartera total.

Algunos ejemplos son Finviz, Koyfin, Zack's Research y Seeking Alpha. Cualquiera de estas casas lo hará bien, y el costo de una suscripción es relativamente pequeño y viene con una oferta de prueba gratuita o una garantía de devolución de dinero.

Lo que buscas es una marca importante, como Apple, Google, Facebook o Tesla. Estas compañías no sólo tendrán fuertes fundamentos, sino también suficiente volatilidad diaria en sus respectivas acciones para crear suficientes oportunidades para ejecutar una estrategia de *trading base*.

Un ejemplo perfecto de esto sería Apple.

Como la compañía más valiosa del mundo, sus fundamentos a largo plazo son lo más fuertes que se pueden obtener, y las acciones tienden a ser volátiles debido a la gran propiedad institucional, en especial entre los fondos de cobertura, que están constantemente negociando dentro y fuera.

En la siguiente gráfica se puede ver que a pesar de la tendencia obvia a largo plazo al alza, hay innumerables picos y valles en el camino. Cada pico y cada valle representa una oportunidad potencial para ejecutar un comercio base.

Apple Inc. a 12 meses
Precios de las acciones (2021)

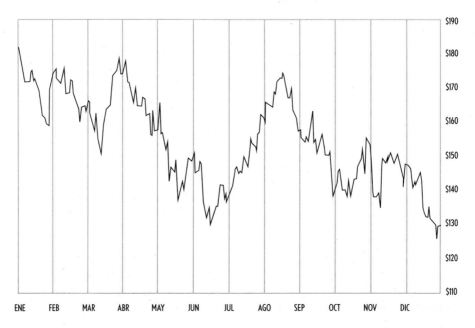

2. Establecer tu posición base inicial

La clave del éxito aquí es no tratar de establecer tu posición de una sola vez. En lugar de eso, debes acumularla en pequeñas partes, utilizando una estrategia de cálculo de costos promedio en dólares para, con suerte, reducir tu base de costos promedio. Dicho de otra forma, al dividir la compra de tu posición base inicial en segmentos pequeños e iguales —en este caso durante un periodo de cinco semanas— eliminarás el llamado factor humano de tus decisiones de compra, lo que generalmente resulta en mejores puntos de entrada y una base de costo general más baja.

Por ejemplo, digamos que quieres establecer una posición base de cien acciones de Apple. La forma correcta de hacer esto sería comprar veinte acciones por semana durante un periodo de cinco semanas hasta que tengas la posición completa de cien acciones. En la siguiente gráfica puedes ver exactamente cómo se desarrolla esto durante un periodo de cinco semanas.

**Precios de las acciones de Apple Inc.
a 60 días (2021)**

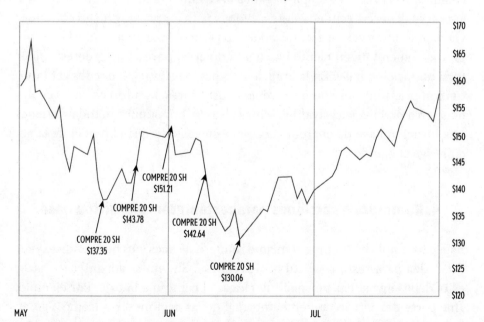

Observa cómo cada uno de los cinco puntos de entrada ocurrió el mismo día de cada semana, independientemente de dónde se encontraban las acciones. En este caso, la base de costo promedio para cien acciones de Apple terminó siendo 141.01 por acción. Obviamente, tú podrías haber utilizado esta misma estrategia para acumular mil acciones de Apple o cualquier otra cantidad de acciones que se adaptaran a tu tolerancia al riesgo, siempre que no excediera un total de cinco por ciento de tu cartera de inversión. (¡Recuerda, estás especulando!)

3. Venta de acciones para obtener un beneficio comercial a corto plazo

Una vez que hayas establecido tu posición base, deberás decidir qué porcentaje de tu posición deseas vender a medida que avanza la acción y a qué precio. Una regla general común es vender el veinte por ciento de tus acciones con una ganancia de aproximadamente diez por ciento (usando un número entero como punto de referencia para obtener tus ganancias). Por ejemplo, si el precio de Apple llegara a los ciento cincuenta y cinco dólares, entonces deberías vender veinte acciones para empezar, y luego continuar vendiendo otras veinte acciones por cada cinco dólares que suba la acción, pero deteniéndote en ciento cincuenta dólares, porque no quieres vender toda tu posición base. En la gráfica de la página siguiente puedes ver tanto tus compras iniciales como tus ventas posteriores, las últimas de las cuales ocurren a precios sucesivamente más altos (y, por supuesto, todavía tienes una posición base de cuarenta acciones en caso de que el precio de la acción siga subiendo).

4. Recompra de acciones para restablecer tu posición base

Este paso implica comprar el mismo número de acciones que vendiste yendo al alza para restablecer tu posición base. Sin embargo, antes de hacer esto, debes investigar por qué tuvo lugar el cambio a la baja. Por ejemplo, ¿fue parte del patrón comercial normal de las acciones, o sucedió algo en la compañía que impactó negativamente su valor intrínseco?

Obtención de beneficios sobre tu posición base

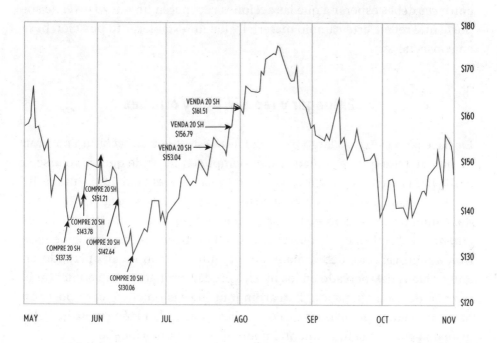

Si fuera el primer caso, entonces debes llevar a cabo la estrategia de recompra en el nivel apropiado; si fuera el segundo, debes esperar a estar seguro de que la compañía todavía sea fundamentalmente sólida y que la acción haya llegado a un nuevo rango de valor.

Para averiguar de cuál de los escenarios anteriores se trata, tendrás que hacer un poco de investigación, comenzando por mirar todas las noticias recientes sobre la compañía, incluyendo todos los 8-K que se hubieran presentado a la SEC (si recuerdas el capítulo 6, los emisores están obligados a presentar un 8-K si ha habido algún cambio material en la compañía). Además, también deberás revisar el informe de investigación en el que inicialmente confiaste para elegir las acciones y ver si se han realizado actualizaciones. Si nada material surge de cualquiera de estas dos fuentes, entonces el retroceso es probablemente parte del patrón de negociación normal de la acción, y podrás restablecer tu posición base.

Para hacer esto, debes hacer compras en incrementos de veinte acciones y luego continuar comprando hasta que tu posición base inicial haya sido completamente restablecida. Por el contrario, si aparece algo material, entonces debes esperar a que las acciones recuperen un nuevo nivel de soporte que refleje este cambio material y luego restablecer tu posición base en consecuencia.

5. Enjuagar y repetir, una y otra vez

La clave para el éxito a largo plazo con esta estrategia es batear un montón de hits de base que se suman con el tiempo, en lugar de querer volarse la barda para batear un jonrón. Así que, con eso en mente, tendrás que resistir el impulso natural de ser codicioso cuando las cosas vayan en tu sentido: aumentar el tamaño de tus operaciones o aguantar movimientos *más grandes* al alza. Eso es el equivalente a la muerte en una estrategia de *base trading*. En cambio, debes mantener el rumbo y continuar operando en ambos lados del mercado en los niveles predeterminados y sin aumentar el tamaño de cada operación. Batear un jonrón es el objetivo de tu posición base, no de tus operaciones de corto plazo, que es la razón por la que elegiste una compañía fundamentalmente sólida en un principio.

Para resumirlo todo, aquí están las cuatro fortalezas más grandes de una estrategia de *base trading*:

1. Puede aumentar tus ganancias a corto plazo al permitirte aprovechar las fluctuaciones normales de precios en las acciones de una empresa.
2. Te permite conservar la posibilidad de una apreciación de capital a largo plazo manteniendo tu posición base.
3. Puede reducir tus pérdidas en un mercado negativo al bloquear las ganancias comerciales a corto plazo mientras las tendencias de las acciones de tu posición base bajan.
4. Te permite experimentar la emoción del comercio a corto plazo, lo que hace que sea más fácil ser paciente con el resto de tu cartera, pues poco a poco hace crecer tu riqueza con el tiempo.

Por el contrario, aquí están sus cuatro mayores debilidades:

1. Históricamente se ha demostrado que comprar bajo y vender alto es extremadamente difícil de hacer de manera consistente.
2. Todas las compras y ventas constantes conducen a ganancias (y pérdidas) de capital a corto plazo, lo que hace que esta estrategia sea mucho menos eficiente en términos fiscales que una más sencilla de compra y retención.
3. Cada vez que compras o vendes acciones, incurres en honorarios, que poco a poco se comen tus ganancias totales.
4. Es fácil dejar que tus emociones te rebasen, en cuyo momento es probable que abandones la disciplina comercial requerida que hace que esta estrategia sea exitosa y comiences a querer volarte la barda.

Nunca olvides que a pesar de que esta estrategia tiene un mérito considerable, la baraja sigue, como dicen, apilada fuertemente en tu contra. Con las tarifas de negociación, las implicaciones fiscales y la dificultad inherente de tratar de cronometrar el mercado, el comercio base todavía cae en la categoría de especulación saludable y no debe representar más de cinco por ciento de tu cartera de inversión general, suponiendo que no tienes otras inversiones especulativas. Si las tienes, entonces debes reducir cualquier capital que ya hayas asignado a ello para que el valor total no exceda el cinco por ciento.

Esto se aplica a todas las personas, incluso si tú pareces tener un "olfato" para el comercio base y las ganancias a corto plazo caen por sí solas. Recuerda, la hipótesis del mercado eficiente todavía está trabajando fuertemente en tu contra, junto con los resultados de innumerables estudios académicos, dos de los cuales resultaron en la concesión de premios Nobel, y todo ello apunta al hecho de que tratar de vencer al mercado de manera consistente es un ejercicio de futilidad.

Así que si después de unos meses de *trading* exitoso te sientes sumamente seguro y quieres subir las apuestas, entonces te insto a recordar las palabras del economista ganador del premio Nobel Paul Samuelson, quien dijo: "Si bien puede haber un pequeño subconjunto de administradores de fondos que poseen un cierto talento que les permite superar repetidamente los promedios del mercado, si tales administradores de fondos existen, permanecen notablemente ocultos".

¿Ves lo que quiero decir?

Estoy seguro de que *ahora* lo ves, pero la naturaleza humana puede ser algo graciosa a veces, en especial cuando el complejo de la Máquina de Tarifas de Wall Street está constantemente bombardeándolo a uno con mensajes egoístas que alimentan nuestros peores impulsos. Por lo tanto, debes permanecer vigilante.

En pocas palabras, el complejo de la Máquina de Tarifas de Wall Street no estará sentado de brazos cruzados y deseándote lo mejor mientras construyes riqueza de manera responsable utilizando las estrategias de este libro. No importa cuántas veces hayan cogido financieramente a todos, nunca dejarán de tratar de renombrarse a sí mismos como un Wall Street más amable, gentil y más benevolente, un Wall Street que pone las necesidades de sus clientes en primer lugar y que se preocupa profundamente por temas sociales importantes como el cambio climático, la diversidad y cualquier otra cosa que puedan usar para señalar virtuosamente su regreso a la buena voluntad del público. Y mientras se bañan en la luz de las candilejas de toda esta falsa virtud, volverán poco a poco a su libro de jugadas probado en el tiempo para atraernos a su casino corrupto, donde hacen las reglas, controlan las probabilidades y ganan cada juego.

Sin embargo, hay un aspecto positivo en todo esto, es decir, que una vez que seas consciente de todas las formas "sigilosas" en que el complejo de la Máquina de Tarifas de Wall Street tratará de influir en ti, será fácil cuidarte de ser absorbido de nuevo.

En el siguiente capítulo, te mostraré exactamente cómo.

CAPÍTULO 12

CONOCE A LOS CABRONES

L a mejor manera de protegerte contra toda la mierda egoísta que el complejo de la Máquina de Tarifas de Wall Street va a tratar de lanzar en tu dirección es entender tres cosas:

1. ¿De qué parte del complejo proviene precisamente la mierda?
2. ¿Cómo está tu proveedor tratando de disfrazarlo benevolentemente?
3. ¿A qué oscuro y malvado propósito está tratando de servir la mierda?

Una vez que conozcas las respuestas a estas tres preguntas, puedes considerarte inoculado contra cualquier peligro que venga de estar expuesto a la mierda. Sin embargo, como todos descubrimos de la manera más difícil durante la reciente pandemia, ninguna vacuna es infalible hasta el punto de que nos alivie de la responsabilidad personal, por lo que tendrás que permanecer vigilante y mantener siempre la guardia alta.

Con eso en mente, cuando el complejo de la Máquina de Tarifas de Wall Street intente arrastrarte de vuelta a su casino corrupto, te atacarán desde cinco direcciones aparentemente inocuas:

1. Las noticias financieras y las redes de propaganda en la televisión por cable
2. Los periódicos y revistas
3. Los influencers en las redes sociales

4. Los corredores de bolsa y planificadores financieros
5. Los gurús del seminario financiero

Examinémoslos uno a la vez:

1. Las noticias financieras y las redes de propaganda en la televisión por cable

En Estados Unidos, los dos gorilas de novecientos kilos son CNBC y Bloomberg News, ambos miembros del complejo de la Máquina de Tarifas de Wall Street, aunque de diferentes variedades. Bloomberg atiende más a inversionistas institucionales y profesionales, mientras que CNBC atiende más a inversionistas individuales, que son mucho menos sofisticados. Esto obviamente hace que CNBC sea mucho más problemático para el inversionista promedio, ya que, en lugar de que su programación sea técnica y aburrida, como la programación de Bloomberg News, se presenta de una manera que es más divertida e interesante y que alienta los peores impulsos de un inversionista.

Para ello, el primer paso para protegerse es comprender con precisión cómo estructura CNBC su programación.

En términos generales, se divide en tres categorías distintas:

1. **Noticias financieras legítimas:** esto consiste en noticias importantes sobre la economía, el gobierno, la Reserva Federal, las empresas públicas, los productos básicos, el comercio y la economía; bienes raíces, el mercado de la vivienda, el mercado de criptomonedas y otros sectores clave. En general, ésta es información valiosa que cualquier persona con conocimientos financieros necesitaría para mantenerse informada, y CNBC la presenta de una manera fácilmente comprensible.

2. **Entretenimiento:** consiste en una programación que no tiene relación con noticias financieras o cualquier tipo de asesoramiento y no puede confundirse con ello. Ejemplos de esto son *Shark Tank*, que me gusta; *American Greed*, que tiene un episodio del Lobo de Wall Street (¡qué sorpresa!); *The Profit*, que me parece aburrido, y *Jay*

Leno's Garage, que me gusta *un poco* pero no tengo idea de lo que está haciendo en CNBC.

3. **Información y entretenimiento:** como su nombre indica, consiste en una mezcla de noticias financieras legítimas y entretenimiento ligero, presentado en el contexto de la asesoría por expertos. El consejo puede variar desde el asesoramiento financiero general, con un tono benévolo, como el de Suze Orman, de CNBC, que de verdad trata de educar, empoderar financieramente y proteger a los espectadores, hasta *Fast Money* de CNBC, que da consejos financieros escandalosamente complejos y a medias de expertos financieros legítimos que realmente conocen sus asuntos y no están tratando de lastimar de manera intencional a sus espectadores, sino que los están matando inadvertidamente, haciéndoles pensar que tienen una oportunidad de ganar dinero usando sus tácticas comerciales, y en el fondo del barril de los consejos, el equipo de naufragios de un solo hombre de CNBC, Jim Cramer, el charlatán en jefe del carnaval, cuyo espectáculo es tan tóxico para el inversionista promedio que es difícil ponerlo en palabras. Pero lo intentaré.

Entonces, ¿qué hace que Jim Cramer sea un equipo de demolición de un solo hombre para el inversionista promedio?

Para empezar, cambia de opinión sobre si debes comprar o vender una acción o, para el caso, un bono, una opción, una moneda, un token, o cualquier otro instrumento financiero, más rápido que el viento cambia de dirección. De hecho, las constantes vueltas de tortilla de Cramer se han vuelto tan desvergonzadas que incluso el complejo de la Máquina de Tarifas de Wall Street lo considera una broma absoluta y total. Ahora bien, eso no quiere decir que no sepa de qué está hablando, en lo que respecta a su amplitud de conocimientos sobre los mercados financieros. Claramente, su base de conocimiento es vasta.

¿Pero de ahí a que sea un legítimo cazador de valores o gurú de la inversión? ¡No me vengan con eso!

La velocidad y ferocidad con la que pasa de ser bajista a alcista y luego de nuevo a bajista han llegado a estar tan fuera de control con los años que Cramer se ha convertido en una burda caricatura de un gurú de la inversión en la selección de valores. Con ese fin, lo único que se puede obtener siguiendo el consejo de Cramer es un caso grave de latigazo financiero, junto con un boleto de ida al asilo para pobres.

Ahora bien, dicho esto, no hay nada de malo en ser *entretenido* por Jim Cramer, si ese tipo de humor ruidoso, bullicioso y explosivo es de tu gusto. Si lo es, entonces, *bueno*, ¡adelante y disfruta! Pero es mejor mantener la guardia en alto, no sea que te veas absorbido por el vórtice de la locura de Cramer, o, como Cramer diría, *Cramerica*, y termines con fuertes pérdidas en tu cartera de inversiones.

En menor grado, incluso escuchar la división de noticias de CNBC puede conducir a problemas, si no se es consciente de los peligros sutiles. Por ejemplo, si bien los presentadores de su división de noticias hacen un trabajo sólido para mantener a los inversionistas al día con los últimos acontecimientos de la economía, el mercado de valores y las noticias financieras en general, también llevan a cabo entrevistas con los principales directores generales, comerciantes y la mayoría de los administradores de fondos de cobertura "élite" de Estados Unidos.

Aquí es donde comienzan los problemas.

Estás sentado en tu sofá, viendo las noticias, cuando tu presentador favorito comienza a entrevistar a un corredor. Después de unos diez a quince segundos de escucharlo, te das cuenta de que el tipo es de veras bueno, un verdadero profesional que realmente conoce sus asuntos, y te das cuenta de que estás pendiente de cada palabra. Pasa un minuto más, y luego el corredor comienza a hablar de una estrategia de operación de opciones que ha estado usando durante los últimos seis meses, y aunque no es uno de los que alardean, no puede evitar mencionar que lo ha estado haciendo. Luego agrega: "Basado en todo lo que veo en el mercado, creo que esta estrategia todavía tiene otros cuatro o seis meses antes de que termine la fiesta. En resumen, es lo más parecido a imprimir dinero que he visto en el mercado".

De repente, te enderezas en tu asiento, paralizado.

¿Qué tipo de estrategia podría estar dándole a este tipo tanto dinero?, te preguntas.

Si tan sólo lo *dijera...* si tan sólo tú lo supieras... Entonces —¡bum!—, así, el presentador le hace al comerciante la pregunta del millón de dólares:

—Entonces, ¿puedes contarnos un poco más sobre esta estrategia? Estoy seguro de que a los espectadores *les encantaría* conocer todos los detalles.

—Oh, claro —responde el corredor, feliz de compartir una táctica que ya está siendo utilizada por innumerables expertos y que es demasiado complicada para el inversionista promedio—. En realidad es bastante simple —responde con una sonrisa—. Lo que he estado haciendo es... —y continúa explicando las cosas en términos muy generales, con cuidado de recordar a los espectadores que este tipo de estrategia debe ser utilizada sólo por profesionales experimentados, ya que cualquier cosa que involucre opciones de acciones es inherentemente riesgosa.*

Ante eso, el conductor frunce los labios y asiente lentamente, como si dijera: "Bien hecho, amigo mío. ¡Eso es lo que yo llamo ética!". Entonces el conductor mira a la cámara y te dice directamente a ti, el espectador: "Entonces, ahí lo tienes. ¡Así es como lo hacen los profesionales! Sólo recuerda no probar esto en casa sin la supervisión de un adulto". Te hace un guiño de connivencia y una sonrisa que dice: "¡Hazlo! ¡Hazlo ahora, antes de que sea demasiado tarde!".

Y así, tú estarás lanzado en una investigación, buscando en Google, analizando, llamando a otros aficionados, tratando de realizar ingeniería inversa de esta increíble estrategia de *trading* de la que acabas de oír, o tal vez vayas a comprar el libro del experto o el curso en línea o el servicio de suscripción mensual. Y si googleas el tiempo suficiente y con la intensidad suficiente, seguro que encontrarás *algo* sobre esta estrategia, si no de este corredor, entonces de alguien que está haciendo algo muy similar.

De hecho, volviendo a mi amigo Jim Cramer por un momento, por el precio de ganga de cien dólares al mes, puedes suscribirte a su servicio de asesoramiento por correo electrónico y tener el privilegio único de recibir alertas por correo electrónico en tiempo real de su última volteada de tortilla, entregada directamente en tu bandeja de entrada o enviada por mensaje de texto a tu teléfono. El único peligro, además de la destrucción de tu patrimonio neto, ya que Cramer te exprimirá hasta el olvido, es obstruir

---

* Una opción de acciones es un "contrato financiero" apalancado que te da el derecho, pero no la obligación, de comprar o vender una determinada acción a un precio predeterminado, conocido como el "precio de ejercicio". No he discutido las opciones de acciones en este libro, porque te recomiendo encarecidamente que te mantengas alejado de ellas. Con pocas excepciones, la gran mayoría de los inversionistas promedio que incursionan en opciones de acciones terminan perdiendo todo su dinero.

tu bandeja de entrada con un constante aluvión de materiales de marketing de Cramerica que intentan convencerte de que te inscribas en uno de sus programas más avanzados.

De todos modos, como un médico investigador que prueba una vacuna experimental en sí mismo para el beneficio de la humanidad, decidí "optar", como dice la frase. Tenía curiosidad por ver lo agresivo que sería alguien como Cramer al tratar de lazar a un inversionista poco sofisticado, que era el que yo había dicho ser en el formulario.

Desde entonces he recibido aproximadamente cinco mil correos electrónicos durante un periodo de ocho semanas, pidiéndome que me inscriba para tener el honor de que el charlatán en jefe del carnaval exprima mi cuenta hasta el olvido.

Bueno, estoy exagerando un poco, en realidad eran más bien como ciento veinte correos electrónicos, que llegaron a una tasa de alrededor de dos por día. Pero eso sigue siendo una campaña de correo electrónico muy agresiva, teniendo en cuenta que venía de un experto financiero *supuestamente* bien respetado en un importante canal de televisión. Quiero decir, con toda franqueza, que era más parecido a lo que habría esperado si hubiera optado por una oferta de tiempo compartido para un nuevo complejo de cinco estrellas en Botsuana.

Aun así, para ser justo con Cramer, no estoy diciendo que sea un ser humano malvado que está tratando de hacer que la gente pierda dinero. (Él es increíblemente bueno en eso.) Y tampoco estoy diciendo que CNBC es una red ilegítima que está tratando de perder el dinero de sus espectadores. (Eso es justo lo que termina sucediendo cuando sigues los consejos de las personas que están ahí.)

Lo que estoy diciendo, sin embargo, es que ambos son parte de un sistema que está constantemente tratando de lavarte el cerebro para que pienses que la forma más efectiva de administrar tu dinero es estar *activo*, es decir, participar en estrategias de comercio a corto plazo que te tienen comprando y vendiendo e intercambiando y rotando de las acciones a las opciones, y luego de nuevo a las acciones, y luego al petróleo, y luego al mercado de futuros, y luego de nuevo a las acciones. Mientras tanto, la historia y las matemáticas han demostrado que la inversión pasiva a largo plazo es una estrategia de inversión mucho mejor que el comercio activo a corto plazo. Pero, una vez más, el complejo de la Máquina de Tarifas de Wall Street está trabajando las veinticuatro horas del día para reforzar constantemente esos dos puntos cruciales para ti:

1. Que los expertos de la comunidad financiera pueden hacer un mejor trabajo en la gestión de tu dinero que tú.
2. Que si administras tu propio dinero, entonces la forma más efectiva de hacerlo es a través de la inversión activa y tratando de cronometrar el mercado.

Ésta es la razón por la que los muchos Jim Cramers del mundo son tan absolutamente cruciales para el correcto funcionamiento del complejo de Máquinas de Tarifas de Wall Street. Después de todo, si los inversionistas promedio dejaran de recibir una dieta diaria de este tipo de mierda egoísta, entonces reducirían drásticamente su nivel de comercio a corto plazo, y Wall Street dejaría de tener todas las tarifas y comisiones y las fuertes pérdidas de clientes que lo acompañan.

2. Los periódicos y revistas

Si tú fueras a buscar en el diccionario la frase "espada de doble filo", deberías encontrar un collage gigante de todos los periódicos y revistas altamente respetados que ensucian el mundo financiero, junto con la siguiente advertencia:

Léase sólo para fines de entretenimiento. No se engañe pensando que algún artículo dentro de cualquiera de estas publicaciones le ayudará a tomar una mejor decisión comercial a corto plazo o una inversión a largo plazo más rentable. Recuerde, el impacto de cualquier noticia positiva que reportamos ya se ha descontado en el mercado mucho antes de que lo informáramos, por lo que es igual de probable que una acción baje en lugar de subir, aunque ni siquiera estamos seguros de eso. Lo contrario puede suceder con la misma facilidad. En verdad, realmente no tenemos ninguna idea de adónde va cualquier conjunto de acciones sobre el que escribimos.

Es crucial que asimiles este punto porque con el tiempo vas a encontrarte leyendo innumerables artículos que han sido plantados directamente por el complejo de la Máquina de Tarifas de Wall Street o por otra parte egoísta que comparte el mismo objetivo financiero: separarte de tu dinero duramente ganado.

Recuerda, estas publicaciones también son un negocio, y si el motivo de lucro no impulsa directamente sus decisiones editoriales, al menos las influye de manera importante. Es por eso que cuando estés leyendo un artículo siempre debes considerar qué incentivos monetarios podrían estar involucrados para poder identificar conflictos de intereses y reportes sesgados.

En términos generales, las publicaciones tienen tres estrategias principales de monetización, cada una de las cuales puede conducir a posibles conflictos de interés:

1. **Cobrar un precio de portada:** aunque esto se está volviendo cada vez menos común en el mundo digital de hoy, las revistas y periódicos todavía se venden en quioscos y tiendas minoristas de todo el mundo, y esas ventas son extremadamente sensibles a lo que aparece en la portada. En el caso de las revistas, esto a menudo conduce a titulares pegadizos como *7 acciones que están a punto de irse a las estrellas* o *Nuestras 9 selecciones de acciones del año pasado que vencieron al mercado en un 65 por ciento* o *Las 5 estrategias de trading más populares para 2022.*

2. **Venta de suscripciones anuales:** esto da como resultado que se envíen copias de revistas a los hogares de las personas, a las empresas y a varios tipos de oficinas profesionales de forma semanal o mensual. Además, prácticamente todas las revistas *offline* tienen una contraparte en línea que cobra una tarifa anual como requisito.

3. **Ingresos por publicidad:** la industria de servicios financieros gasta una gran cantidad de dinero en publicidad, lo que genera un potencial de conflictos graves, en especial en revistas con un enfoque específico hacia el sector. Por ejemplo, una revista que atiende al sector de los fondos de cobertura no va a publicar artículos que se centren en cuán infladas están las tarifas de los fondos de cobertura, y cómo el lector estaría mucho mejor si simplemente comprara

el S&P 500 a través de un fondo mutuo sin carga como Vanguard. Si publicaran tales artículos, sus principales anunciantes —los propios fondos de cobertura y los diversos miembros del complejo de la Máquina de Tarifas de Wall Street que ganan dinero recomendándolos— saldrían a toda velocidad huyendo hacia las colinas, al igual que los lectores de la revista. Después de todo, ¿por qué querría nadie colocar un anuncio en una revista que está atacando activamente los servicios que vende, y, para el caso, por qué un suscriptor querría seguir pagando por una revista que se centra en una industria que dice que le está robando?

Para que quede claro, esto no es sólo para las revistas que atienden al sector de fondos de cobertura; lo mismo vale para cualquier otra revista específica del sector. Ninguno de ellos va a publicar consistentemente artículos que alienen a sus lectores o golpeen a sus anunciantes. En su lugar, van a pintar sus respectivas industrias en la luz más favorable posible para mantener a sus anunciantes felices y a sus lectores regresando por más.

Aun así, a pesar de estas reservas, te recomiendo que leas al menos una publicación financiera de forma regular (preferiblemente una que no sea específica del sector), aunque no sea por otra razón que para mantenerte informado sobre la economía y las tendencias recientes de los negocios, y también para cuidarte de dar la impresión de ser un tonto desactualizado en la próxima cena a la que asistas.

Sólo recuerda siempre permanecer vigilante mientras lees y prestar atención a las advertencias anteriores; de lo contrario, podrías pensar que realmente *puedes* ganar dinero mediante el empleo de una de las *5 estrategias de trading más populares para 2023*, simplemente porque alguna revista interesada lo dijo.

3. La venganza de los charlatanes, también conocidos como influencers financieros en las redes sociales

Empecemos primero con las malas noticias.

Cuando se trata de redes sociales, los estafadores y los charlatanes son como moscas en la mierda.

Las plataformas en línea como Facebook, Instagram, TikTok y YouTube están llenas de "influencers financieros", que hacen algunas de las afirmaciones más escandalosas que he escuchado en todos mis años en los mercados financieros, y como estoy seguro de que saben, lo he escuchado todo.

Pero aun así, la mierda que sale de la boca de estos "influencers financieros" alcanza un nivel completamente nuevo de ridículo total. Con ese propósito, uno de mis pasatiempos menos favoritos, pero al fin un pasatiempo, es explorar en una plataforma de redes sociales hasta encontrar a uno de los muchos idiotas de clase mundial que está promoviendo la última estafa de acciones por centavos, *shitcoin* o comercio de divisas. Me parece ligeramente divertido cómo dicen cosas que no tienen ningún sentido, con absoluta certeza, al tiempo que de paso violan al menos una docena de leyes de valores diferentes. Y la mejor parte siempre llega al final, cuando el influencer ofrece el mismo remate predecible, que suena algo así como:

"Si yo fuera tú, saldría ahora mismo y compraría estas cuatro increíbles ofertas que están garantizadas hasta la estratósfera. ¡Y no olvides dar un 'me gusta' a este post y seguirme y compartirlo también con tus amigos!". Luego, para reír una vez más, siempre leo el pie de foto en la parte inferior, que dice algo como: "El consejo financiero que te acabo de dar no es en realidad un consejo financiero". (¡Sí, ve a decirle *eso* al juez cuando te esté sentenciando por fraude de valores!)

Exactamente por qué me da una risa tan irracional al ver estos videos es algo difícil de decir, aunque tiene algo que ver con el hecho de que me comen las ansias por ver las miradas aturdidas en las caras de estos llamados influidores financieros cuando sean arrestados y sus fotos policiales sean filtradas.

De todos modos, y aparte de eso, la *buena* noticia es que con sólo un poco de entrenamiento, tú podrás detectar a estos charlatanes a un kilómetro de distancia y protegerte fácilmente de su mierda.

En términos generales, pondría a todo este grupo de embaucadores en un cubo grande y pegaría la siguiente etiqueta de advertencia en él:

No tome esta información en serio. Sólo para fines de diversión.

Así, podrás escuchar con seguridad a tantos charlatanes de las redes sociales como quieras, sabiendo muy bien que hasta la última palabra que escapa de sus bocas de habla rápida es parte de un plan general para separarte de tu dinero.

4. Corredores de bolsa y otras sanguijuelas semejantes

La mejor manera de describir este grupo diverso —en su mayor parte, sanguijuelas chupadoras de sangre— es usar la misma palabra simple que Warren Buffett usó para describir el negocio de los fondos de cobertura: innecesario.

Sin embargo, dicho esto, sería muy injusto pintar a *todos* los de este grupo con el mismo grueso pincel. Algunos de estos "expertos" —planificadores financieros, en particular— podrían realmente tener en mente su mejor interés y pueden desempeñar un papel útil como facilitadores financieros. En otras palabras, el papel de un planificador financiero no es aconsejarte sobre cómo vencer al mercado a través de estrategias comerciales a corto plazo, sino proporcionarte servicios financieros auxiliares, como establecer cuentas libres de impuestos, como una IRA o 401(k), ayudarte con la planificación tributaria y la planificación patrimonial, y asegurarte de mantener una cantidad adecuada de cobertura de seguro.

Así que, con eso en mente, si decides contratar a un planificador financiero, entonces la mejor manera para mí de protegerte de cualquiera de sus tonterías egoístas es guiarte entre las señales reveladoras de que tu planificador financiero (o corredor de bolsa) es un miembro con tarjetas del complejo de Máquinas de Tarifas de Wall Street y está buscando guiarte en la fábrica de molienda de carne financiera.

Señal indicadora #1:
Recibir llamadas no solicitadas o ser engañado para inscribirse
Permíteme ser contundente:

Hazte un favor descortés y nunca trates con un planificador financiero o corredor de bolsa que te llame en frío o que te llame después de completar un formulario como resultado de una publicidad que viste en línea, ya sea que haya aparecido en una búsqueda de Google que realizaste o que sea algo en lo que hiciste clic mientras explorabas una plataforma de redes sociales.

Más específicamente, cualquier anuncio en línea que resulte en el siguiente proceso de cuatro pasos es casi seguramente una estafa, en especial si te aplican el paso cuatro:

1. Tu primer clic te lleva a una página de bienvenida.
2. Se te pide que ingreses información personal y que permitas que empiecen a mandarte correos electrónicos, mensajes de texto, o que te llamen por teléfono (el término de la industria para esto es "optar").
3. Comienzas a recibir una secuencia agresiva de correos electrónicos o textos escritos por expertos, cada uno de los cuales ha sido diseñado para que presiones un botón financiero atractivo diferente.
4. El proceso culmina cuando ellos programan una llamada telefónica, un chat de video o una reunión en persona contigo, durante la cual tratan de convencerte de que si abres una cuenta con ellos pueden conseguirte ganancias anuales que superan con creces el S&P 500, sin riesgo alguno.

Si alguna vez te encuentras en este tipo de situación, quiero que corras en dirección contraria y nunca mires hacia atrás. Dicen que hay una excepción a cada regla, pero en este caso no la hay. Las posibilidades de que recibas una llamada no deseada por teléfono o una serie de correos electrónicos escritos por expertos en los que el llamado experto financiero realmente tiene en el corazón su mejor interés, sin una agenda alternativa, son tan increíblemente escasas, que simplemente no vale la pena arriesgarse.

Por mucho, la mejor oportunidad que tienes de encontrar un planificador financiero legítimo (no veo ninguna razón por la que deberías usar un corredor de bolsa) es acudir con alguien que has conocido y en quien has confiado durante mucho tiempo, o utilizar a alguien que viene altamente recomendado por un amigo muy cercano que tiene una reputación de honestidad e integridad.

Señal indicadora #2:
Defección y quema

Éste es fácil.

Si un corredor o planificador financiero trata de convencerte de que comiences a operar dentro y fuera de posiciones o para tratar de cronometrar el mercado, entonces debes correr en dirección contraria y nunca mirar hacia atrás. Como ya lo sabes bien en este punto, no sólo es prácticamente imposible hacer dinero comerciando de esta manera, sino que también es una señal reveladora de que estás tratando con un corredor que intenta crear cargos y comisiones en exceso a tu costa.

Dando un paso más, si deseas participar en algunas operaciones a corto plazo con una pequeña cantidad de dinero que has reservado para inversiones especulativas, entonces lo último que necesitas es tener un corredor de bolsa que te asesore y te cobre una comisión. Es bastante difícil ganar dinero con ese tipo de inversión *sin* pagar una comisión y *sin* tener a alguien cuyos intereses a corto plazo entran directamente en conflicto con los tuyos.

Señal indicadora #3:
Éste es el producto propio de la empresa

Si bien esto no *siempre* es malo, *casi* siempre es malo.

Déjame explicarte.

A lo que me refiero aquí es a ser orientado a los productos internos de una empresa de servicios financieros, cuando hay productos *similares* disponibles de sus competidores que no te muestran. Cada vez que te encuentras en esta posición, hay una excelente posibilidad de que *no* estés recibiendo el mejor trato, especialmente si tu solicitud de ver otros programas competidores se cumple mediante una línea de ventas barata que explica por qué no debes perder tiempo con eso.

Un ejemplo perfecto de esto sería que tu banco local te enviara un correo electrónico elaborado por expertos diciendo algo así como:

Estimado depositante:

Vemos que usted ha mantenido constantemente un saldo importante en su cuenta de ahorros premier, que en el entorno de las tasas de interés relativamente bajas de hoy en día le ha estado generando tan sólo un modesto rendimiento. Es por esta misma razón que usted ha sido especialmente seleccionado para recibir una consulta gratuita de uno de nuestros asesores financieros capacitados por expertos. Haga clic en el siguiente enlace para programar su cita.

Atentamente,
Su banquero benévolo

Ahora, en la superficie, esto parece una cosa genuinamente agradable que te brinda tu banco. Sin embargo, antes de que empieces a sentirte lleno de sentimientos de afecto acerca de este gesto de buena voluntad de los bancos locales, hay dos puntos clave que debes considerar:

1. La única razón por la que tu banco te envió un correo electrónico es porque un algoritmo informático les informó que a menos que hicieran algo para que movieras el dinero de tu cuenta de ahorros de bajo interés a una inversión a largo plazo más apropiada, uno de sus competidores daría el primer golpe y terminarían perdiendo tu depósito de todos modos.

2. Una vez que se comuniquen contigo por teléfono, en lugar de ofrecerte la opción de menor costo de cualquier producto financiero que elijan recomendarte, te ofrecerán su versión, con sus tarifas y su índice de gastos anuales sustancialmente más altos que los de muchos de sus competidores.

¿Qué está motivando este comportamiento?

La respuesta es simple: los corredores y planificadores financieros reciben comisiones sustancialmente más altas cuando venden los productos financieros internos de su empresa. Y si bien esto puede ser una violación importante de las leyes federales de valores, si recomiendan un producto que paga una comisión más alta cuando hay un producto similar disponible de otra empresa que les paga una comisión *más baja*, si crees que esto no sucede todo el tiempo, entonces, como dice el refrán, tengo un puente que venderte.

Para ser claro, no estoy diciendo que cada vez que tu banco local se acerca a ti con algún tipo de oferta, tiene malas intenciones en el corazón. Pero cuando hace una oferta, si solamente te ofrecen sus productos internos, entonces debes recordar hacer preguntas sobre *otros* productos de la competencia y luego comparar las características y beneficios uno al lado del otro.

Una vez más, no hay nada de malo en comprar un producto interno de un banco o una firma de corretaje, si resulta ser el mejor para ti. En ese caso, es una victoria para ambos lados, y son días felices. Sin embargo, por ley, los profesionales financieros están obligados a mostrarte no sólo sus productos financieros internos, sino también los productos de sus competidores.

¡Así que no te olvides de preguntar!

Señal indicadora #4:
Ve al baño y apaga las luces

Abordé este tema en el capítulo sobre folletos, pero definitivamente vale la pena repetirlo, ya que este tipo de comportamiento viene en muchas formas y modelos.

A lo que me refiero aquí es a cuando un corredor o planificador financiero trata de convencerte de que no necesitas leer la llamada letra pequeña. Esa letra pequeña puede venir en forma de un folleto completo, como información útil en la parte inferior de un sitio web financiero, en forma de términos y condiciones de tu acuerdo como cliente, o cualquier otro tipo de documento de divulgación financiera.

Si en algún momento te encuentras en la posición en que el corredor está tratando de persuadirte de no leer un documento —como "ve al baño, apaga las luces y lee el documento en la oscuridad"—, o estás juzgando la letra pequeña como poco importante, entonces es hora de correr en la dirección opuesta y nunca mirar hacia atrás. Sin embargo, si por alguna razón no quieres correr —por ejemplo, te puede encantar el negocio que se presenta y puedes pensar que hay un alza masiva—, entonces asegúrate de leer todo el documento, *incluida* la letra pequeña.

Si el documento es un folleto, asegúrate de revisar todas las secciones importantes. (Hablé de ellas, a partir de la página 126.)

Además, deberás estar muy atento a las siguientes banderas rojas:

- **Cláusulas de salida temprana para las partes informadas de la compañía:** este tipo de cláusulas permiten a los clientes informados vender sus acciones antes de que la compañía alcance su objetivo, dejando a los accionistas con la bolsa en las manos. Las partes informadas deben estar comprometidas durante al menos dos años, a menos que la empresa ya haya alcanzado un nivel importante de éxito.
- **Cargos y comisiones excesivas:** para aumentos de capital por debajo de diez millones de dólares, debes asegurarte de que no esté saliendo

por la puerta más de seis a ocho por ciento del capital total que se está recaudando para pagar el aumento en sí.

- **Autonegociación entre partes informadas:** asegúrate de prestar especial atención a la sección de ciertas transacciones del folleto. Aquí es donde encontrarás toda la suciedad con respecto a las transacciones de autonegociación y las transacciones de terceros relacionadas.

Por último, si la inversión que estás buscando implica una posible oferta pública, entonces asegúrate de tener el derecho de registrar sus acciones para la venta cuando la compañía se haga pública, y si hay algún tipo de restricción o retención colocada en tus acciones, en cuyo caso no debería ser más larga que las restricciones que se imponen a los miembros de la empresa.

Recuerda, cuando se trata del mundo financiero, el diablo está en los detalles.

Señal indicadora #5:
El nombre de la empresa es Aerotyne International

¿Recuerdas esa escena clásica de *El Lobo de Wall Street* cuando hago mi primera llamada en frío en Investors Center? Después de hacer un saludo superficial, mis primeras palabras para el prospecto fueron: "Enviaste por correo a mi empresa una postal hace unas semanas solicitando información sobre acciones de centavos que tenían *un enorme* potencial al alza con muy poco riesgo a la baja. ¿Te suena conocido?".

Luego, partiendo de la respuesta positiva del prospecto, dije:

—¡Bien, genial! Bueno, la razón de la llamada de hoy, John, es que algo *acaba* de llegar a mi escritorio, y es quizá lo mejor que he visto en los últimos seis meses. Si tienes sesenta segundos, me gustaría compartir la idea contigo. ¿Tienes un minuto?

Luego, partiendo de otra respuesta positiva, añadí:

—Nombre de la empresa, Aerotyne International. Es una empresa de alta tecnología de punta en el Medio Oeste —corte a una foto de una antigua cabaña de madera con el letrero *Aerotyne Int.* encima de la puerta—: esperando la aprobación inminente de la patente en una próxima generación de detectores de radar que tienen *enormes* aplicaciones militares y civiles... —y así, gracias a la brillantez de Scorsese, el público sabe exactamente cuál es el negocio, sin que nadie tenga que decir otra palabra.

En realidad, *no necesitabas ver* una foto de una antigua cabaña de madera para saber que Aerotyne no era una empresa en la que uno quisiera invertir. Como dice el viejo refrán, si se ve o suena demasiado bueno para ser verdad, entonces probablemente no sea verdad. Cuando se trata del mercado de valores, puedes reemplazar "probablemente" con "definitivamente".

Llano y simple, *no* hay almuerzos gratis en el mercado; nunca los ha habido y nunca los habrá. Si lo recuerdas, he abordado este tema en numerosas ocasiones, comenzando en el capítulo 2, cuando pasé por la relación inversa entre las tasas de interés y los precios de las acciones, y cómo eso creó las dos mentalidades distintas de riesgo activado y riesgo desactivado. Para refrescar tu recuerdo, riesgo desactivado significa priorizar la seguridad del capital a cambio de rendimientos más bajos, mientras que riesgo activado significa priorizar rendimientos más altos a cambio de menos seguridad del capital. De lo que *no* hablé, sin embargo, era de una mentalidad de riesgo desactivado que produzca mayores rendimientos, porque eso no existe, ¡demonios!

La razón de esto es que el mercado no lo permitiría, o al menos no por mucho tiempo. Verás, una cosa que los mercados hacen extremadamente bien es cerrar este tipo de ineficiencias de precios, así que si hubiera una operación increíble que pudiera proporcionarte rendimientos extraordinarios, sin ningún riesgo, los corredores profesionales rápidamente se precipitarían y comenzarían a comprar el activo subestimado, causando que el precio subiera, lo que entonces cerraría la ineficiencia.

Es por eso que este tipo de oportunidades son fugaces, en el mejor de los casos, ya que son rápidamente absorbidas por un subconjunto de corredores profesionales conocidos como "árbitros de riesgo", que se sientan todo el día frente a sus computadoras buscando capitalizar las ineficiencias de precios, y son realmente buenos en lo que hacen. Así que cualquiera que te esté diciendo que puede conseguir una rentabilidad extraordinariamente alta con muy poco riesgo está completamente lleno de mierda o está ejecutando algún tipo de esquema Ponzi, y tú terminarás perdiendo todo tu dinero.

Señal indicadora #6:
Mi nombre es Bernie Madoff
y estoy aquí para ayudarte

Hablando de esquemas Ponzi, permítanme hablar de Bernie Madoff por un momento.

Lo que hizo que su infame esquema Ponzi fuera tan efectivo no fue que prometía a los inversionistas un rendimiento extraordinariamente *alto*; en vez de ello, les prometía un rendimiento extraordinariamente *consistente*, con un promedio de poco más del uno por ciento mensual. Y si bien una rentabilidad anual constante de doce por ciento no deja de ser una señal de alerta en sí misma, porque está ligeramente por encima de la media a largo plazo del S&P 500, la naturaleza consistente de la rentabilidad era una gigantesca señal de alerta y los profesionales deberían haberse dado cuenta. Pero no lo hicieron.

¿Por qué? ¿Qué los hizo ignorar todas las señales de advertencia?

Bueno, seguramente intervino ahí cierta codicia básica; eso es obvio. Pero también se dio algo mucho más profundo, que es el deseo humano de creer en algo que suena demasiado bueno para ser verdad.

Esto es algo que se remonta a nuestra infancia, cuando nuestro corazón se aferraba a la noción de Santa Claus y el Ratón de los Dientes, mucho después de que nuestro intelecto tuviera evidencia de lo contrario. Esa programación todavía está en nosotros el día de hoy, enterrada profundamente en el inconsciente de cada uno.

Pero sobre todo lo que realmente llevó a esta multitud de ricachones al punto de la idiotez financiera fue el deseo de "pertenecer". En un mundo dominado por clubes de campo exclusivos y fiestas privadas, el deseo de no quedarse fuera es tan abrumador que empaña el juicio de todos, excepto de las personas más seguras. Déjame explicártelo así:

Después de haber pasado toda mi vida adulta en el mundo de las finanzas y la inversión, he visto u oído hablar de casi todos los esquemas de inversión extravagantes que existen por ahí. Y si hay una cosa que puedo asegurarte es que si una inversión suena demasiado buena para ser verdad, entonces seguramente *no es* verdad. Es tan simple como eso.

Y no me importa qué tan supuestamente genial es la persona que maneja la inversión o cuán excéntrico, *nerd* o sabio pueda parecer. Si alguien se acerca a ti con una estrategia de inversión no tradicional que ha estado proporcionando mayores rendimientos que el S&P 500 durante más de tres o cuatro meses, ya sea el comercio de futuros de oro, arbitraje internacional de divisas, certificados de depósito de alto rendimiento, entradas de concierto difíciles de obtener, mercancía revendida a minoristas con descuento, acuerdos legales o de seguros, entonces existe una probabilidad del 99.99 por ciento de que la persona esté ejecutando un esquema Ponzi, y tarde o temprano (probablemente más temprano que tarde) todo se desmoronará y cada inversionista involucrado perderá todo su dinero.

Señal indicadora #7:
Poner todos los huevos en una misma canasta

Lo que constituye el opuesto diametral a una cartera bien diversificada, una posición de acciones concentrada, es cuando pones la mayor parte de tu *cartera de inversión en una sola acción.*

Por el lado positivo, si la acción resulta ser una gran ganadora, tu cartera tendrá un rendimiento extremadamente bueno. Por el lado negativo, no obstante, si la acción resulta ser una gran perdedora, entonces verás tu cartera caer en un inmenso precipicio y sin forma de recuperarse.

Si bien siempre te aconsejaría que no mantengas una posición concentrada, una cosa es construir una como resultado de tu propia convicción y otra cosa muy diferente es que un corredor te aconseje construir una. De hecho, una de las primeras cosas que un corredor o planificador financiero aprende cuando está estudiando para su examen es que no es ético aconsejar a un cliente que construya una posición de acciones concentrada.

De hecho, como Cristina y Gordita me recordaron en forma tan conmovedora, con la excepción del matrimonio, poner todos tus huevos en una sola canasta nunca es una buena idea. Así que si alguien te está aconsejando que pongas tu cartera en una posición cualquiera (una acción, una opción, una moneda, una ficha o cualquier otra cosa) es una señal reveladora de que esta persona no vela por tu mejor interés en su corazón, y debes correr hacia el otro lado.

5. El gurú financiero que escuchaste en un seminario o webinario

Después de haber pasado la mayor parte de los últimos quince años en el circuito de seminarios, puedo decir, con absoluta certeza, que cada vez que uno ve a un "gurú financiero" hablando en un escenario o realizando un webinario, y que, al final de su presentación, éste trata de venderte un sistema de comercio mágico que utiliza un algoritmo secreto con el que puedes operar desde casa durante una hora al día y llegar a ser tan rico como Creso, entonces cualquier sistema que te estén vendiendo es un total pedazo de mierda, y cuando digo un pedazo total de mierda me refiero a una pieza pura, sin adulterar, absoluta, de estiércol, que casi seguramente hará que pierdas todo tu dinero, todo el tiempo, y dos veces los martes.

Aún más risible, este llamado gurú invariablemente te explicará que es un corredor de clase mundial, y que ha utilizado este algoritmo exacto para obtener decenas, si no cientos de millones en ganancias comerciales a lo largo de los años, obteniendo un promedio de setenta y cinco por ciento o más en un año dado. Bueno, si ese es el caso, permíteme preguntarte esto, señor Gurú del Seminario Financiero:

¿Por qué mierdas estás perdiendo tu tiempo tratando de vender tu sistema de negocio por dos mil dólares por tiro, cuando si lo que estás diciendo es incluso remotamente cierto, cualquier fondo de cobertura importante de Wall Street con mucho gusto te lo compraría por *al menos* mil millones de dólares?

En serio, señor Gurú, si tienes alguna duda, te llevaré a la oficina de cualquiera de los cinco jefes más grandes de fondos de cobertura y te firmarán un cheque en el instante, después de realizar la diligencia debida. Además, también te comprarán un jet privado, una casa en los Hamptons, y un par de Van Goghs y Picassos para empezar.

La conclusión es ésta: toda esa idea es transparentemente ridícula.

De hecho, en todos mis años hablando en escenarios en todo el mundo, nunca conocí a un "gurú financiero" que vendiera un producto comercial a corto plazo que resultara tener incluso la más mínima eficacia. No importa si se trata de acciones, materias primas, monedas, criptomonedas, futuros, opciones, oro, o cualquier otra cosa. Eventualmente, cualquiera de estas dos cosas sucederá:

1. El algoritmo del sistema sufrirá una avería técnica y aconsejará al inversionista que realice una serie de operaciones perdedoras, que terminan arrasándolo por completo o haciéndole perder suficiente dinero como para que abandone el sistema.
2. El inversionista sufrirá una crisis *emocional* y dejará de escuchar al sistema y comenzará a tomar riesgos escandalosos hasta que todo su dinero haya desaparecido. Esto suele suceder después de que el primer escenario ya ha comenzado y el inversionista trata de recuperarse por todo el dinero que el sistema le hizo perder.

Una vez más, aquí está el resultado final:

Ya sea que estés sentado en casa viendo un webinario en línea o asistiendo a un seminario en un centro de convenciones en expansión, que estés escuchando a algún tipo de gurú financiero que te está hablando de su software de comercio mágico —que puede hacerte tan rico como Creso mientras te quedas en casa con tu bata de baño y comercias durante una hora al día—, no importa lo increíble que suene, y no importa cuántos videos muestren de clientes anteriores que juran por el sistema, y no importa cuán fuerte sea tu impulso de seguir creyendo en Santa Claus, debes correr en sentido contrario y nunca mirar hacia atrás.

No —repito, *no*— corras a la parte trasera del salón a inscribirte en el software de comercio mágico, después de que el orador te muestre una diapositiva que acumula siete programas más como bono, además de su oferta original. El orador dirá algo como: "Ahora el costo de todo el paquete es de más de treinta mil dólares —y de repente aparecerá una gran "X" roja gigante en la diapositiva—, pero si corre a la parte trasera del salón en este momento, con uno de los miembros de mi equipo especializado que están en las mesas, ¡entonces este sistema de treinta mil dólares será suyo por dos mil treinta y siete dólares! ¡Eso son tan sólo tres pagos fáciles de seiscientos setenta y nueve dólares!

"Recuerde, sólo hay unas cuantas personas que puedo guiar a la vez —continuará—, así que sólo puedo dar este increíble trato a las primeras doce personas que corran a la parte trasera del salón a partir de... ¡ahora! Así que *vayan, vayan, vayan*, corran a la parte trasera de la habitación, ahora mismo, porque cualquiera que se inscriba después de los primeros doce tendrá que pagar el precio completo de treinta mil dólares."

Luego, como una segunda idea, agregará: "No es que *quiera* cobrarles treinta mil dólares. Sólo creo en recompensar a las personas que actúan, así que todos ustedes que actúan, ¡vayan ahora mismo! El reloj está corriendo...". Y efectivamente corren, mientras el orador sigue gritando, porque el orador no estará contento hasta que cada último tontuelo se levante de su asiento y corra hacia las mesas traseras.

Al final no importa si doce, quince o doscientas personas intentan inscribirse; la "escasez" es falsa. El orador simplemente levantará las manos en el aire y sonreirá tímidamente y dirá: "¡Uy, qué respuesta! ¡Nunca esperé nada como esto! Bueno, equipo, sólo denles a todos el mismo trato. Me siento generoso hoy. ¿Suena bien eso para todos?".

Y todos aplauden y aplauden la generosidad del gurú.

Todo es muy triste.

Ninguno de estos sistemas de comercio mágicos, y me refiero a ninguno en toda la historia del negocio de los seminarios, desde su excepción a principios de los años sesenta, ha hecho que un inversionista tenga una ganancia sostenible. En términos coloquiales, chupan la verga de alce real, y si tú no terminas perdiendo cada centavo que inviertas, entonces debes considerarte afortunado.

Pero eso ni siquiera es la peor parte.

¿Qué pensarías si te dijera que, además de todas las formas obvias en que estos gurús te desangran lentamente —con comisiones, cargos por boletos y cuotas adicionales sobre ventas por asesoramiento—, la forma en que ganan la mayor parte del dinero de todos es creando una cuenta de *trading* secreta conocida como "B-book"? Éste es, de hecho, el último movimiento de batea de babas utilizado por los "gurús" que se dedican a vender programas de cómputo para el *trading*.

En resumen, un "B-book" es una cuenta de *trading* separada que las plataformas de *trading* en línea crean para los clientes que se dedican a estrategias de *trading* a corto plazo, las cuales son tan obviamente auto-destructivas que estos clientes tienen *la garantía de* perder todo en un periodo muy corto. Sabiendo esto, en lugar de ejecutar las operaciones del cliente en una bolsa, como se hace normalmente, la plataforma decide actuar como su propia bolsa, y consigna las operaciones internamente, en su B-book, por lo que ahora está apostando directamente contra el cliente. En otras palabras, dado que tanto la persona que te vendió el sistema de *trading* como la plataforma en línea que está ejecutando tus operaciones son conscientes de antemano de lo terribles que serán sus resultados, acuerdan de antemano formar un B-book para ejecutar tus transacciones. Dicho de otra manera, es el equivalente de la plataforma que actúa como una casa de apuestas deportivas, y tú eres un jugador degenerado que siempre termina en quiebra al final de la temporada.

Por cierto, la forma en que puedes saber que *probablemente* estás siendo "B-bookeado" es cuando parte del proceso de registro requiere que abras una cuenta en una plataforma de comercio en línea específica. Aquí es cuando el B-book se pone en marcha.

Ahora bien, en verdad, las plataformas en línea mantienen B-books no sólo para los clientes que son referidos a ellos por un falso gurú de seminario. También utilizan programas avanzados de IA que monitorean constantemente la actividad de los clientes, buscando jugadores degenerados que puedan dirigir hacia el sitio. Y francamente, para ser justos con la plataforma, si no están aconsejando a los clientes que comercien en forma tan imprudente, entonces no hay nada poco ético al respecto. Por supuesto, *podrían* enviar al cliente un mensaje, diciendo:

"Espero que te des cuenta de que eres un corredor tan terrible que ni siquiera estamos colocando tus operaciones en una bolsa; estamos tomando el otro lado de tus operaciones nosotros mismos. De esta manera, cuando pierdas todo tu dinero, irá directamente a nuestro bolsillo en lugar del de otra persona."

Pero la plataforma no está legalmente, o para el caso moralmente, obligada a hacer esto, y en realidad no saben con *certeza* que el cliente perderá todo su dinero; tan sólo lo sospechan con fuerza. De cualquier manera, el punto que estoy planteando aquí es que es una cosa muy diferente que una plataforma trate de identificar a los comerciantes imprudentes y ganar un poco de dinero extra dirigiéndolos a un B-book, a que estén en confabulación con un gurú de seminario que les está proporcionando clientes a partir de un sistema de *trading* de "imposible ganar". Además, en la gran mayoría de los casos el gurú de seminario no está diciendo de manera abierta a la plataforma que estos clientes tienen la garantía de perder dinero. Más bien es un entendimiento tácito en el que la plataforma ejecuta una opción B-book cuando el gurú de seminario simplemente marca una casilla en su acuerdo de referencia del cliente.

Cualquiera que sea el caso, el resultado es el mismo. Gracias a las enormes ganancias generadas por esta cuenta secreta de B-book, no sólo el gurú que vendió inicialmente el sistema al cliente obtiene una comisión agradable y gorda en cada operación, sino que además consigue quedarse con cincuenta por ciento del dinero que el cliente pierde por haber seguido su sistema no tan mágico.

Para ser justos, sin embargo, el sistema es en realidad bastante mágico: Hace que tu dinero se desvanezca en el aire.

Así que, ahora que has tenido la oportunidad de conocer a los Cabrones, permíteme tomarme unos breves momentos para resumir las cosas para ti y aplicar el contexto apropiado a sus diversas formas de putadas financieras.

Para empezar, es importante recordar que no todos los Cabrones fueron creados iguales, es decir, *algunos* Cabrones son mucho más jodidos que otros. Así que al final tienes que usar tu propio sentido común y tu juicio, junto con lo que has aprendido en este libro, para vadear con seguridad la cloaca de mierda que el complejo de la Máquina de Tarifas de Wall Street lanzará en tu dirección a medida que intentas encontrar pequeñas pepitas de oro informativo, en forma de las últimas noticias sobre la economía, las tendencias generales de los negocios y las cotizaciones más actualizadas de tus fondos de índice sin carga.

Pero aun así, independientemente de dónde aterrice uno de estos Cabrones en el "continuum de los Cabrones", tú debes mantener siempre la guardia en alto y permanecer absolutamente vigilante, a pesar de cualquier aire de legitimidad que uno de ellos pueda parecer tener.

Recuerda, los Cabrones van a lanzar ataques continuos contra ti desde todas las modalidades de comunicación, tanto en línea como fuera de línea, y en forma escrita y verbal. Pero cualquiera que sea la modalidad que utilicen, su intención y trasfondo siempre serán los mismos: quieren separarte de tu dinero duramente ganado, y prometerán un rendimiento extraordinario muy por encima de la media a largo plazo del S&P 500, al tiempo que afirman que hay poco o ningún riesgo involucrado debido a alguna estrategia comercial mágica.

Pero una vez más, no hay almuerzos gratis en Wall Street.

Nunca los ha habido y nunca los habrá.

La buena noticia es que, gracias a Jack Bogle y a su contribución que ha cambiado la vida, simplemente no hay necesidad de quedar atrapado en ninguna de estas tonterías. Todo lo que tienes que hacer es abrir una cuenta en uno de los proveedores de alta calidad de fondos mutuos de bajo costo o ETF y dejar que *ellos*, los bien intencionados miembros de Standard & Poor's, y el buen padre tiempo hagan el trabajo pesado por ti.

¿Por qué no habrías de hacer eso, por amor de Dios?

Varios economistas ganadores del premio Nobel han demostrado una y otra vez que elegir acciones individuales y tratar de cronometrar el mercado es lo más cercano posible a un ejercicio de inutilidad. Así que simplemente no lo hagas. ¡En serio! Si tienes la intención de torturarte a ti mismo, entonces ve a la Casa del Dolor de Helga en vez de ello. Probablemente te divertirás mucho más ahí, y será mucho más barato. Ése es el mejor consejo que puedo darte.

Podrás agradecerme cuando estés listo para jubilarte y tengas un huevo gigante en el nido esperándote.

AGRADECIMIENTOS

En primer lugar, me gustaría agradecer a mi cuñado, Fernando, y a mi cuñada, Gordita. Sin su historia, este libro nunca habría superado el primer capítulo. ¡Gordita, eres la mejor, y sabes cuánto te quiero y respeto! Además, innumerables gracias a mi agente literario, Jan Miller, y a mi increíble equipo de edición en Gallery Books/Simon & Schuster. Como siempre, su orientación fue muy apreciada.

Muchas gracias a Mike Picozzi por ayudarme a explicar la estrategia del *base trading* de una manera que fuera fácilmente comprensible. Eres un gran amigo y un gran corredor.

Muchas gracias a Negede Iyob-Tessema (también conocido como Abu) por ayudar con la investigación y la creación de todas las gráficas. Me ahorraste incontables horas, que no me sobraban.

Muchas gracias a mis buenos amigos James Packer, Ilya Pozin y Alan Lipsky. Fueron las primeras personas en leer las cien páginas iniciales, y sus comentarios fueron más que útiles.

Por último, pero no menos importante, innumerables gracias a mi increíble familia: mi madre, mi esposa y mis maravillosos hijos. Su paciencia y comprensión durante el último año no pasó inadvertida. Los amo a todos.

Esta obra se imprimió y encuadernó
en el mes de abril de 2024, en los talleres
de Impregráfica Digital, S.A. de C.V.
Av. Coyoacán 100-D, Col. Del Valle Norte,
C.P. 03103, Benito Juárez, Ciudad de México.